RAG 시스템 구축을 위한
랭체인 실전 가이드

RAG 시스템 구축을 위한
랭체인 실전 가이드

초판 1쇄 발행 2024년 10월 30일
초판 2쇄 발행 2024년 12월 16일
초판 3쇄 발행 2025년 3월 20일
초판 4쇄 발행 2025년 8월 6일

지은이 윤성재
발행인 한창훈
편집 김은숙

발행처 루비페이퍼 등록 2013년 11월 6일 (제 385-2013-000053호)
주소 경기도 부천시 길주로 252 1804호
전화 032_322_6754 팩스 031_8039_4526
홈페이지 www.RubyPaper.co.kr
ISBN 979-11-93083-23-9

- 이 책은 저작권법에 따라 보호받는 저작물이므로 무단 전재와 무단 복제를 금하며,
  이 책 내용의 전부 또는 일부를 이용하려면 저작권자와 루비페이퍼의 서면 동의를 받아야 합니다.
- 책값은 뒤표지에 있습니다.
- 잘못된 책은 구입처에서 교환해 드리며, 관련 법령에 따라서 환불해 드립니다.
  단, 제품 훼손 시 환불이 불가능합니다.

저자의 말

"Auto-Regressive Generative Models Suck!"
(자동회귀 생성 모델은 형편없어!)

메타 AI 총괄 얀 르쿤(Yann LeCun)이 LLM을 두고 한 말입니다. 얀 르쿤뿐만 아니라 많은 AI Doomer(AI 비관론자)들은 LLM이 단지 빈칸에 들어갈 단어를 맞히는 '확률적 앵무새'라고 말하곤 합니다. 실제로 LLM의 원리를 확률적 앵무새로 볼 수도 있습니다. LLM의 근간이 되는 트랜스포머의 작동 방식이 '주어진 텍스트를 분석하여 다음 단어를 확률적으로 예측'하는 것뿐이거든요. GPT-3부터 GPT-4o 모델이 출시되기까지 LLM의 눈부신 발전이 이러한 주장을 사그라들게 만들었지만 문제를 근본적으로 해결하지는 못했습니다. 여전히 LLM은 환각 현상을 일으키고, 기억력에 한계가 있기 때문입니다.

그렇습니다. LLM은 한계가 있습니다. 그리고 그 한계를 인정하는 것이 이 책의 시작점입니다. 한계를 인정하면 그제서야 LLM의 장점과 단점을 제대로 볼 수 있게 됩니다. 동시에 단점을 극복할 방안도 찾게 됩니다. 그렇게 해법을 찾아 떠난 여정 끝에 RAG(Retrieval Augmented Generation)라는 것이 꽤 괜찮은 대안임을 알 수 있습니다. RAG는 기억력의 한계를 뛰어넘고자 지식 저장소를 구축하며, 환각을 줄이고자 지식 저장소에서 답변에 필요한 근거를 참고합니다. 그리고 이러한 방식은 모델 자체를 미세조정하는 파인튜닝(Fine-tuning)보다 훨씬 싸고 쉽죠. 근본적으로 LLM의 문제를 해결하는 것이 요원한 일이라면 이러한 방식의 LLM 활용은 지속될 것 같습니다.

그러나 RAG를 실전에 활용하는 것은 그리 쉬운 일이 아닙니다. 서비스의 엔드포인트는 개발자가 아니라 사용자니까요. RAG를 얼마나 힘들게 구성했든, 얼마나 좋은 모델을 쓰든 답변이 거짓되거나 품질이 좋지 않으면 사용자는 결코 다시 돌아오지 않을 겁니다. 따라서 RAG를 '잘 알고 잘 쓰는 것'이 무엇보다도 중요하고 이것은 RAG를 '구축할 줄 아는 것'과 다릅니다. RAG의 구성 요소를 완전히 이해하고, 각 요소의 잠재력을 최대치로 끌어올려야만 좋은 RAG 시스템을 만들 수 있기 때문입니다. 그리고 이 책이 그 가이드 역할이 되었으면 합니다.

책에서는 랭체인(Langchain)이라는 RAG 프레임워크를 기반으로 RAG 시스템의 개념과 원리에 대해 설명합니다. 또한 시스템의 각 구성 요소가 어떤 역할을 하는지, 어떻게 더 잘 활용할 수 있는지를 다룹니다. 특히 마지막 장에서는 앞에서 배운 이론과 실습을 기반으로 한 'RAG 시스템 구축 연습'을 통해 전반적인 이해도를 높이고 실무에서도 활용해볼 수 있도록 구성했습니다.

빠르게 변화하는 AI 트렌드 속에서 RAG 방법론은 당분간 지속될 것입니다. 이 책을 통해 RAG에 대한 지식을 습득하고, 좋은 RAG 시스템을 구축할 수 있는 역량을 길러 나가길 바랍니다.

저자 윤성재

추천사

'모두의 AI' 유튜브 채널을 통해 이미 많은 사랑을 받고 있는 저자의 탁월한 설명이 고스란히 담긴 책입니다. 복잡하고 어려울 수 있는 AI 개념들을 마치 친근한 선배가 옆에서 차근차근 설명해주는 듯 풀어낸 것이 인상적입니다. 특히 입문자들을 위해 각 장의 시작부터 기본 개념을 꼼꼼히 설명하고, 단계적으로 심화 내용으로 나아가는 구성을 통해 자연스럽게 LLM과 RAG 시스템의 세계로 빠져들게 됩니다.

이 책의 가장 큰 장점은 실습 중심의 접근법입니다. 단순히 이론을 나열하는 데 그치지 않고, 독자들이 이해할 수 있는 쉬운 코드로 배울 수 있도록 안내합니다. PDF 파일 처리부터 시작해 Streamlit을 이용한 챗봇 개발과 최종 서비스 배포까지, 실무에서 즉시 활용 가능한 기술들을 상세히 다루고 있어 이론과 실제의 간극을 효과적으로 좁혀줍니다. 또한 기본 사용법에 그치지 않고, 고급 방법론들도 다룹니다. 이러한 방법론들을 통해 더 나은 서비스를 만들기 위한 독자들의 고민을 덜어줍니다.

LLM과 RAG 시스템을 처음 접하는 입문자부터 실제 프로젝트에 적용하고자 하는 개발자까지 폭넓은 독자층에게 큰 가치를 제공할 책입니다. 저자만의 친절하고 명확한 설명을 따라가다 보면, 어느새 여러분도 랭체인을 자신 있게 다룰 수 있을 것입니다. 랭체인의 세계로 첫 발을 내딛는 분들에게, 그리고 이미 AI를 다루고 있지만 더 깊이 있는 이해가 필요한 분들에게 이 책을 진심으로 추천드립니다.

IT 크리에이터 **테디노트**

빠르게 변화하는 AI 시대에 효과적으로 AI를 활용할 수 있는 방법을 명확히 제시하는 책은 많지 않지만, 《RAG 시스템 구축을 위한 랭체인 실전 가이드》는 AI 시스템을 실제 업무에 적용하려는 분석가들에게 매우 유용한 가이드입니다.

이 책은 최신 프레임워크인 랭체인을 기반으로 실습 중심의 RAG 시스템 구축 방법을 설명하고, 복잡한 개념도 쉽게 이해할 수 있도록 구성되었습니다. 저자의 풍부한 실무 경험이 반영된 예제와 설명뿐만 아니라, 현장에서 AI를 바로 적용할 수 있는 실용적인 팁들도 다수 포함되어 있어 대규모 데이터 처리나 복잡한 문제 해결이 필요한 실무 환경에서 큰 도움이 될 것입니다.

또한 LLM의 한계를 RAG로 보완하는 방법은 AI를 활용하려는 실무자들에게 올바른 방향을 제공할 것이라 확신합니다. AI 시스템 구축을 고민하는 모든 분들께 이 책을 강력히 추천합니다.

LG전자 데이터 분석가 **박연서**

예제 소스와 실습 안내

이 책의 예제 소스와 실습에 필요한 모든 파일은 저자의 GitHub에서 제공합니다. 각 장에서 사용한 예제 소스의 링크는 다음과 같습니다. 실습 전 프로젝트 환경 설정 및 기타 안내는 README.md 페이지를 참고하세요.

- 3장 _ github.com/Kane0002/Langchain-RAG/tree/main/3장
- 4장 _ github.com/Kane0002/Langchain-RAG/tree/main/4장
- 5장 _ github.com/Kane0002/Langchain-RAG/tree/main/5장
- 6장 _ github.com/Kane0002/Langchain-RAG/tree/main/6장

실습을 진행하면서 오류 발생 및 도움이 필요한 부분이 생겼다면, 저자의 유튜브 영상을 참고해보거나 커뮤니티를 통해 문의를 남겨주세요.

- 유튜브 모두의 AI _ youtube.com/@AI-km1yn

목차

CHAPTER 01 LLM 훑어보기

1.1 생성 AI 열풍의 주역, LLM ... 13
    규칙 기반 자연어 처리, 최초 AI 챗봇 ELIZA ... 14
    통계 기반 자연어 처리, N-gram의 등장 ... 16
    딥러닝과 NLP의 발전, CNN & RNN & LSTM ... 18
    언어 모델의 혁신, 트랜스포머 ... 23
    Scale is all you need, LLM의 시작 ... 27

1.2 LLM 개발의 양대 산맥, 오픈 소스 LLM과 Closed LLM ... 30
    어떤 LLM을 선택하느냐가 AI 서비스의 핵심 ... 30
    오픈 소스 LLM vs Closed LLM ... 31
    글로벌 오픈 소스 LLM 생태계 ... 34
    국내 오픈 소스 LLM 생태계 ... 36

1.3 한눈에 살펴보는 LLM의 활용 현황 ... 38
    생성 AI 기반 대화형 검색 서비스, Perplexity ... 39
    마케팅 AI 코파일럿, Jasper ... 41
    자동화를 AI로 더욱 쉽게 만들다, Zapier ... 42
    전천후 CRM 코파일럿, 세일즈포스의 아인슈타인 ... 43
    개발자의 필수 AI 코딩 도구, 깃허브 코파일럿 ... 45
    쉽고 빠른 데이터 분석, 태블로 AI ... 46
    누구나 디자이너가 될 수 있는 도구, Adobe Firefly ... 48

목차

CHAPTER 02 RAG와 친해지기

2.1 RAG 시스템이란? — 52
- LLM 최대의 약점, 환각 현상 — 52
- 컨텍스트 윈도우 제한 문제 — 53
- LLM API의 기억상실증 문제 — 54
- 환각 현상을 극복한 RAG의 등장 — 54

2.2 RAG vs 파인튜닝 — 58

CHAPTER 03 LLM 시작하기

3.1 랭체인이란? — 64
- 랭체인의 개념과 구성 요소 — 64
- 랭체인으로 구축 가능한 서비스, ChatPDF — 66

3.2 랭체인을 통한 LLM 활용하기 — 68
- LLM API 호출의 기초 — 68
- 프롬프트의 세 가지 형태 — 70
- LLM의 Temperature 이해하기 — 74
- ChatGPT처럼 답변 스트리밍하기 — 76
- 응답을 캐싱하여 더 빠르게 응답받기 — 78

3.3 프롬프트 입력이 더 편리한 Prompt Template — 82
- PromptTemplate과 ChatPromptTemplate — 82
- 퓨샷 예제를 통한 프롬프트 템플릿 — 85
- 부분적인 처리가 가능한 Partial 프롬프트 템플릿 — 88

목차

3.4 LLM의 답변을 원하는 형태로 조정하는 Output Parser — 90

쉼표로 구분된 리스트를 출력하는 CSV 파서 — 92
날짜 형식만 출력하는 Datetime 파서 — 93
시스템 통신의 기본 형식을 위한 JSON 파서 — 95

CHAPTER 04 RAG으로 다양한 문서 다루기

4.1 Document Loaders 알아보기 — 98
RAG를 위한 Document 객체의 이해 — 98

4.2 PDF 파일을 Document로 불러오기 — 100
PyPDFLoader — 101
PyPDFium2 — 108
PyPDFLoader와 PyPDFium2 처리 시간 비교 — 110
PDF Loader 비교 — 112

4.3 여러 파일을 Document로 불러오기 — 112
Word 파일 불러오기, Docx2txtLoader — 113
CSV 파일 불러오기, csv_loader — 115
PPT 파일 불러오기, UnstructuredPowerPointLoader — 116
인터넷 정보 로드하기, WebBaseLoader — 119
특정 경로 내의 모든 파일 불러오기, DirectoryLoader — 123

4.4 문서를 다양하게 자르는 Text Splitters — 124
벡터 DB의 저장 과정 — 124
적당한 크기로 문서를 분할하는 Text Splitters — 127
글자 수로 분할하는 CharacterTextSplitter — 128
재귀적으로 텍스트를 분할하는 RecursiveCharacterTextSplitter — 132
문맥을 파악해 분할하는 SemanticChunker — 134

목차

CHAPTER 05

RAG 활용하기

5.1 텍스트를 숫자로 바꾸는 텍스트 임베딩 140
임베딩 모델이란? 141
Open source와 Closed source 142

5.2 문서 벡터 저장소, Vector Stores 150
벡터 DB의 종류 152
Chroma DB란? 155
Chroma DB 문서 저장 및 유사 문서 검색 155
Chroma DB API를 활용한 문서 관리 159

5.3 RAG의 문서 검색기, Retriever 166
벡터 DB 기반의 Retriever 168
사용자의 쿼리를 재해석해 검색하는 MultiQueryRetriever 176
문서를 여러 벡터로 재해석하는 MultiVectorRetriever 178
컨텍스트를 재정렬하는 Long-Context Reorder 182

5.4 랭체인을 표현하는 언어, LCEL 187
쉬운 코드 작성과 효과적인 모듈 관리 188
LCEL로 기본 체인 구성 188
스트리밍 기능을 쉽게 추가하는 stream() 189
여러 개 API를 요청하고 받는 batch() 190

5.5 기본 RAG 시스템 구축하기 192
RAG 시스템 구축하기 1 - 기본적인 QA 체인 구성 192
RAG 시스템 구축하기 2 - Memory 기능 구축 201
Open source LLM으로 RAG 구축하기 211

목차

CHAPTER 06
RAG 완전 정복하기

6.1 Streamlit으로 RAG 챗봇 만들기 ... 222
    Streamlit 실행하기 ... 222
    Streamlit chat 기능 설정 ... 225

6.2 대화 기능 추가하기 ... 230

6.3 파일 업로드 기능 구현하기 ... 237

6.4 고급 기능을 더해 RAG 챗봇 완성하기 ... 242

6.5 Streamlit에서 배포하기 ... 251
    애플리케이션 준비 ... 251
    깃허브 세팅하기 ... 253
    Streamlit Cloud로 배포하기 ... 255

6.6 LLM의 한계를 너머, Tool & Agent ... 260
    단계별 추론 CoT와 ReAct ... 260
    랭체인으로 인터넷 검색 Agent 구축하기 ... 262
    랭체인으로 벡터 DB 및 인터넷 검색 Agent 완성하기 ... 266

부록 _ 실습 준비 - API 키 발급받는 방법 ... 272

CHAPTER

01

LLM 훑어보기

1.1 _ 생성 AI 열풍의 주역, LLM

1.2 _ LLM 개발의 양대 산맥, 오픈 소스 LLM과 Closed LLM

1.3 _ 한눈에 살펴보는 LLM의 활용 현황

2023년은 그야말로 **생성 AI**(Generative AI)가 몰고온 광풍에 모두가 휩쓸려 다닌 한 해였습니다. Google, Microsoft와 같은 빅테크 기업뿐만 아니라, IT와 다소 거리가 있어 보이는 수많은 기업마저 새 시대의 비전을 AI로 꼽을 정도였으니 그 열풍이 얼마나 대단했는지 체감할 수 있었습니다. 그렇다면 과거의 AI 기술은 중요하지 않았다고 봐야 할까요? '데이터 드리븐', 'AI 드리븐', 'DX(Digital Transformation)'라는 신조어들이 업계를 휩쓰는 동안 AI 기술은 그저 거품이었을까요? 사실 AI는 수십 년간 많은 업적을 쌓으며, 생성 AI라 불리는 기술도 차근차근 발전을 거듭해왔습니다. 다음 그림에서 그동안 간과했던 AI의 역사를 한눈에 살펴볼 수 있습니다.

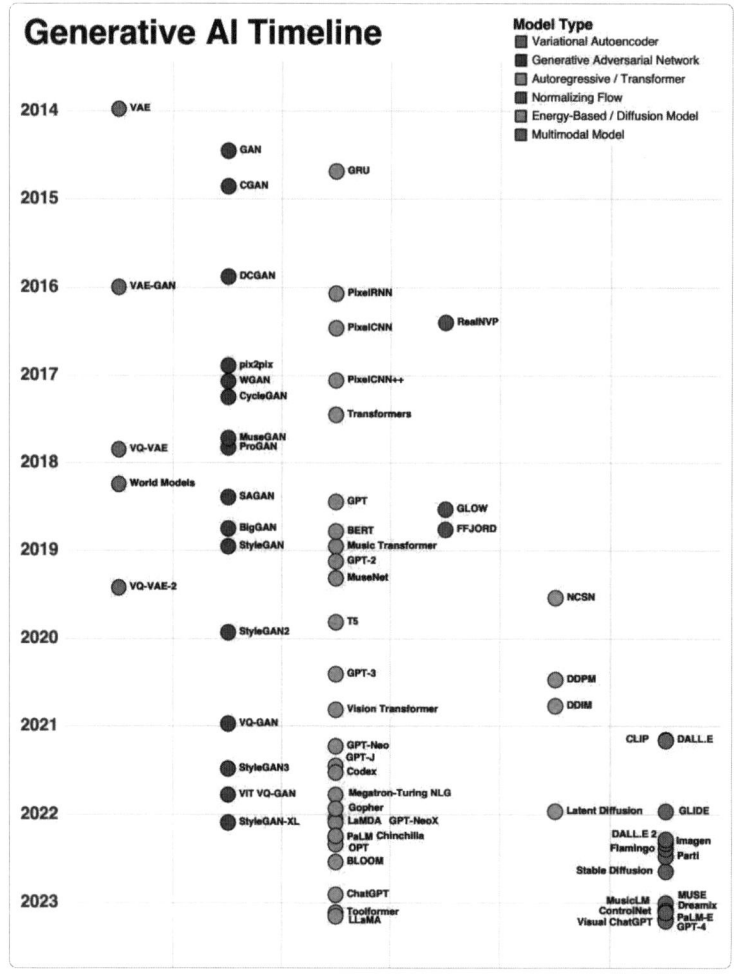

그림 1-1 생성 AI의 역사(출처: David Foster)

이 타임라인에서 볼 수 있듯이 생성 AI는 2023년에 새롭게 나타난 개념도, 용어도 아닙니다. 'Generative AI'라는 단어가 본격적으로 사용되기 시작한 시점은 2014년 VAE(Variational Auto Encoder)가 나온 후로, 무려 10년 전 기술인 것이죠. 그런데 왜 이제서야 생성 AI가 각광받게 된 걸까요? 그리고 어떻게 ChatGPT와 같은 초거대 언어 모델(Large Language Model, LLM)이 생성 AI 시대의 주인공으로 거듭날 수 있었을까요? 이러한 배경을 이해하려면 먼저 LLM이 탄생하게 된 이야기부터 시작해야 합니다.

1.1 생성 AI 열풍의 주역, LLM

생성 AI 열풍의 시작은 2022년 11월, OpenAI에서 **ChatGPT**가 출시된 직후라고 봅니다. AI와 채팅이라는 직관적인 개념과 그에 걸맞은 단순한 UI는 사용자들이 AI와의 대화 그 자체에 집중하게 했고, 목적이 분명하지 않아도 누구나 ChatGPT 기능(대화)에 관심이 생겼습니다. AI와 마주선 사용자들은 대화 상대(GPT)의 화려한 언변과 지식에 연신 감탄하였고, 그 쓸모가 명확하지 않음에도 전세계에서 가장 먼저 1억 명의 사용자를 유치한 AI 플랫폼이라는 업적도 쌓았습니다.

ChatGPT는 분명 달랐습니다. 지금까지 사용자들이 알고 있는 기존 AI와는 무엇인가 달라보였습니다. 대중이 기억하는 과거의 AI는 목적이 명확하고, 쓰임새가 확실한 열쇠 같은 도구였습니다. 풀고자 하는 문제가 무엇인지에 따라서 열쇠 이름은 '컴퓨터 비전'이 되기도 하고, '시계열 모델'이 되었죠. 그리고 이 AI는 목적을 달성하기 위해 주어진 데이터에서만 패턴을 찾았습니다. 이와 비교하면 ChatGPT는 마스터키(master key)였습니다. 사용자가 한 번도 알려주지 않은 지식에 대해서 알고 있고, 한 번도 시키지 않은 명령에 대해 찰떡같이 알아들었습니다. 혹자는 ChatGPT에게 '멍청하다, 말귀를 못 알아듣는다'며 불평을 일삼았지만, 이런 평가는 기존 AI가 꿈도 못 꿀 과분한 피드백이 아닐까 싶습니다. 사람들은 기존 AI에 대한 기대치 자체가 낮았고, 사람의 언어를 못 알아듣는 AI라는 불신이 늘어날 뿐 실망감이 생기지는 않았습니다. 따라서 ChatGPT에 대한 모든 불평은 ChatGPT가 어느 정도 사용자의 언어를 이해하고 명령을 수행하기 때문에 가능한 역설일지도 모릅니다.

그렇다면 ChatGPT는 어떻게 기존 AI들과 다른 결과물을 내놓을 수 있었을까요? 이를 이해하기 위해서는 ChatGPT의 본체인 **초거대 언어 모델**(LLM, Large Language Model)과 뼈대에 해당하는 **트랜스포머**(Transformer)라는 복잡한 자연어 처리 모델에 대해서 알아야 합니다. LLM과 트랜스포머는 전공자조차 본질적으로 완전히 이해하기 어려운 기술적 원리를 담고 있지만, 여기에서는 복잡한 이론 보다는 언어 모델(Language Model)의 발전 배경과 작동 원리에 집중하여 쉽게 살펴보고자 합니다.

규칙 기반 자연어 처리, 최초 AI 챗봇 ELIZA

ChatGPT와 같은 AI 챗봇의 시초는 50년 전이라는 꽤 먼 과거로 거슬러 올라가야 합니다. 1966년 1월, MIT의 조셉 와이젠바움(Joseph Weizenbaum)은 정신과 상담 용도의 대화형 컴퓨팅 **ELIZA**를 만들었습니다. ELIZA라는 이름은 버나드 쇼의 희곡 '피그말리온'에 등장하는 캐릭터 '엘리자 두리틀(Eliza Doolittle)'에서 영감을 받았다고 합니다. 피그말리온에서 엘리자는 변화와 교육을 통해 높은 사회 계층으로 진입하는 인물로, 와이젠바움은 컴퓨터 프로그램이 인간과 상호작용을 통해 배우고 발전하는 모습을 상징적으로 나타내고자 했습니다.

AI 챗봇의 시초라는 ELIZA의 상징성에 비해 그 작동 원리는 매우 간단합니다. ELIZA는 사용자가 입력한 문장에서 키워드를 인식합니다. 그리고 찾아낸 키워드를 바탕으로 정해진 규칙에 따라 사용자의 입력을 변환하고 이를 응답 생성에 활용합니다. 예를 들어 사용자가 'I am very happy today'라는 문장을 입력했다면, ELIZA는 이 문장에서 'happy'라는 단어를 키워드로 인식하고 이와 연결된 규칙을 적용하여 'Why do you feel happy today?'와 같은 응답을 생성합니다. 이는 모두 단순한 텍스트 매칭과 규칙 기반의 변환을 활용한 대화입니다.

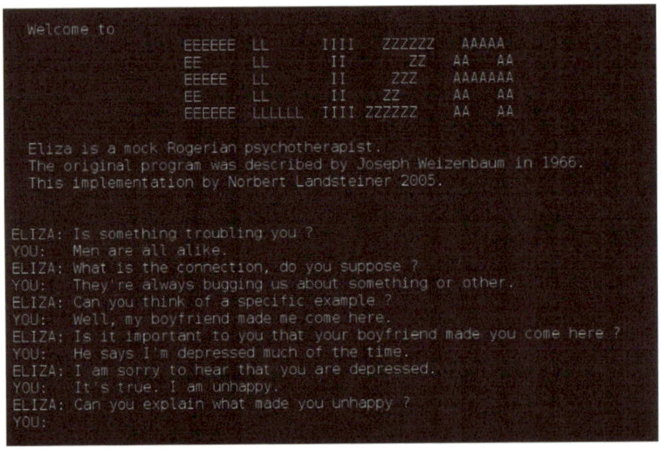

그림 1-2 1966년 1월 개발된 ELIZA 채팅 화면

AI 챗봇에 대한 개념조차 없던 1960년대 중반, ELIZA의 등장은 많은 이들에게 큰 충격을 주었습니다. 한 예로 와이젠바움의 비서는 ELIZA와 대화를 해야 하니 방에서 나가달라는 말을 했고, 많은 사용자들이 마치 정신과 의사와 상담하듯 ELIZA를 대했다는 이야기가 전해집니다. 심지어 ELIZA를 통해 인간이 컴퓨터의 행동에 지나치게 의미를 부여하고, 무의식적으로 이를 의인화하는 현상을 가리키는 **일라이자 효과**(ELIZA effect)라는 용어까지 등장시켰죠. 심지어 의사가 부족했던 정신 병동에 ELIZA를 배치하자고 주장한 사람들도 있었습니다. 하지만 정작 와이젠바움은 이러한 사람들의 관심이 잘못된 방향으로 이끌어질까 걱정하여 ELIZA 프로젝트를 중단하고, 인공지능이 윤리적 판단을 하는 것에 대한 위험성을 강조하는 인공지능 비판론자가 되었습니다.

ELIZA는 앞서 설명한 것처럼 **규칙 기반**(Rule-based) **자연어 처리**(Natural Language Processing, NLP) 알고리즘입니다. 규칙 기반 자연어 처리 알고리즘은 사람이 직접 규칙을 정하고, 새로운 문장에 대응하기 위해 매번 새 규칙을 생성해야 한다는 명확한 한계를 가지고 있습니다. 그렇다면 ELIZA를 통해 그 한계를 살펴보겠습니다. ELIZA는 주어진 문장에서 ①키워드를 인식, ②특정 규칙 하에 문장을 분해, ③이를 재결합합니다. ELIZA의 세 가지 작동 원리에서 규칙 기반 자연어 처리 알고리즘의 한계가 드러납니다. ELIZA가 어떤 사용자의 문장에도 대응할 수 있는 슈퍼 AI 챗봇이 되기 위해서는 ①모든 문장에 대한 키워드 추출이 효과적으로 작동해야 하고, ②모든 키워드에 동적으로 최적의 규칙을 적용해야 하며, ③재결합하는 방식이 기존 스크립트에 의존하지 않은 창의적이어야 합니다. 이러한 한계점들은 사람의 개입으로 어느 정도 해결될 수 있으나, 사람의 개입이 필수적이라는 것 자체가 치명적인 한계로 작용합니다.

 자연어 처리란 무엇이고, 자연어 처리 모델이 뭔가요?

자연어 처리(NLP, Natural Language Processing)는 인간의 언어를 해석, 조작, 이해하는 능력을 컴퓨터에 부여하는 기계학습(machine learning) 기술입니다. 예를 들어, 스팸 메일을 분류하거나 긴 글에서 키워드를 추출하고 요약하는 등의 텍스트 데이터 분석 방법이 이에 해당됩니다.

자연어 처리 모델이란 통계적 추론, 머신러닝, 딥러닝 등의 기계학습 기법에 기반하여 자연어 처리를 위해 학습된 기계학습 모델을 말합니다. 대표적인 통계적 자연어 처리 모델에는 N-gram, TF-IDF 등이 있으며, 머신러닝에는 SVM, 랜덤 포레스트, 딥러닝에는 BERT, GPT 등이 있습니다.

통계 기반 자연어 처리, N-gram의 등장

규칙 기반 자연어 처리에서 벗어나 컴퓨터가 사람의 언어를 뱉을 수 있도록 만들기 위해서는 언어가 연속적인(Sequential) 데이터라는 사실에 집중해야 합니다. 우리는 말을 할 때 문장 뒤에 어떤 단어가 와야 하는지 자연스레 예측할 수 있습니다. 다음 문장 뒤에 올 단어를 한 번 생각해보세요.

나는 배가 ___ ___ ___.

이 문장의 빈칸을 채우는 문제가 있다면 사람들은 '고프다, 아프다, 당긴다'와 같은 여러 단어를 쓸 수 있습니다. 우리는 어떻게 이러한 작업을 자연스럽게 수행하게 되었을까요? 사람은 아주 어린 시절부터 부모님 또는 누군가가 말하는 수많은 문장을 듣고 자랍니다. 그리고 그 문장들을 들으면서 자연스럽게 문장이 어떻게 완성되는지, 그리고 단어들의 쓰임새를 습득하게 됩니다. 그렇다면 이러한 작업을 컴퓨터가 하려면 무엇이 선행되어야 할까요?

예시를 다시 들여다보면, 이 문장의 빈칸에는 '나는'이나 '너가'와 같은 주어가 아닌 '고프다', '아프다'와 같은 서술어가 들어가야 합니다. 즉, 컴퓨터가 문장의 품사라는 개념을 간접적으로 이해해야 합니다. 이러한 문제를 해결하기 위해 1970년부터 HMM, 2000년대 초반부터는 CRF가 활용되기 시작했습니다.

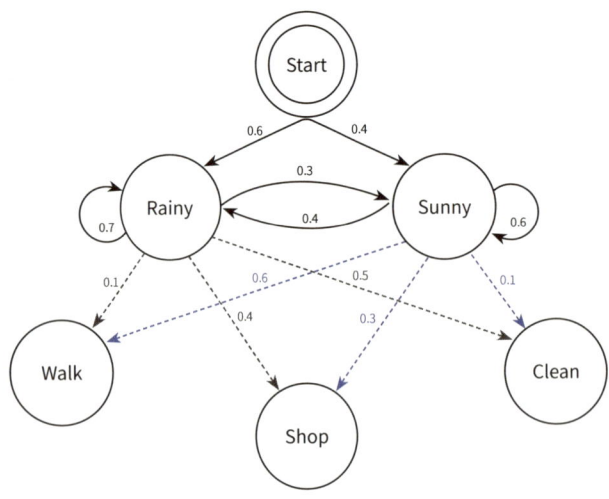

그림 1-3 HMM의 작동 방식 - 이전 상태가 다음 상태로 전이할 확률을 기반으로 다음 상태를 예측함.

HMM(Hidden Markov Model)은 이전 상태를 기반으로 다음 상태를 예측하는 마르코프 모델(Markov Model)에 은닉 상태를 더한 것으로, 연속적인 데이터(sequential data)를 처리하는 데 강점을 지닌 모델입니다. HMM은 이러한 특성을 이용하여 단어를 관찰하면 주어진 문장에서 품사를 예측할 수 있는 품사 분석기로 활용됩니다. 조금 쉽게 설명하면, 주어진 N개의 단어가 있는 문장에서 'N+1'의 단어를 예측하기 위해 이와 똑같은 문장이 문서상에서 출현할 확률을 계산합니다. 이를테면 '나는 배가 고프다'라는 문장이 5번, '나는 배가 아프다'라는 문장이 3번 주어지면 '나는 배가 __ __'라는 문장 빈칸에 '고프다'라는 서술어가 들어올 확률이 더 높기 때문에 '고프다'를 예측합니다.

CRF(Conditional Random Field)는 HMM과 유사하게 연속적인 데이터를 처리하지만, 각 상태가 이전 상태뿐만 아니라 다른 관측치에도 의존할 수 있게 만드는 조건부 확률 모델입니다. CRF는 HMM보다 더 유연하게 상호 의존적인 특성을 모델링할 수 있으며, 복잡한 문맥 정보를 처리하는 데도 효과적입니다.

HMM과 CRF 모두 훌륭한 통계 기반 자연어 처리 방식이지만, 한 가지 한계점을 가지고 있습니다. 이는 '희소성 문제'(Sparsity problem)라고 불리는데, 다음과 같은 상황에서 발생합니다.

예를 들어, N개의 단어로 이루어진 문장에서 'N+1'번째에 올 단어를 예측해야 한다고 가정해 봅시다. HMM, CRF와 같은 전통적인 통계 모델은 주어진 N개의 단어를 모두 고려하여 다음 단어를 예측합니다. 이를 위해서는 'N+1'의 단어까지 포함한 문장이 훈련 데이터에서 충분히 많이 등장해야 합니다. 그래야만 모델이 신뢰할 수 있는 확률을 계산할 수 있기 때문입니다.

그러나 현실에서는 이런 경우가 매우 드뭅니다. 예를 들어, '나는 학교에 갔다'라는 문장이 있을 때,

- '나는 학교에 갔다 ____'에서 다음 단어를 예측하려면,
- '나는 학교에 갔다 ____'와 같은 구조의 문장이 데이터에 충분히 있어야 합니다.

하지만 실제 텍스트 데이터에서 정확히 같은 단어 순서로 이루어진 긴 문장은 매우 드물게 나타납니다. 이로 인해 모델이 적절한 다음 단어를 예측하는 것이 매우 어려워지는 것입니다. 이러한 희소성 문제를 해결하기 위해 고안된 대표적인 방법이 바로 N-gram 모델입니다.

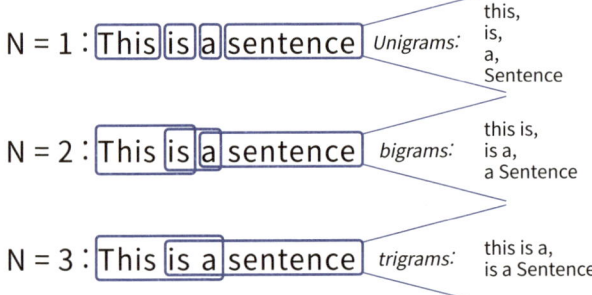

그림 1-4 N-gram 예시

N-gram은 N개의 단어가 있는 문장에서 'N+1'에 올 단어를 예측하기 위해서 'N-1'개의 단어만 고려합니다. '나는 배가 너무 ＿ ＿ ＿'라는 문장에서 빈칸에 넣을 단어를 3-gram으로 예측할 경우, N-gram 모델은 빈칸 앞 '3-1'개의 단어('배가 너무')만 고려하게 됩니다. 이렇게 빈칸 앞 'N-1'개의 단어만으로 'N+1'의 단어를 예측한다면, 기존 통계 기반 NLP 모델인 HMM이나 CRF가 지닌 희소성 문제에서 벗어날 수 있습니다. 'N-1'개의 앞선 단어만 포함하는 다른 문장은 모든 단어가 같은 문장보다 출현 빈도가 높으므로 덜 희소하기 때문입니다.

그러나 N-gram 역시 몇 가지 한계점을 지닙니다. HMM, CRF처럼 문장에 등장하는 모든 단어를 고려하는 것이 아니기 때문에 예측 정확도가 떨어질 수 있습니다. 또한 아무리 'N-1'개의 단어만을 고려하여 예측하더라도 이러한 문장이 문서에서 자주 등장하지 않을 것이므로 희소성 문제를 완전히 해결할 순 없습니다. 마지막으로 N-gram에서 N의 크기를 키울수록 많은 단어를 고려하여 다음 단어를 예측하므로 성능은 좋아지지만, 희소성 문제는 늘어나고 그 반대의 경우도 발생합니다. 따라서 N의 크기와 희소성 문제가 상충(Trade-off) 관계이기 때문에 적절한 N이 무엇인지 결정하기 어렵습니다.

딥러닝과 NLP의 발전, CNN & RNN & LSTM

큰 틀에서 규칙 기반 NLP와 통계 기반 NLP는 궤를 같이 한다고 볼 수 있습니다. 통계 기반 NLP가 규칙 기반 NLP와 다른 점은 주어진 문장을 통계적으로 분석하고 이를 바탕으로 다음 단어를 예측한다는 점인데, 엄밀히 말하면 이러한 방식조차 미리 정의된 규칙과 패턴(예: A 단어 이후에는 B 단어가 통계적으로 많이 나온다)을 사용한다고 간주합니다. 이와 같은 방식이 간단하고 효율적일 수 있지만, 언어의 미묘한 뉘앙스나 문맥을 이해하는 데는 어렵습니다.

그러나 NLP 학자들은 이러한 한계에 포기하지 않고 새로운 기술을 접목하여 해결하고자 노력해왔습니다. 1980년대 딥러닝 발전과 함께 기존 방식들의 한계에 대한 해결의 실마리가 점차 보이기 시작했습니다. 지금은 컴퓨터 비전(Computer Vision, CV) 모델의 원조로 여겨지는 CNN 모델도 NLP에 활용되었습니다.

CNN(Convolutional Neural Network), 즉 합성곱 신경망은 주로 이미지를 분석하는 데 활용되는 모델입니다.

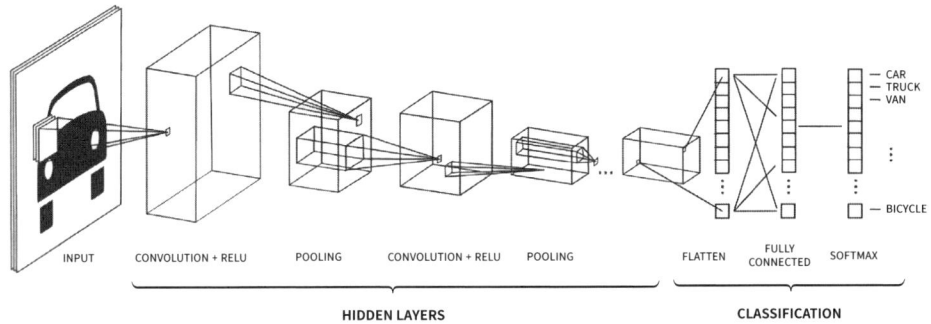

그림 1-5 CNN 아키텍처(출처: MathWorks)

가장 기초적인 딥러닝 모델로 불리는 CNN도 여러 레이어를 가진 복잡한 모델이지만, 가볍게 살펴보고자 합니다. CNN에서는 필터라 불리는 작은 창으로 이미지 전체를 훑으면서 각 위치에서의 특징을 찾아냅니다. 각 위치의 패턴, 형태와 같은 특징을 감지하여 선의 방향, 모서리의 존재, 질감과 같은 것을 식별할 수 있게 됩니다. 이렇게 얻어낸 특징 값들은 이미지의 중요한 정보를 담고 있으므로, 그림 1-5처럼 이미지가 차를 나타낸다는 사실을 알 수 있습니다.

이미지 대신 문장을 대입하면 NLP와 CNN의 접목 방식을 이해할 수 있습니다. CNN에서는 필터가 이미지를 훑어 특징 값을 추출하는데, 이를 문장 분석에 활용하려면 문장을 행렬로 나타내기 위해 임베딩(Embedding) 기법을 사용합니다. 문장을 임베딩해 행렬로 만든 후, CNN의 필터가 이 행렬을 훑어 문장 특징을 추출하는 방식입니다. 이 방법을 통해 텍스트 감성 분석, 스팸 감지, 주제 분류, 개체명 인식, 관계 추출, 유사도 평가 등 기존 NLP 방식에서 어려웠던 작업들이 가능해집니다.

딥러닝이 무엇인가요?

> **딥러닝**(Deep Learning)은 사람의 뇌를 모방한 인공 신경망을 여러 층 쌓아 컴퓨터가 데이터를 학습하는 기술입니다. 'Deep'은 여러 층의 인공 신경망을 '깊다'고 표현하는 것이며, 'Learning'은 데이터의 패턴을 '학습'한다는 의미입니다. 딥러닝은 현대 많은 AI 모델들의 근간이 되는 기술로써, ChatGPT를 구동하는 트랜스포머(Transformer) 역시 딥러닝에 해당합니다.

그러나 CNN 또한 NLP에 접목하는 데는 세 가지 한계점이 존재합니다.

첫 번째, 접근 방식의 한계입니다. 이미지 분석을 위해 먼저 고안된 CNN의 특성상, 이미지와 텍스트는 근본적으로 매우 다르다는 점을 인지해야 합니다. 이미지는 인접한 픽셀이 비슷한 정보를 담고 있습니다. 가령 고양이 사진을 픽셀 행렬로 변환한다면, 고양이 귀에 해당하는 위치의 픽셀과 바로 옆 픽셀은 고양이 귀라는 하나의 특징으로 해석합니다. 이미지는 시각적인 정보가 연속적으로 분포하고 있기 때문이죠. 즉, 행렬에 인접한 원소들이 크게 다르지 않다는 것입니다. 그러나 텍스트는 이와 다릅니다. 단어나 문자가 이루는 행렬 내에서 인접한 값의 관계가 이미지만큼 가깝지 않을 수 있습니다. 단어의 의미는 그 자체로 분리되어 있을 수 있으며, 문맥에 따라 달라질 수 있기 때문입니다.

두 번째, CNN은 그 작동 방식으로 인해 지역적인 특징을 잘 추출하지만, 긴 문맥의 상호 관계를 파악하지 못한다는 점입니다. 텍스트 행렬의 각 위치 특징을 파악하는 데 집중할 뿐, 먼저 등장한 단어가 이후에 등장하는 단어와 어떤 관계를 지니는지 계산하지 못합니다. 따라서 문장에서 떨어진 위치에 있는 단어의 관계를 이해하는 것이 어렵습니다.

세 번째, 텍스트 데이터의 중요한 특성인 '순서'를 무시한다는 한계를 지닙니다. CNN은 입력된 행렬의 공간적 구조는 잘 활용하지만, 시퀀스 데이터에서 시간 순서를 직접 모델링하지는 않습니다. 앞서 언급한 두 번째 한계와 일맥상통한 점입니다.

이러한 점들을 극복하고자 RNN 모델이 NLP에 접목되기 시작했습니다. **RNN**(Recurrent Neural Network)은 1986년 데이비드 루멜하트(David E. Rumelhart) 연구에 기반을 둔 순환 신경망 모델로, 연속된 데이터의 각 요소를 순차적으로 처리하면서 이전 단계의 정보를 다음 단계에 전달한다는 특징이 있습니다.

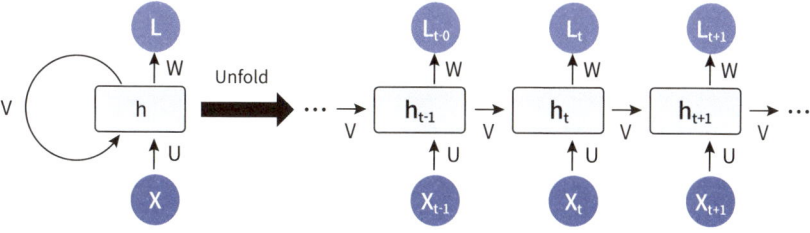

그림 1-6 RNN의 아키텍처

RNN은 이전 데이터를 기억할 수 있는 첫 번째 알고리즘으로, 텍스트 데이터에 매우 적합한 작동 방식을 지녔고 NLP 연구에도 큰 영향을 끼쳤습니다. RNN은 각 노드가 다음 노드들과 연결되는 순환 구조를 지녔는데, 앞선 노드가 지닌 정보를 Hidden State라는 상자에 담아 다음 노드에 전달하기 때문에 각 노드가 과거의 정보를 기억하고 있습니다. 이렇게 저장된 기억을 바탕으로 다음 순서의 데이터를 예측하기 때문에 순서를 무시하는 CNN의 한계를 뛰어넘을 수 있었습니다. 이러한 RNN의 특성은 기존 딥러닝 모델에서 불가능했던 텍스트 생성 작업을 가능케 했습니다. 마치 뇌의 뉴런이 서로 정보를 주고받아 명령을 수행하듯이, RNN의 노드들이 저장된 기억을 바탕으로 새로운 단어를 내뱉는 것과 같습니다.

RNN은 텍스트 생성이 가능한 혁신적인 방법론으로써 큰 각광을 받았으나, 이 역시 한계점은 존재했습니다. RNN 네트워크의 각 노드는 과거의 정보를 은닉 상태로써 전달받고 이를 저장하는데, 문서가 길어질 경우 과거의 정보가 점차 희미해진다는 문제가 생겼습니다.

> 💡 학계에서는 이를 '기울기 소실' 문제라고 합니다. 이전 노드가 갖고 있는 정보를 은닉 상태로써 다음 노드에 전달하기 위해서는 신경망의 활성 함수를 거쳐야 하는데, 이러한 과정이 누적되면서 활성 함수의 도함수 값이 계속 곱해져 가중치에 따른 결과 값의 기울기가 0이 되어 경사 하강법을 이용할 수 없게 됩니다.

이는 텍스트 생성 작업을 수행하는 데 치명적입니다. 앞서 언급한 문장의 맥락을 뒤에서는 결국 잊어버리고, 긴 문장을 처리하는 데 있어서 정확도가 급격히 떨어지기 때문입니다. 예를 들어 RNN이 간단한 에세이를 작성하도록 만들었는데, 서두에서 밝힌 내용이 글의 말미에 이르러서는 전혀 기억되지 않아 맥락 없는 이상한 문장이 작성될 수 있는 것입니다.

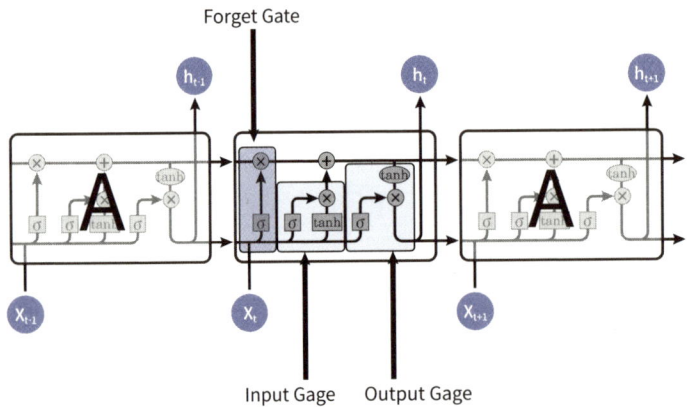

그림 1-7 LSTM의 아키텍처

LSTM은 RNN의 기울기 소실 문제를 해결하기 위해 1997년에 고안된 딥러닝 모델로, 게이트라는 개념이 추가된 모델입니다. LSTM에는 망각 게이트(Forget Gate), 입력 게이트(Input Gate), 출력 게이트(Output Gate)라는 세 게이트가 핵심적인 역할을 하며, 각각 어떤 정보를 기억하고 삭제할지 결정합니다.

- **망각 게이트**는 모델이 이전 단계에서 받은 정보 중에서 더 이상 필요하지 않은 정보를 잊도록 만듭니다. 이는 모델이 불필요한 정보의 축적을 방지하고, 중요한 정보에 집중하도록 돕습니다.
- **입력 게이트**는 새로운 정보가 주어졌을 때, 이 정보를 셀 상태에 어떻게 업데이트할지 결정합니다. 이를 통해 모델은 새로운 정보를 효과적으로 학습하고 기억할 수 있습니다.
- **출력 게이트**는 현재 셀 상태를 바탕으로 모델이 어떤 정보를 출력할지 결정합니다. 이는 모델이 학습한 정보를 바탕으로 다음 단계의 예측을 수행하거나, 최종 결정을 내리는 데 사용됩니다.

이를 통해 길이가 긴 연속 데이터에 대해서도 다룰 수 있게 되어 장기 기억이 필요한 많은 문제를 해결할 수 있게 되었습니다.

LSTM은 많은 NLP 문제를 해결하는 혁신적인 방법론이었지만, 명확한 단점 또한 존재합니다. LSTM은 게이트라는 개념을 도입하여 장기 기억이 가능했지만, 역설적으로 이로 인한 계산 복잡성이 증가했습니다. 기존 RNN에서는 주어진 과거 데이터를 은닉 상태로 계산하여 다음 노드로 넘겨주면 됐는데, LSTM에서는 세 개의 게이트에서 추가적인 계산이 발생하기 때문입니다. 따라서 모델 학습 시간이 늘어나는 문제가 발생합니다. 또한 LSTM은 RNN과 같이 순차적으로 텍스트 데이터를 처리하는데, 이런 방식은 대량의 데이터를 빠르게 처리할 수 없습니다.

즉, 병렬 처리가 불가능하여 처리 속도가 느립니다. 마지막으로 LSTM은 장기 의존성에 있어서 효과적이지만 더 긴 텍스트 데이터에 있어서는 여전히 정보를 유지하고 전달하는 데 한계가 발생합니다. 게이트가 기울기 소실 문제를 완화시켜주었지만, 매우 긴 텍스트의 첫 맥락을 끝까지 기억하는 것은 어렵습니다.

언어 모델의 혁신, 트랜스포머

CNN부터 LSTM에 이르기까지 언어 모델은 수많은 연구와 발전을 거듭해왔지만, 여전히 긴 길이의 글을 입력, 출력하는 데는 한계가 있습니다. 시퀀스 모델링, 즉 연속적인 데이터를 입력받고 출력하기 위해 입력 데이터의 값을 점차 잊는다는 것은 자연어 처리의 가장 큰 단점이라고 볼 수 있습니다. 그렇다면 이 문제를 어떻게 해결할 수 있을까요?

앞서 설명한 것처럼 딥러닝은 사람의 정보 처리 방식에 대입할 때, 그 한계와 해결 방법이 명료해집니다. 긴 텍스트의 맥락을 유지하지 못하는 문제는 사람의 '기억력'과 대응합니다. 사람도 긴 문장을 한꺼번에 인식하고 이를 바탕으로 모종의 작업을 수행해야 한다면, 제한된 기억력으로 인해 쉽지 않을 것입니다. 그래서 우리는 입력된 정보의 핵심 정보만을 기억하고자 노력하게 됩니다. 가령 학창 시절을 떠올려보면 똑똑한 친구들은 수업 내용을 다 받아 적지 않고 핵심 내용을 간추려 정리하곤 합니다. 수업 내용 전부를 다 받아 적더라도 실제 시험에 출제된 내용은 몇 가지 핵심 사항이기 때문입니다. 이러한 알고리즘을 딥러닝에 접목한 것이 바로 어텐션 메커니즘(Attention Mechanism)입니다.

어텐션 메커니즘에 대해 설명하기 앞서, 번역 작업을 수행할 수 있도록 설계된 RNN 기반의 **인코더-디코더**(Encoder-Decoder) 아키텍처 **시퀀스 투 시퀀스**(seq2seq)를 살펴보겠습니다.

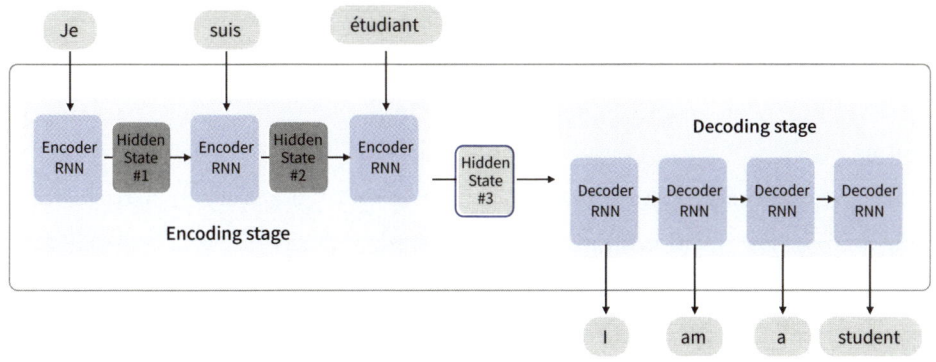

그림 1-8 RNN 기반의 seq2seq 아키텍처

번역 작업은 주어진 문장을 해석하여 동일한 의미의 번역된 문장을 출력하기 위해 Encoder(입력)-Decoder(출력) 아키텍처를 가지고 있습니다. 이 아키텍처에서 RNN은 Encoder와 Decoder를 모두 구성하고 있으며, Encoder가 입력 문장을 은닉 상태(Hidden State)로 변환하고 이를 다시 Decoder가 출력 문장으로 변환하는 작업을 수행합니다. 여기서 번역 성능은 Encoder에서 최종적으로 뱉어낸 Hidden State #3에 의해 좌우됩니다. Encoder에서 받아들인 입력 문장을 얼마나 잘 표현하는지에 따라 번역 결과물이 달라지기 때문입니다. 따라서 이와 같은 seq2seq 모델은 Hidden State #3이라는 입력 문장의 압축물(고정된 context vector)에 매우 의존적일 수밖에 없습니다. 만약 Hidden State #3의 은닉 상태가 입력 문장의 정보를 잘 담아내지 못한다면, 이를 받아들여 번역 작업을 수행하는 Decoder의 결과물 수준이 저하됩니다. 이러한 문제를 해결하기 위해 **어텐션 메커니즘**을 적용한 모델에서는 입력 문장의 Hidden State #1부터 Hidden State #3까지 모두 활용합니다.

Attention model

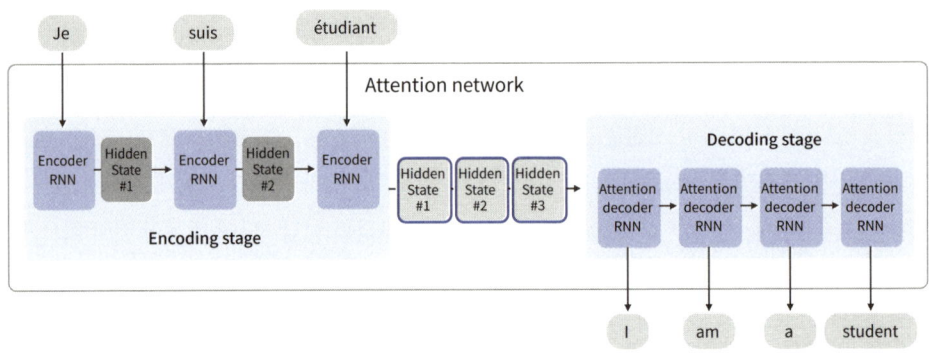

그림 1-9 어텐션 메커니즘을 적용한 RNN 기반의 seq2seq

입력 문장의 각 단어에 해당하는 부분을 Encoder가 은닉 상태로 변환하여 다음 단어 입력 시 함께 받아들이게 되는데, 이를 모두 Decoder의 번역 작업에 활용할 수 있도록 전달합니다. 이렇게 되면 기존 전통적인 seq2seq 모델에서 하나의 은닉 상태(Hidden State #3)로부터 문장을 번역하는 것보다 더 많은 정보(Hidden State #1, 2, 3)를 받아들이기 때문에 번역의 품질이 향상됩니다. 추가적으로 어텐션 메커니즘은 Decoder 모델 내에서도 적용되어 문장 번역 시, 입력 문장의 어떤 부분에 집중해야 하는지 알 수 있게 도와줍니다. 정리하자면, 어텐션 메커니즘은 주어진 입력 문장에 대한 더 많은 정보를 Decoder에게 전달하여 출력 품질을 높이는 알고리즘입니다.

어텐션 메커니즘은 LSTM의 고정된 컨텍스트 벡터 문제를 해결하여, 입력 문장의 모든 은닉 상태(Hidden State)에 대한 정보를 디코더가 활용할 수 있도록 도와줍니다. 이를 통해 긴 문장에서도 중요한 정보를 더 잘 보존하고, 번역 등의 작업에서 성능을 향상시킵니다. 그러나 LSTM처럼 순차적인 구조에서 어텐션 메커니즘이 결합되면 계산량이 늘어날 수 있습니다. 특히 어텐션이 적용되면 병렬 처리가 가능하다는 장점이 있지만, 기존 RNN 기반 모델에 비해 모델이 더 복잡해지고 무거워질 수 있습니다.

결국 계산 복잡성의 문제를 해결하기 위해서는 기존 재귀적 딥러닝 모델들(RNN, LSTM, seq2seq)의 직렬 구조에서 탈피해야 합니다. 단어를 연속적으로 처리하는 과정에서 Hidden State를 계산, 전달하는 작업이 반복되면서 계산 시간이 증가하기 때문입니다. 트랜스포머 모델은 이러한 직렬적인 구조를 탈피하고자, 재귀적인 모델을 활용하지 않으며 Self-Attention, Positional Encoding, Multi-head Attention이라는 3가지 요소를 통해 새로운 해결책을 제시합니다.

먼저 **Self-Attention**과 **Multi-head Attention**에 대해서 살펴보겠습니다. 오른쪽 그림은 'The animal didn't cross the street because it was too tired.' 문장 내의 관계를 시각화한 것입니다.

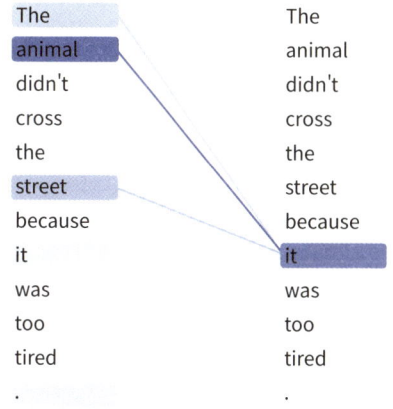

그림 1-10 어텐션 메커니즘 시각화

해당 문장에서 it은 어떤 단어를 지칭할까요? 영어 문장을 이해할 수 있는 사람이라면, 맥락을 통해 animal을 뜻한다는 것을 알 수 있습니다. 트랜스포머 모델에서는 Self-Attention이 이 역할을 수행합니다. 조금 더 구체적으로 살펴보면 'animal' 단어를 수치화한 벡터(Query)와 문장 내 단어들의 벡터(Key)를 행렬곱하여 'animal - x(문장 내 특정 단어)' 간의 유사도를 구하고, 이 값을 실제 단어 벡터 값(Value)과 곱합니다. 이를 통해 'animal'과 다른 단어 간의 유사도 값을 계산할 수 있으며, 트랜스포머 모델이 수치적으로 단어의 관계를 이해할 수 있는 것입니다.

그러나 Self-Attention을 한 번 수행해서는 문장의 맥락을 전부 이해하진 못합니다. 문장 내 단어 간의 관계는 단편적인 것이 아니기 때문입니다. 예를 들어 'animal'은 'it'과 유사도가 가장 높기 때문에 서로 연관된 단어라는 사실은 알 수 있지만, 정확히 animal이 문장에서 무슨 역할을 수행하는 주체인지는 알 수 없습니다. 이를 해결하기 위해 트랜스포머 모델에서는 여러 번의 Self-Attention을 수행하여 문장의 맥락을 더 잘 이해하도록 만듭니다. 이를 **Multi-head Attention**이라고 합니다. 이러한 작업은 기존 재귀적인 딥러닝 모델처럼 문장 내 단어들의 Hidden State를 차례로 계산하여 전달하는 것이 아니며, 행렬곱을 통해 병렬적으로 계산됩니다. 따라서 계산 속도가 크게 향상됩니다.

문장 내 관계를 학습했다면, 새로운 문장을 출력하기 위해 단어 간의 순서 정보를 학습해야 합니다. **Positional Encoding**은 트랜스포머 모델에서 단어의 순서 정보를 저장하는 역할을 맡습니다. 이를 통해 트랜스포머의 Encoder가 입력 문장 내 단어 순서를 저장하고, Decoder가 문장 내 단어 간 관계뿐만 아니라 선후 관계를 파악하여 올바른 문장 구성을 할 수 있게 됩니다. 이렇게 세 가지 특성을 지니고 있는 최종적인 트랜스포머의 구조는 그림 1-11과 같은 Encoder-Decoder를 갖게 됩니다.

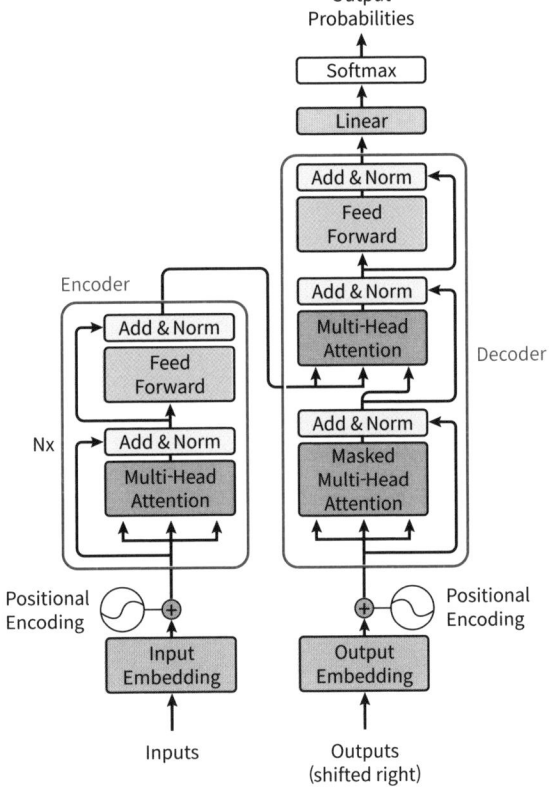

그림 1-11 트랜스포머 모델 아키텍처

트랜스포머는 앞서 언급된 장기 기억 문제와 계산 시간 증가 문제를 모두 해결하였고, 지금의 많은 언어 모델들이 이에 기반하여 구축되었습니다. 구글에서 개발한 BERT는 트랜스포머의 Encoder만을 이용해 구축되었으며, OpenAI의 GPT는 Decoder만을 이용하여 구축되었습니다.

Scale is all you need, LLM의 시작

앞서 언급한 것처럼 GPT(Generative Pre-trained Transformer)는 트랜스포머 모델의 Decoder 구조만을 반복적으로 활용합니다. 본래 트랜스포머 모델에서 Encoder는 입력 문장의 이해를 담당하고, Decoder는 출력을 담당합니다. 이와 달리 GPT는 입력 문장의 이해와 출력 문장의 출력 모두 Decoder 모듈에서 담당합니다. 사실 Decoder 모델은 문장을 이해하고 출력하기 위한 구조가 완성되어 있습니다. Decoder 모델 내에 이미 Self Attention 모듈과 Positional Encoding이 존재하기 때문입니다.

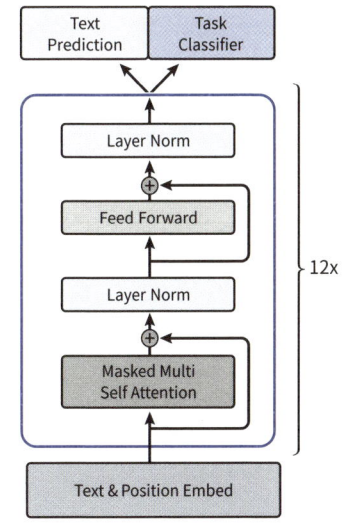

그림 1-12 GPT의 구조

Decoder 모델에서는 Masked Multi Self Attention만으로 문장의 생성 작업을 수행합니다. 문장의 특정 단어를 가리고 이를 예측하도록 훈련하여 주어진 문장 뒤에 올 단어를 예측하는 것이죠. 훈련 과정에서 문장 내의 특정 단어가 들어올 확률을 무수히 반복적으로 계산하고, 주어진 문장 뒤에 등장할 단어를 확률적으로 예측할 수 있는 능력을 갖추게 됩니다.

OpenAI는 Decoder 12개를 쌓아 GPT-1을 완성했습니다. 약 1억 7,000만 개의 파라미터를 가진 GPT-1은 7,000권 이상의 문헌 데이터를 기반으로 학습되었습니다. GPT-1은 주어진 텍스트를 바탕으로 비지도 학습(Unsupervised Learning)을 통해 문장을 이해하고 생성하는 능력을 갖췄습니다. 이후 지도 학습(Supervised Learning)을 통해 번역, 요약 같은 언어 작업 명령을 수행할 수 있도록 훈련되었습니다. GPT-2에서는 이러한 특정 작업을 더 잘 알아듣고 수행할 수 있도록 40GB 분량의 데이터로 학습되었으며, GPT-3에서는 훨씬 더 많은 데이터로 학습되어 1,750억 개의 파라미터를 지닌 뛰어난 모델로 진화했습니다.

OpenAI는 디코더 구조를 반복한 GPT라는 단순한 모델에 엄청나게 많은 데이터를 학습시키면서 모델을 발전시켰습니다. 언뜻 보면 매우 단순한 방법으로 발전시킨 GPT 시리즈는, 'Scale is all you need'라는 새로운 패러다임을 제시했습니다. 실제로 OpenAI가 '더 많은 데이터 학습은, 더 큰 성능 향상' 이라는 공식을 증명하면서 초거대 언어 모델(Large Language Model)이 다수 등장하였습니다.

그렇다면 우리가 현재 마주하는 ChatGPT와 같은 모델은 어떻게 만들어졌을까요? 이를 위해 ChatGPT가 출시되었던 2022년 11월로 돌아가봅시다. 당시 ChatGPT는 GPT-3.5라고 불리기도 했는데요. 왜 GPT-3 다음 모델의 이름을 GPT-4가 아닌 GPT-3.5라고 지었을까요? 사실 GPT-3.5는 GPT-3에 비해 데이터 양을 대폭 늘린 것이 아니라 InstructGPT라는 새로운 강화학습 방법론을 통해 미세조정한 모델입니다. 인간의 피드백에 기반한 고품질 데이터를 바탕으로 추론 능력과 작업 수행 능력을 크게 향상시켰죠. GPT-3까지의 발전 양상을 보면, 점점 더 많은 데이터를 학습시켜 문장을 더 잘 이해하고 명령을 더 잘 수행할 수 있도록 진화해왔습니다. 그러나 GPT-3는 여전히 평범한 사람 수준의 대답을 하기 어려워했고, 출력이 불안정했습니다. 예를 들어, 같은 질문을 하더라도 한 번은 초등학생 수준의 답변을 하고, 한 번은 고등학생 수준의 답변을 하는 식입니다. OpenAI는 GPT-3 모델을 더 똑똑하게 만들기 위한 새로운 방법으로, 단순히 데이터를 늘리는 것이 아니라 추가적인 학습을 진행한 것이죠.

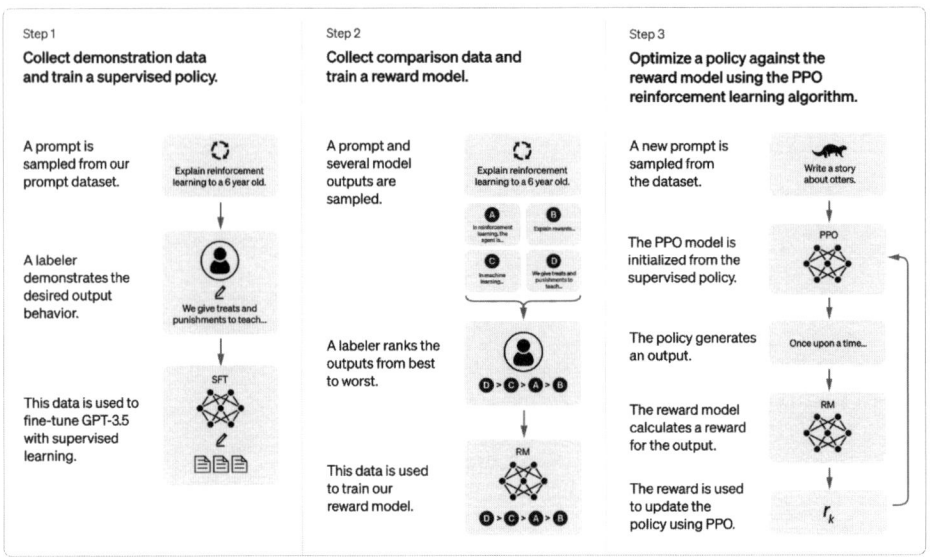

그림 1-13 ChatGPT의 훈련 방법

GPT는 언어 생성 능력을 이미 갖췄지만, 주어진 질문에 정확하게 답하거나 논리적으로 답할 수 있는 능력을 배울 필요가 있었습니다. 따라서 OpenAI는 ChatGPT를 개발하기 위해 크게 세 과정을 거치게 됩니다. 이 과정은 마치 학생이 시험 공부를 준비하는 것처럼 공부, 문제 풀이, 시험의 단계를 수행하는 것과 같습니다.

첫 번째로, **공부 단계**입니다. 그저 말을 잘하는 GPT에게 주어진 질문에 대해 답변하는 능력을 주입시키기 위해 질문-답변의 데이터 쌍으로 지도 학습했습니다. OpenAI는 대규모 인력을 바탕으로 질문과 이에 대응하는 적절한 답변 데이터셋을 구축하여 수행했습니다. 사람에 대입해보면, 문제지를 통해 주어진 문제에 적합한 답변을 할 수 있도록 공부를 하는 단계입니다. 이를 통해 GPT는 어떤 질문에 어떤 대답을 해야 하는지 감을 잡을 수 있게 되었습니다.

두 번째로, **문제 풀이 단계**입니다. 첫 번째 단계를 통해 GPT는 어느 정도 적절한 답변을 할 수 있게 되었습니다. 그러나 더 높은 수준의 답변을 생성할 수 있도록, 비교 우위의 레이블을 선택하는 강화 학습을 수행했습니다. 강화 학습은 모델이 예측해낸 결과물에 대해 보상과 처벌을 반복하여 더 좋은 결과물을 만들어내는 방식입니다. ChatGPT 학습에서는 다음과 같이 설명할 수 있습니다. 예를 들어 다음의 프롬프트를 입력했다고 생각해보세요.

'GPT에 대해 설명해줘'

OpenAI는 모델이 이 프롬프트에 대해 여러 개의 서로 다른 답변을 생성하도록 만듭니다. 그리고 레이블러에게 답변의 품질을 기준으로 순위를 매기도록 정합니다. 그리고 이 순위 결과를 바탕으로 더 좋은 결과물이 무엇인지 판단할 수 있는 보상 모델을 구축했습니다. 이는 마치 학생이 '주어진 문제에서 어느 것이 가장 옳은 답변인가?'를 선택하는 다지선다 문제와 닮았습니다. 언뜻 보면 선택지에 있는 답변 모두가 문제의 정답이 될 수 있으나, 가장 옳은 답변이 정답이기 때문입니다. 이를 통해 GPT는 주어진 질문에 가장 적절한 답변을 생성하도록 훈련됩니다.

마지막으로는 **시험 단계**입니다. PPO(Proximal Policy Optimization) 강화 학습 알고리즘에 기반하여 보상 모델에 대한 정책을 최적화하는 것입니다. 이는 마치 학생이 반복적인 시험을 통해 주어진 문제를 더 잘 해결할 수 있도록 문제 해결 능력을 향상시키는 것과 유사합니다. GPT가 주어진 질문 또는 명령에 적합한 답을 내도록 정책(Policy)을 반복적으로 개선합니다. 이 과정은 레이블러의 도움 없이 강화 학습 알고리즘만으로 실행됩니다. 이렇게 사람 개입에 기반한 강화 학습인 RLHF(Reinforcement Learning by Human Feedback) 3단계를 거치면 GPT-3.5는 최종적으로 GPT-3 대비 훨씬 똑똑하고 올바른 대답을 할 수 있는 ChatGPT로 진화하게 됩니다.

다음은 지금까지 소개한 규칙 기반 자연어 처리부터 LLM까지 AI 모델의 발전 과정을 시간 흐름에 따라 정리한 그림입니다.

시기	모델	설명
1950년대~1990년대	규칙 기반 NLP	언어학자들이 만든 규칙으로 자연어 처리	'나는'(주어) + '학교에'(장소) + [동사]의 형태로 분석하고, 빈칸에 '간다', '갔다' 등의 미리 정의된 동사 목록에서 선택.
1990년대~2010년대	통계 기반 NLP	통계분석 방법론에 기반한 자연어 처리 (예: CRF, SVM)	대규모 텍스트 데이터에서 '나는 학교에' 다음에 가장 자주 나오는 단어를 확률적으로 선택. '간다'가 가장 높은 빈도로 나타난다면 그것을 선택.
2010년대	딥러닝 기반 NLP	대규모 데이터를 기반으로 문장 패턴을 학습하여 다음 단어 생성. (예: CNN, RNN, LSTM 등)	대규모 텍스트 데이터를 신경망으로 학습하여 문장 내 단어의 순서나 맥락을 학습. '학교'라는 단어의 의미를 이해하고 이후에 들어올 단어가 '간다' 또는 '갔다'임을 예측할 수 있음.
2017년	트랜스포머	인코더-디코더 구조를 갖는 인공신경망과 어텐션 매커니즘으로 문장의 각 부분 간 관계 파악	주의 메커니즘을 사용해 문장의 각 부분 간의 관계를 파악. '나', '학교', 그리고 문맥 간의 복잡한 관계를 이해하고, 가장 적절한 단어를 선택.
2018년~현재	LLM(Large Language Model)	ChatGPT, Claude 등 현대 언어 모델의 근간으로, 방대한 데이터로 학습되어 다양한 상황을 고려한 단어 생성 가능	방대한 데이터로 학습되어 다양한 문맥과 의도를 이해 '나는 학교에'가 사용될 수 있는 다양한 상황(등교, 방문, 근무 등)을 고려하여 적절한 단어를 생성.

그림 1-14 AI 모델의 발전 과정

1.2 LLM 개발의 양대 산맥, 오픈 소스 LLM과 Closed LLM

어떤 LLM을 선택하느냐가 AI 서비스의 핵심

언어 모델은 지속적으로 부딪히는 한계와 이를 돌파하기 위한 새로운 모델 개발의 연속으로 LLM이라는 종착지에 도착했습니다. 이제는 모델 활용 목적에 따라 특수한 딥러닝 모델을 학습하거나 파인튜닝할 필요 없이, LLM만으로 큰 성능 향상을 이룰 수 있게 되었습니다. 모델의 언어 처리 능력이 이전과는 비교할 수 없이 향상되어 이제는 사람과 비교되기 시작한 LLM은 개인과 기업 모두에게 있어서 AI 활용의 터닝포인트를 제공한 셈입니다.

LLM은 발전을 거듭하여 AI 서비스로써 시장에 나아가기 위한 채비를 마친 것처럼 보입니다. 2023년 6월, S&P 마켓 인텔리전스의 전망 보고서에 따르면 생성 AI 시장의 시장 규모는 연평균 58% 급성장하여 2028년에는 약 46조 원에 이를 것으로 예측합니다.

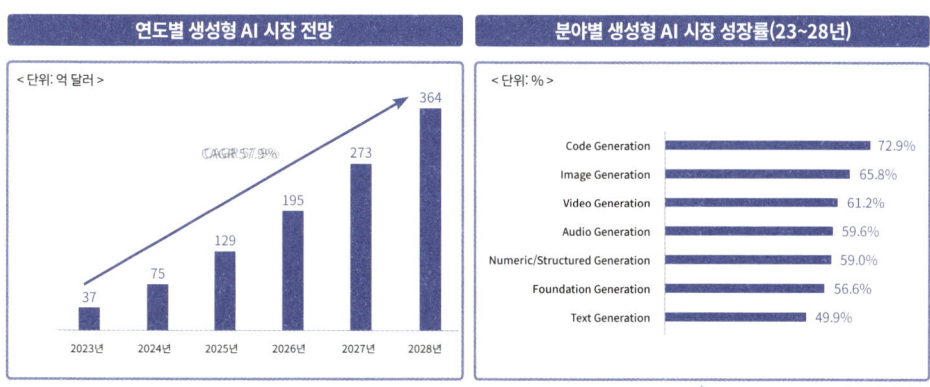

그림 1-15 생성 AI 시장 전망(출처: S&P Market Intelligence 시장 전망 보고서)

특히 분야별 생성 AI 시장 성장률 전망을 살펴보면, Code Generation이 72.9%로 가장 큰 성장을 이룩할 것으로 전망합니다. Code Generation은 LLM의 핵심 기능 중에 하나입니다. 이렇듯 빠르게 성장하는 생성 AI 시장에서 LLM의 존재감은 더욱 더 커져가고 있습니다.

그렇다면 LLM을 서비스에 접목하기 위해 가장 중요한 요소는 무엇일까요? 탄탄한 서비스 로직, 건전한 비즈니스 모델, 사용자 편의성을 위한 UX/UI 등 다양한 요소가 존재하지만 역시나 가장 중요한 것은 '어떤 LLM을 쓸 것인가'입니다. 무엇보다 LLM이 중심인 LLM 기반 AI 서비스는 성능, 비용, 보안과 같은 다양한 측면을 고려하여 모델을 선택해야 합니다.

LLM 선택의 갈림길은 크게 두 진영, **오픈 소스 LLM**과 **Closed LLM**(기업 API)으로 나뉩니다. LLM 기반 서비스를 만들 때 어떤 LLM을 선택할지 매우 신중하게 결정해야 합니다. 두 진영의 LLM은 각 장점과 단점이 극명하기 때문입니다.

오픈 소스 LLM vs Closed LLM

오픈 소스 LLM과 Closed LLM의 의미는 이미 그 이름에 많은 것이 내포되어 있습니다. '오픈 소스'라는 용어는 1980년대 후반, 리처드 스톨먼(Richard Stallman)이 소프트웨어의 기존 생산 유통 방식인 정보 공유 방식을 복원하고자 '자유 소프트웨어 운동'을 시작하며 등장했습니다. 쉽게 말해 누구에게나 공개된 소프트웨어라는 뜻이죠. 누군가 만들어놓은 소프트웨어를 무료로 가져다 사용할 수 있다는 점은 2000년대 개발 생태계의 큰 혁신을 가져왔습니다. 흔히 '거인의 어깨'라고 표현하는 오픈 소스 커뮤니티를 중심으로 새로운 소프트웨어를 빠르게 만들 수 있게 되었기 때문입니다.

오픈 소스 LLM 또한 소프트웨어 생태계와 마찬가지로 오픈 소스 AI 커뮤니티인 허깅페이스(HuggingFace)를 중심으로 꽃을 피웠습니다. 오픈 소스 LLM은 타 오픈 소스 머신러닝, 딥러닝 모델보다 더 큰 각광을 받았는데, 가장 큰 이유로는 학습 비용이 절감되고, 맞춤화가 가능하다는 점이었습니다. 오픈 소스 LLM은 다음과 같은 장점을 지닙니다.

첫째, 오픈 소스 LLM은 사전 학습(Pre-training) 비용을 감당하지 않아도 됩니다. LLM은 이름처럼 어마어마하게 많은 양의 데이터를 기반으로 매우 큰(파라미터 사이즈) 모델에 대한 사전 학습 과정을 거쳐야 하는데, 일반인이 갖고 있는 하드웨어로는 명함도 내밀 수 없는 수준의 인프라가 갖춰져야 합니다. 이를테면 이제는 고전 모델이 되어버린 GPT-3(파라미터 사이즈: 175B)의 경우, Tesla V100 클라우드 인스턴스를 활용하면 약 460만 달러(한화 약 60억 원) 이상 소요됩니다. 따라서 누군가 이 과정을 이미 수행하여 모델을 구축하고 허깅페이스에 업로드한다는 것은 많은 이들에게 엄청난 재정적 지원을 준 것이나 다름없습니다.

둘째, 오픈 소스 LLM은 자유로운 커스터마이징이 가능합니다. 물론 OpenAI에서도 GPT 모델을 파인튜닝(Fine-Tuning)하여 API로 활용할 수 있는 기능을 제공하지만, 오픈 소스 LLM의 파인튜닝과는 거리가 있습니다. 우선 OpenAI의 GPT모델을 파인튜닝하는 경우, 모델의 구조를 정확히 알 수 없기 때문에 성능 향상을 위한 구조 변경이나 타 모델과의 결합을 시도할 수 없습니다. 최근 오픈 소스 LLM의 성능 향상은 대부분 기존 모델 간 레이어 통합이나 새로운 강화 학습 방법론의 적용을 통해 이뤄진다는 점을 감안하면 아쉬운 대목입니다. 이와 달리 오픈 소스 LLM의 경우, 모델을 구성하는 많은 레이어들의 가중치를 공개하고 있으므로 어떤 부분을 개선할지 또 어떤 모델과 어떻게 결합하면 좋을지 고민하고 이를 기반으로 최적화된 맞춤형 LLM을 구축할 수 있습니다.

그 외에도 오픈 소스 LLM과 Closed LLM은 비용, 성능, 보안 측면에서 많은 차이점을 지닙니다.

먼저 비용 측면에서 비교해보겠습니다. 오픈 소스 LLM은 구축 비용을 크게 절감시켜 주지만, 이를 구동하기 위한 하드웨어나 추론 비용은 불가피합니다. LLM 인프라 비용은 모델 크기에 따라 천차만별이지만, 기본적으로 서비스 구동용 LLM의 경우 GPU나 TPU와 같은 고성능 그래픽카드가 대량으로 필요합니다. 이와 반대로 Closed LLM은 API를 제공하는 기업 측 서버에서 LLM을 구동하므로 인프라 비용은 전혀 발생되지 않지만, 사용량 기반 종량제에 의한 추론 비용은 지불해야 합니다. 일반적으로는 서비스 규모가 커질수록 규모 경제에 기반한 인프라 비용 상쇄와 추론 비용 감축이 더 크게 발생합니다.

성능 측면에서는 Closed LLM이 근소하게 우세합니다. 많은 AI 기업에서 공개한 오픈 소스 LLM의 경우 그 규모가 크지 않습니다. 현재까지 공개된 가장 큰 규모의 오픈 소스 LLM은 메타에서 개발한 Llama 3.1 405B이지만, 이런 초거대 LLM은 매우 소수이고 대부분의 모델이 70B 이하의 사이즈를 가집니다. 이와 대비하여 Closed LLM의 경우, 대규모 인프라를 바탕으로 엄청난 크기의 모델을 학습시켰기 때문에 매우 큰 모델을 보유하고 있습니다. 한 예로 OpenAI의 GPT-4와 구글의 제미나이 울트라는 약 1조 개 이상의 파라미터를 지닌 것으로 파악됩니다. LLM의 성능이 파라미터 사이즈에 의해 결정되는 것으로 귀결되는 현 상황에서, Closed LLM의 성능은 오픈 소스 LLM보다 뛰어날 수밖에 없습니다. 이처럼 LLM의 성능은 파라미터 크기에 의해 결정되지만, 최근에는 모델 구조와 데이터 품질, 훈련 방식도 중요한 성능 요소로 부각되고 있습니다. 특히 Llama 3.1 8B 같은 모델은 작은 크기에도 불구하고 큰 모델들과 경쟁할 수 있는 성능을 보여주고 있습니다. 따라서 Closed LLM은 여전히 성능 면에서 우위를 점하고 있지만, 오픈 소스 LLM들도 빠르게 발전하며 그 격차를 줄이고 있습니다.

보안 측면에서는 오픈 소스 LLM이 더 뛰어납니다. 특히 기업은 보안 측면에서 매우 민감할 수밖에 없는데, 오픈 소스 LLM의 경우 온프레미스(on-premise)로 데이터 유출을 원천 차단할 수 있기 때문입니다. 반면 Closed LLM의 대표 주자인 OpenAI의 GPT-4는 MS의 Azure 클라우드에 기반하여 높은 수준의 보안을 보장한다지만, 기업 입장에서는 API 통신으로 자사 데이터가 오가는 것조차 꺼리기 때문에 선뜻 선택하기가 어렵습니다.

정리해보면, 오픈 소스 LLM은 Closed LLM에 비해 성능은 다소 낮으나, 보안성이 우수하고 맞춤화가 가능합니다. 또한 대규모 LLM 서비스 기획 시, 오픈 소스 LLM 대비 Closed LLM의 비용이 더 부담스러울 수 있습니다.

표 1-1 오픈 소스 LLM vs Closed LLM

	오픈 소스 LLM	Closed LLM
비용	LLM 구축 및 추론 비용	사용량 기반 종량제
성능	중간 ~ 낮음	높음
보안	높음	중간
맞춤화	모델 구조 변경 통한 성능 향상	일부 파인튜닝 지원

글로벌 오픈 소스 LLM 생태계

오픈 소스 LLM의 역사는 생각보다 오래 전으로 거슬러 올라가는데, 그림 1-16과 같이 2019년 구글의 T5를 기점으로 수많은 모델이 개발되었습니다.

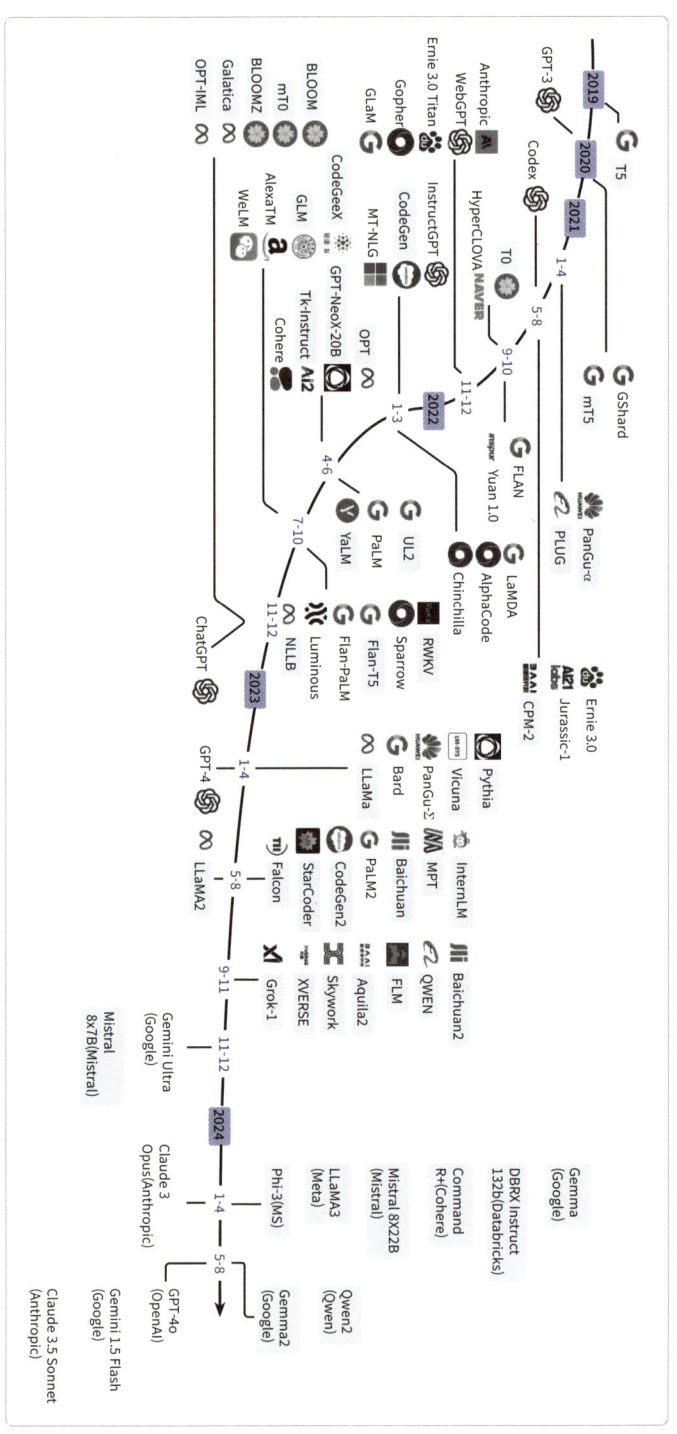

그림 1-16 LLM 모델 개발의 역사

특히 2023년 2월 메타에서 라마(LLaMA)를 공개한 이후, 약 9개월 동안 굵직한 오픈 소스 LLM만 13개가 출시되며 오픈 소스 LLM 생태계는 급격하게 성장했습니다. 이렇게 빠르게 성장할 수 있었던 배경에는 메타의 라마 공개뿐만 아니라 GPT-4의 우수한 성능 또한 큰 역할을 했습니다.

지속적으로 더 높은 성능의 오픈 소스 LLM을 개발하기 위해서는 모델 훈련을 위한 학습 데이터셋이 매우 중요한데, GPT-4를 활용하면 합성 데이터셋을 쉽게 만들 수 있기 때문입니다. 실제로 많은 오픈 소스 모델들은 인터넷에 공개된 기존 오픈 소스 데이터셋과 GPT-4의 정제된 합성 데이터셋을 기반으로 파인튜닝되어 성능 향상을 이룰 수 있었습니다.

국내외 오픈 소스 LLM의 현황은 허깅페이스의 'Open LLM 리더보드(Leaderboard)'에서도 확인할 수 있습니다.

그림 1-17 허깅페이스의 Open LLM 리더보드(huggingface.co/spaces/open-llm-leaderboard/open_llm_leaderboard)

이 리더보드는 누구나 자신이 만든 LLM을 등록할 수 있고, 사용자들은 이를 여러 평가 지표 기준으로 정렬하여 탐색할 수 있도록 설계되어 있습니다. LLM은 기존 머신러닝/딥러닝 모델들의 수치적 지표로 측정할 수 없는 영역(지식 수준, 주어진 지시 수행 수준 등)이 대부분이므로, 다음과 같은 LLM 특화 성능 측정 지표들이 존재합니다.

표 1-2 Open LLM Leaderboard 평가 지표 프레임워크(EleutherAI 제공)

평가 지표 프레임워크	설명
ARC(AI2 Reasoning Challenge)	초등학교 수준 질문에 대한 답변 수준을 측정하여 추론 수준을 평가하는 지표.
HellaSwag	SOTA 모델에게는 아직 어려운 상식적인 추론 테스트(95%의 사람에게는 쉬운 난이도).
MMLU(Massive Multitask Language Understanding)	멀티 태스크 정확도 측정 테스트로 초등 수학, 미국 역사, 컴퓨터 과학, 법률 등을 포함한 57개 과제 수행 능력을 평가.
TruthfulQA	답변의 진실성을 평가하는 지표.
Winogrande	상식적인 추론 능력 평가 지표.
GSM8k(Grade School Math 8K)	다양한 초등학교 수학 문제를 통해 수학적 추론 문제 해결 능력을 평가하는 지표.

처음에 리더보드 페이지를 방문하면 많은 수치로 인해서 어떤 모델이 가장 좋은 성능을 기록하는지 헷갈릴 수 있습니다. 오픈 LLM 리더보드에서는 대표적인 6개의 평가 지표로 모델을 평가하는데, 기본적으로 이 지표들을 평균 낸 'Average 지표'를 기준으로 정렬하면 우수한 성능의 모델을 탐색할 수 있습니다. 다만, 어떤 특성이 중요한지에 따라서 살펴야 할 지표가 다르므로 해당 지표를 기준으로 모델을 탐색하는 것도 하나의 방법입니다.

해당 리더보드에는 전세계 AI기업과 개인 개발자가 모델을 등록하기 때문에 다양한 베이스의 사전 학습 LLM이 존재하고, 이를 기반으로 창의적인 방법론 적용 및 정제된 데이터셋 파인튜닝을 통해 큰 성능 향상[1]을 이루었습니다.

국내 오픈 소스 LLM 생태계

한국도 글로벌 오픈 소스 LLM 생태계를 따라가고자 노력하고 있습니다. 대표적으로 업스테이지(Upstage)와 NIA(한국지능정보사회진흥원)가 2023년 9월에 함께 개설한 'Open Ko-LLM 리더보드(Leaderboard)'에서 한국어 LLM의 성능을 평가하고 비교할 수 있습니다. 단순히 리더보드를 개설하는 것이 오픈 소스 LLM 생태계를 어떻게 성장시키는지 의구심을 가지는 사람

---

1 2024년 2월 24일 기준으로, ABACUS.AI라는 기업에서 만든 Smaug-72B 모델이 평균 스코어 80점을 최초로 돌파했습니다. 서로 다른 모델을 비교할 때는 평균 스코어뿐만 아니라 MMLU에 주목하는데, GPT 3.5가 70점, Smaug-72B가 77.15점을 기록한 것을 보았을 때, 오픈 소스 LLM의 수준이 매우 발전했음을 알 수 있습니다. (라마2 70B MMLU: 68.9점)

도 있지만, 모델 성능에 대한 수치적인 지표를 제공함으로써 모델 개발 경쟁에 많은 개발자와 기업이 뛰어들게 하는 효과가 있습니다.

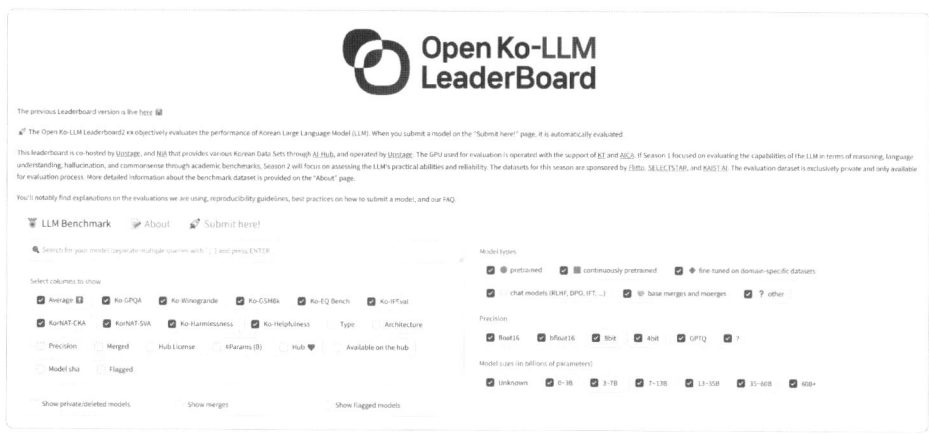

그림 1-18 Open Ko-LLM 리더보드(huggingface.co/spaces/upstage/open-ko-llm-leaderboard)

앞서 살펴본 글로벌 오픈 LLM 리더보드와 마찬가지로 Open Ko LLM 리더보드에서도 ARC, HellaSwag, MMLU, TruthfulQA와 같은 LLM 평가 지표로 모델을 평가하여 결과를 공개합니다. 대신 한국어 LLM을 평가하는 만큼, 기존 데이터셋을 한국어로 번역하여 모델을 평가합니다.

한국어 LLM은 글로벌 오픈 소스 LLM 생태계와 대비하여, 개발 주체가 소수의 기업과 개인 개발자로 제한되어 업스테이지(upsstage.ai)에서 개발한 솔라 10.7B 모델에 크게 의존하는 것을 알 수 있습니다. 대부분의 모델이 해당 모델을 베이스로 하여 별도의 강화 학습(예: DPO)을 통해 파인튜닝하는 것으로 성능 향상을 이루고 있습니다. 특정 고성능 베이스 모델에 크게 의존하는 만큼 글로벌 리더보드에 등록된 LLM 대비 성능은 꽤 낮은 편입니다. 2020년에 OpenAI에서 개발한 GPT-3의 MMLU가 53.9점, 2024년 2월 기준 국내 1위 모델이었던 LDCC-SOLAR-10.7B의 Ko-MMLU가 53.38점인 것을 보면 그 격차를 체감할 수 있습니다. LLM 개발 주체가 적은 것과 더불어 한국어 데이터셋이 충분하지 못한 점도 국내 LLM 기술의 발전을 가로막습니다. 업스테이지는 이러한 문제를 해결하기 위해 1T 클럽을 발족했고, 더 많은 데이터셋을 확보하고자 노력하고 있습니다.

1.3 한눈에 살펴보는 LLM의 활용 현황

현재 LLM은 2023년 생성 AI의 눈부신 발전과 함께 부흥기를 맞았다고 해도 과언이 아닙니다. 세쿼이아 캐피탈(Sequoia Capital)에서 작성한 생성 AI 시장 지도를 보면, 얼마나 많은 서비스가 현존하는지 알 수 있습니다.

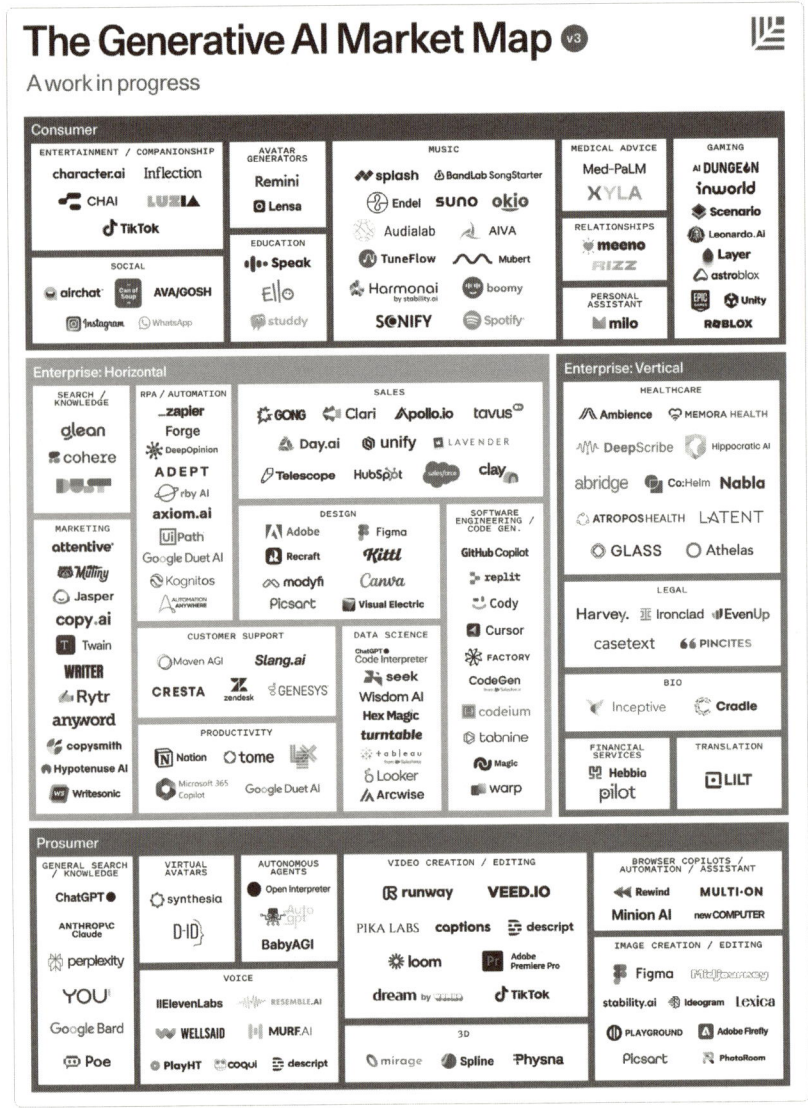

그림 1-19 생성 AI 시장 지도(출처: 세쿼이아 캐피탈)

세콰이어 캐피탈은 생성 AI 시장을 크게 소비자(B2C 서비스), 기업(B2B 서비스), 프로슈머 섹션으로 나누고 있는데, 특히 B2B 측면의 생성 AI 시장이 크게 발전한 것을 확인할 수 있습니다. 구체적으로 살펴보면, 검색·마케팅·RPA·영업·코딩·데이터과학·디자인 영역에서 생성 AI를 접목한 서비스가 매우 많은데, 그만큼 해당 영역의 생성 AI 솔루션에 대해 기업들의 수요가 많다는 것으로 해석할 수 있습니다. 더 놀라운 것은 이 영역 중 디자인을 제외한 모든 분야가 Text only LLM[2]으로 혁신을 만들고 있다는 점입니다. 구체적으로 각 영역의 대표적인 서비스가 어떤 식으로 작동하는지 하나씩 살펴보겠습니다.

생성 AI 기반 대화형 검색 서비스, Perplexity

Perplexity는 기존의 광고 중심 검색 서비스에서 벗어나 간단하고 효율적인 검색 경험을 제공하기 위해 만들어진 대화형 검색 서비스입니다. Perplexity에서는 구글, Bing과 같은 '페이지 랭크 기법'을 활용한 검색 서비스에서 벗어나 LLM을 기반으로 작동하는 검색 서비스를 만들었습니다.

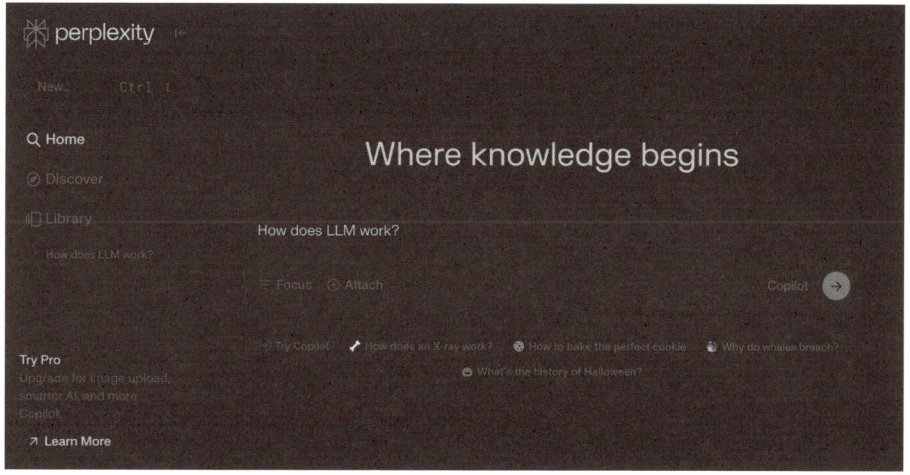

그림 1-20 Perplexity 사이트(perplexity.ai)

> Perplexity는 아라빈드 스리니바스(Aravind Srinivas), 데니스 야라츠(Denis Yarats), 조니 호(Johnny Ho) 및 앤디 콘윈스키(Andy Konwinski)가 2022년 8월에 설립한 회사로, OpenAI에서 근무했던 스리니바스가 CEO를 역임하고 있습니다.

---

2 LLM을 활용한 다양한 서비스 중 Text to Text만 다루는 모델을 의미합니다. 이는 텍스트 데이터를 넣었을 때 결과물로 텍스트 데이터를 내어놓는 모델을 말합니다.

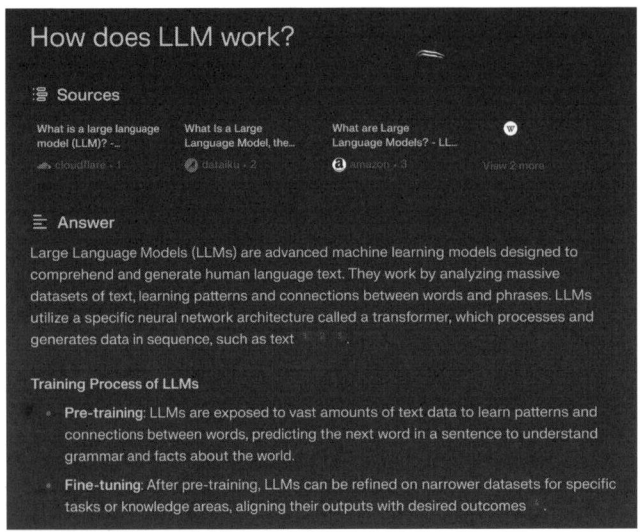

그림 1-21 Perplexity에서 'How does LLM work'를 검색한 결과

Perplexity의 가장 큰 장점은, 내가 필요한 정보를 마치 전문가에게 답변 받듯이 수집할 수 있다는 것입니다. 가령 'How does LLM work?'라는 질문을 구글링할 경우, 적절한 답변이 포함되어 있을 것으로 예상되는 링크를 클릭하여 해당 페이지에 있는 정보를 읽고, 내용이 부족하면 또 다른 링크를 접속하는 등 정보 수집에 많은 시간이 걸립니다. 반면 Perplexity의 경우, Perplexity에 결합된 LLM이 인터넷 검색 결과를 종합해 직접적인 답변을 바로 제공해줍니다. 또한 LLM의 환각(Hallucination) 현상이라는 한계를 극복하기 위해 문장 생성 시, 어떤 소스를 참고했는지 주석으로 표기하여 직접 정확한 출처를 확인할 수도 있습니다.

현재 Perplexity를 구동하는 LLM은 GPT-3.5로 빠른 답변 속도에 초점을 두고 있습니다. 만약 유료 계정을 구독한다면, GPT-4o의 답변도 받아볼 수 있습니다. Perplexity의 AI 연구팀은 pplx-7b-online과 pplx-70b-online이라는 자체 LLM도 개발하였는데, 각각 Mistral-7B와 LLaMa2-70B 모델 기반으로 구축되었습니다. 이는 GPT-3.5와 유사한 성능을 기록하였으며, 현재 Perplexity에서 API를 제공하고 있습니다.

Perplexity는 광고가 없고, 혁신적인 검색 방식을 제공함으로써 기존 검색 서비스에 싫증을 느낀 사용자들을 빠르게 유입시켰습니다. 이 서비스의 잠재적인 가치는 아직 측정되지 않은 단계임에도 불구하고, 엔비디아와 아마존 창업자가 Perplexity에 투자하며 창업 1년 반 만에 기업 가치 30억 달러를 넘어섰습니다.

마케팅 AI 코파일럿, Jasper

Jasper는 기업의 마케팅 업무를 보조하는 AI 코파일럿 서비스입니다. Jasper는 기업의 온라인 마케팅을 위한 블로그 글, 소셜 미디어의 게시물, 판촉 이메일 등의 작업을 LLM의 창작 능력에 기반하여 쉽고 빠르게 해결할 수 있도록 도와줍니다.

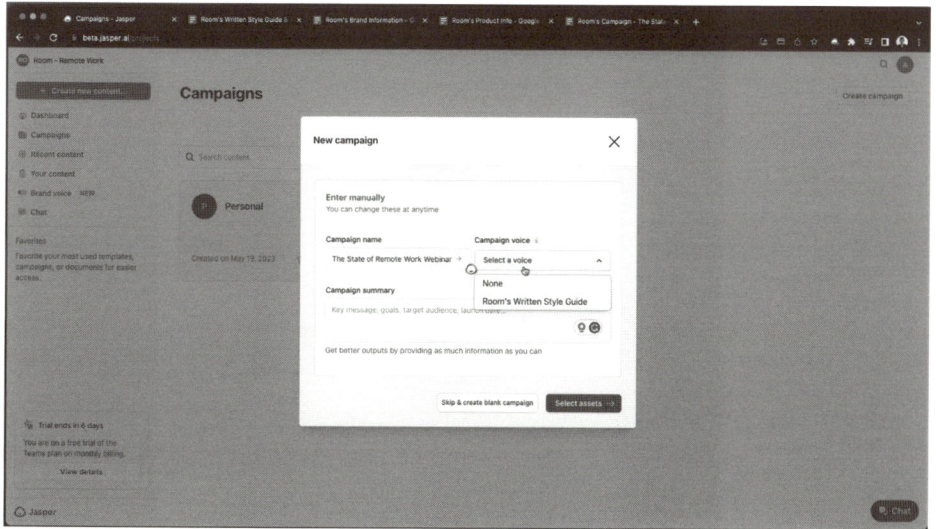

그림 1-22 Jasper 캠페인 에셋 생성 화면(jasper.ai)

대표적인 기능으로는 광고 캠페인의 미디어별 글 자동 작성이 있습니다. 예를 들어 코카콜라의 마케터가 신제품 광고 캠페인을 진행했다면, 마케터는 동일한 내용으로 페이스북, 인스타그램, 블로그, 페이스북, 랜딩페이지 배너, 틱톡 스크립트 등 많은 소셜 미디어의 전용 광고 글을 작성해야 할 것입니다. 이러한 복잡한 과정 없이 Jasper에서는 클릭 몇 번으로 다음의 3단계를 거쳐 손쉽게 수행할 수 있습니다.

1. 캠페인 개요 업로드
2. 이메일, 소셜미디어, 기사, 블로그 콘텐츠 등 생성할 게시글 형태 선택
3. 15초 이내에 광고 콘텐츠 생성

광고의 대략적인 내용만 제공하면, Jasper가 LLM으로 해당 내용을 원하는 미디어에 맞게, 원하는 톤 앤 매너로 작성해주는 것이죠. Jasper는 이렇게 기업 마케터의 마케팅 카피 작성이라는 니즈를 충족시키는 뾰족한 타깃팅(targeting)을 바탕으로 창업 2년 만에 유니콘 기업이 되었습니다.

자동화를 AI로 더욱 쉽게 만들다, Zapier

Zapier는 2011년에 설립된 RPA(Robotic Process Automation) 워크플로우와 웹 애플리케이션 통합을 제공하는 기업입니다. 회사에서 자동화 프로젝트를 수행해본 독자라면 한 번쯤 들어봤을 것입니다. 대표적으로 이메일 자동 발송과 같은 RPA 워크플로우를 클릭 몇 번으로 쉽게 생성할 수 있어 대중들에게도 이미 꽤 친숙한 서비스입니다. Zapier는 LLM을 RPA 워크플로우 생성에 활용하는 혁신적인 아이디어를 실행에 옮겼습니다.

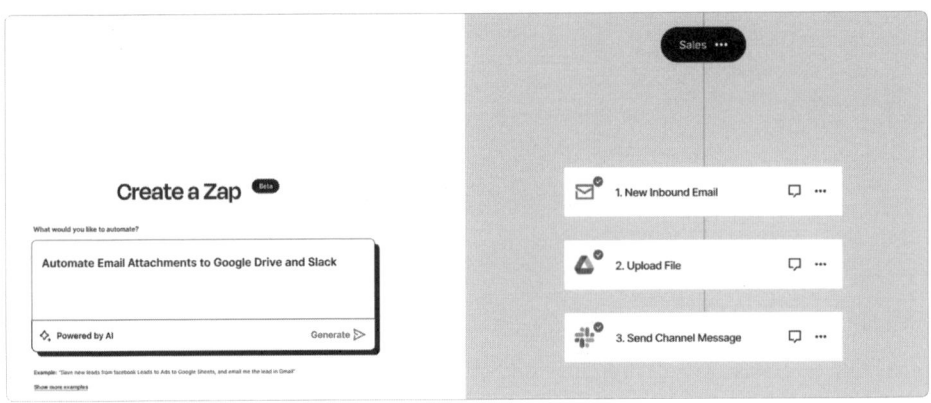

그림 1-23 Zapier의 AI 워크플로우 생성 화면

Zapier에서는 RPA를 쉽게 만들 수 있도록 여러 모듈을 연결하는 인터페이스를 제공합니다. 가령 고객에게 제품 문의 메일이 왔을 때, 자동으로 해당 메일을 드라이브에 저장하고 슬랙 메시지를 발송하는 RPA를 만든다면 다음과 같은 3가지 모듈을 생성해야 합니다.

1. 새로운 이메일이 왔을 때 알림
2. 1번의 알림을 통해 드라이브에 메일 업로드
3. 1번에서 수신한 메일을 슬랙 메시지로 발송

만약 사람이 직접 이러한 RPA를 만든다고 한다면, 어떤 모듈을 어떤 순서로 연결시켜 완성할지 고민하는 시간이 필요할 것입니다. Zapier는 이 과정에서 사람의 수고를 최대한 덜기 위해 LLM을 접목시켰습니다. 'Create a Zap' 화면에서 생성하고자 하는 RPA 워크플로우를 실무자에게 설명하듯이 글을 작성하면 됩니다. 그러면 Zapier 내부의 LLM이 적절한 모듈을 찾고, 이를 기반으로 모듈을 적절한 순서로 연결하여 자동으로 RPA 워크플로우가 완성되도록 만듭니다. 이뿐만 아니라 자동화 과정에서 필요한 코드 작성이나, 정확한 모듈 이름 탐색에 LLM을 결합하여, RPA 작성의 진입 장벽을 획기적으로 낮추었습니다.

전천후 CRM 코파일럿, 세일즈포스의 아인슈타인

세일즈포스(Salesforce)는 1999년에 설립된, 클라우드 기반의 CRM(Customer Relationship Management, 고객 관계 관리) 서비스를 제공하는 미국의 다국적 기업입니다. 세일즈포스는 기업들이 마케팅, 영업, 고객 서비스 등 다양한 분야에서 고객 관계를 관리하고, 분석하여 향상시킬 수 있도록 다양한 소프트웨어와 서비스를 제공합니다. 세계적으로 수많은 기업에서 세일즈포스를 기반으로 영업 및 마케팅 활동을 펼치고 있습니다.

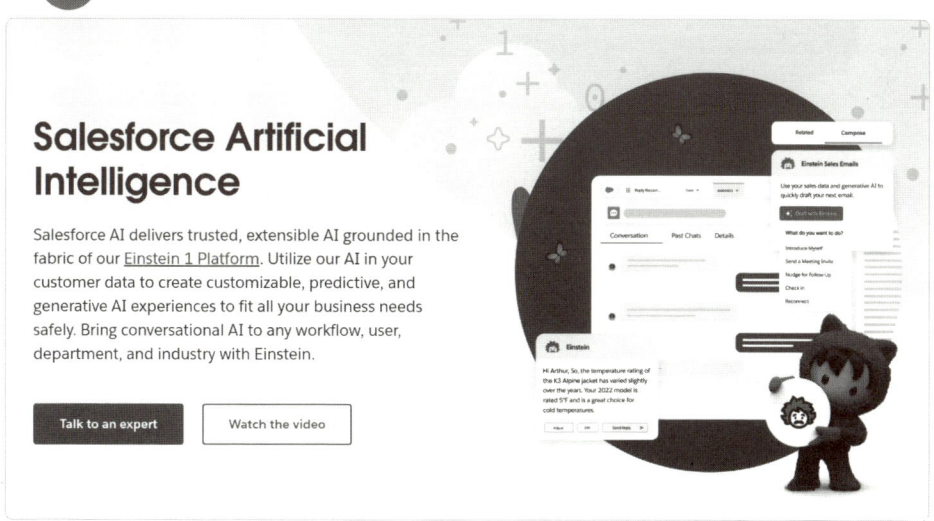

그림 1-24 세일즈포스의 아인슈타인 소개 페이지

업계의 선두 주자라 할 수 있는 세일즈포스는 LLM 열풍에 올라타, 이른 시기에 자사 서비스에 LLM을 결합했습니다. 세일즈포스의 AI 제품은 **아인슈타인**(Einstein)으로, 고객 데이터에 기반하여 마케팅과 영업 활동의 생산성을 대폭 향상시키고자 출시되었습니다. 아인슈타인은 크게 영업AI, 고객 서비스 AI, 마케팅 AI, 커머스 AI의 네 가지 기능으로 구성되어 있습니다.

세일즈포스의 CEO 마크 베니오프(Marc Benioff)는 LLM에 대해 '매우 설득력 있는 거짓말쟁이'라고 말할 정도로 LLM의 환각 현상에 대해 경계하는 모습을 보였는데, 이를 RAG(Retrieval Augmented Generation)에 기반하여 해결할 수 있다고 했습니다. 실제로 아인슈타인 AI의 모든 기능은 기업이 구축한 데이터에 기반해 답변하도록 RAG가 결합되어 있습니다. 고객 관리의 최전선인 영업이나 마케팅 영역에서는 환각 현상이 매우 치명적이기 때문에, RAG 도입이 활발한 것을 알 수 있습니다.

표 1-3 세일즈포스 아인슈타인 AI의 기능들

영업AI	고객 서비스 AI
▪ 이메일 작성 ▪ 통화 요약 생성	▪ 상담 내용 요약 ▪ 상담 필요 문서 검색 및 답변

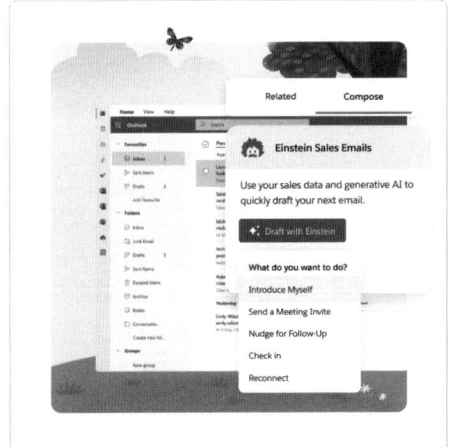 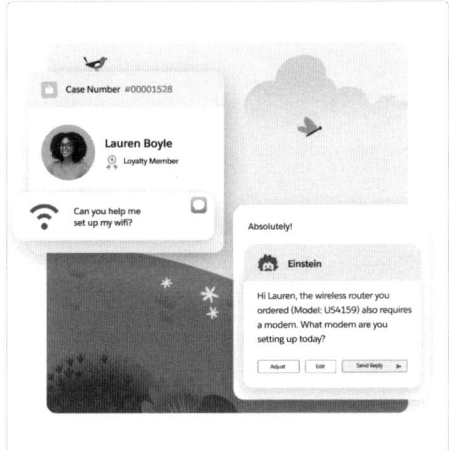

표 계속 ◐

마케팅 AI
- 몇 초 안에 고객 세그먼트 생성
- 잠재 고객 탐색

커머스 AI
- AI 채팅 기반 개인화 경험 제공
- 고객 행동 기반 개인화 추천

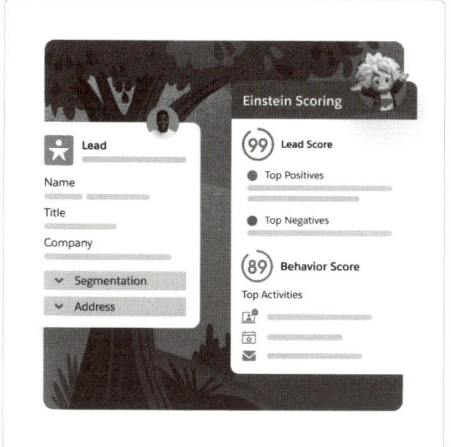
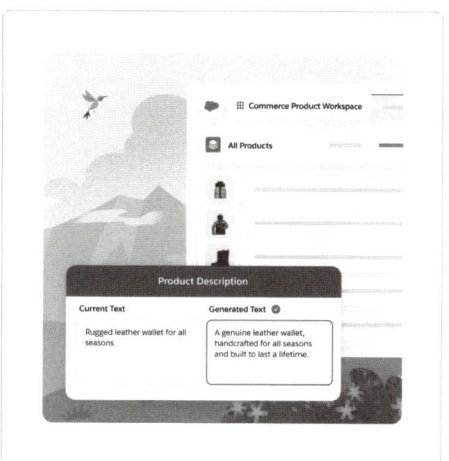

개발자의 필수 AI 코딩 도구, 깃허브 코파일럿

개발자들의 필수 플랫폼인 깃허브의 코파일럿 출시는 코딩 AI 서비스의 서막을 올린 사건이었습니다. 코드 AI 서비스 제공은 많은 개발자의 환영을 받기에 충분했습니다.

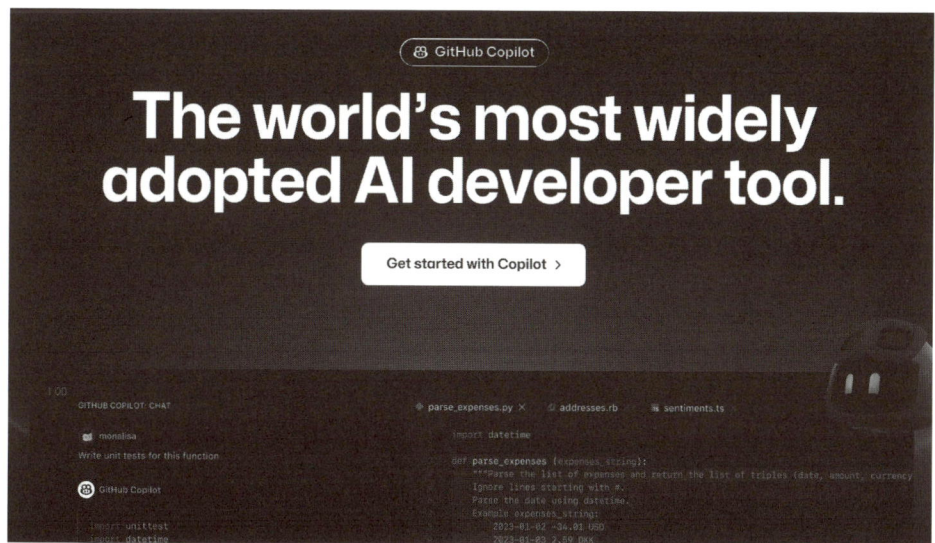

그림 1-25 깃허브 코파일럿 소개 페이지

깃허브 코파일럿(GitHub Copilot)은 코드 작성을 보조하는 AI로써, 서비스의 목적이 LLM의 강점과 가장 잘 어우러진 경우라 볼 수 있습니다. 대표적인 기능으로 자연어 기반 코드 작성, 디버깅, 코드 완성, 작성된 코드에 대한 채팅이 있습니다. 이러한 기능들을 기존 코드 에디터(VS Code, Neovim, JetBrain)에서 활용할 수 있다는 것은, 개발자들에게 마치 후배 개발자를 한 명을 둔 것과 같은 생산성 향상을 가져왔습니다. 그 파급력은 이미 설문 조사를 통해 검증되었습니다. 2023년 6월, 깃허브에서 개발자 대상으로 진행한 설문 조사에 따르면 미국 개발자 중 92%가 코파일럿을 사용 중인 것으로 나타났습니다. 또한 개발자의 57%는 깃허브 코파일럿과 같은 AI 코딩 도구가 프로그래밍 기술과 업무 능력을 향상시키는 데 도움이 된다고 답했습니다.

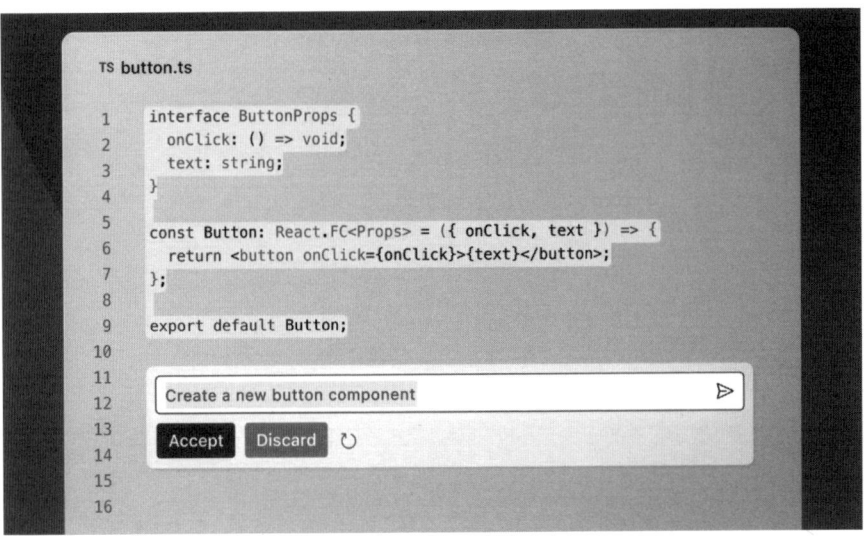

그림 1-26 깃허브 코파일럿의 코드 완성 기능 예시

쉽고 빠른 데이터 분석, 태블로 AI

데이터 시각화 툴의 대명사인 **태블로**(Tableau)에서도 생성 AI를 접목하여 데이터 분석의 대중화를 앞당기고 있습니다. 태블로는 데이터를 업로드하면, 직관적인 인터페이스와 쉬운 조작을 통해 누구나 멋진 시각화 자료 및 대시보드를 생성할 수 있습니다. 여기에 생성 AI를 접목하면서 그 진입 장벽이 더욱 낮아졌으며, 더 많은 분석을 매우 빠르게 수행할 수 있습니다.

그림 1-27 태블로 AI 소개 페이지

대표 기능으로 태블로 내에서 대시보드 구성을 보조하는 AI 채팅과 정기적인 자동 분석 서비스인 태블로 펄스(Tableau Pulse)가 있습니다.

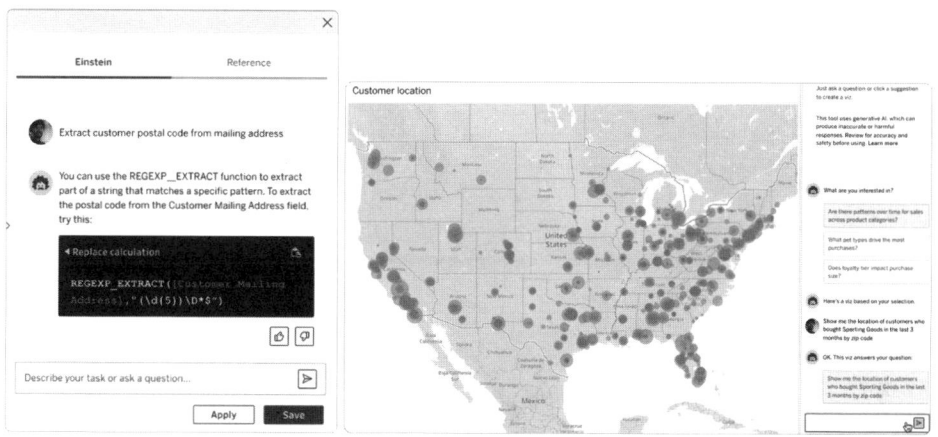

그림 1-28 태블로 AI를 통해 자동으로 데이터 분석 및 시각화를 수행하는 모습

태블로의 AI 채팅은 데이터를 전처리하거나 시각화할 때 초보자도 바로 사용할 수 있을 만큼 쉽습니다. 예를 들어 고객 주소에서 우편번호를 추출하는 전처리 모듈을 코드로 작성해야 될 경우, 자연어로 '고객의 주소에서 우편 번호를 추출해줘'라고 명령하면 코드를 자동으로 완성하여 제공해줍니다. 또 데이터 시각화를 위한 작업에는 더욱 편리하게 활용할 수 있습니다. 예를 들어 '최근 3개월 내 스포츠 용품을 구매한 고객을 우편번호 기준으로 시각화해줘'라는 명령을 입력하면, 자동으로 맵 차트에 해당하는 고객들의 버블 차트를 시각화하여 제공합니다. 이 기능들은 대부분 노코드(No-code) 방식으로 데이터 분석과 시각화 작업을 수행할 수 있도록 보조하기 때문에, 이러한 작업을 매일 수행해야 하는 분석가에게는 매우 혁신적으로 와 닿습니다.

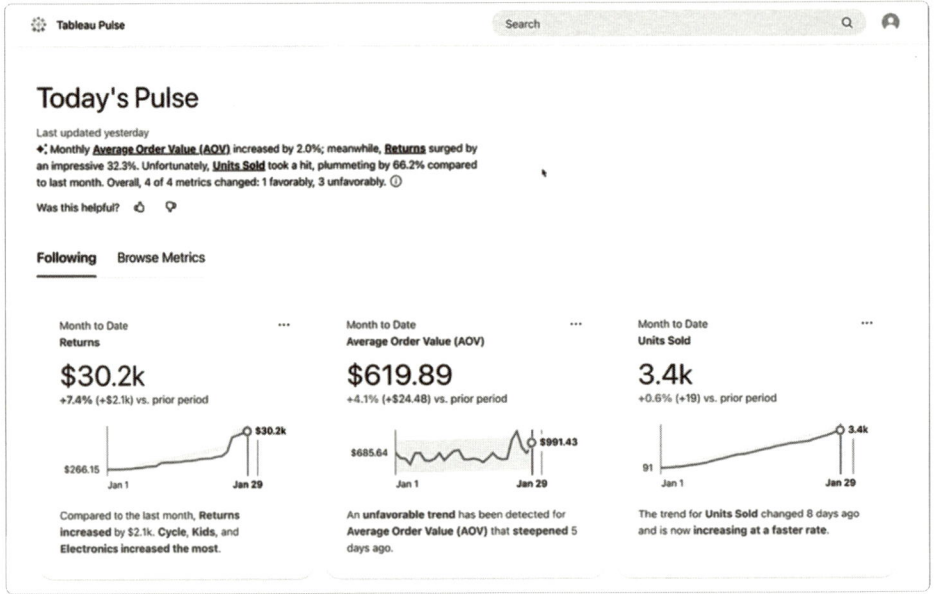

그림 1-29 태블로 펄스 예시 화면

특히 태블로의 펄스는 더 파격적인 혁신을 보여줍니다. 펄스는 사용자가 그동안 구축해온 데이터를 기반으로 자동 분석 및 시각화하여 정기적으로 확인할 만한 주요 내용을 요약해 제공합니다. 펄스의 특장점은 데이터 시각화뿐만 아니라 주목할 만한 내용을 마치 데이터 분석가가 작성한 보고서 같이 전문적인 형태의 분석 결과로 제공한다는 점입니다. 또한 수많은 데이터 중에서 눈에 띄는 변화, 혹은 반드시 트래킹(tracking)해야 하는 변화를 자동으로 선정하여 이를 사용자에게 전달합니다. 이를 통해 데이터 분석가의 업무 부담을 크게 덜 수 있을 뿐만 아니라, 데이터에 기반한 조직의 의사결정을 보조할 수 있습니다. 태블로 펄스는 모바일로도 제공되어 주목할 만한 변화를 쉽고 빠르게 전달받을 수 있는데, 특히 메일과 슬랙(Slack)에 연결하여 주요 변화를 실시간으로 파악할 수 있습니다.

누구나 디자이너가 될 수 있는 도구, Adobe Firefly

디자인계의 대표 툴인 Adobe도 생성 AI를 프로그램에 결합하여 누구나 쉽게 이미지를 생성하고 편집할 수 있도록 제공합니다. Text-to-Image 서비스는 대중들에게 이미 친숙하지만, Adobe는 업계 최강자답게 많은 디테일에서 차별화를 꾀하고 있습니다.

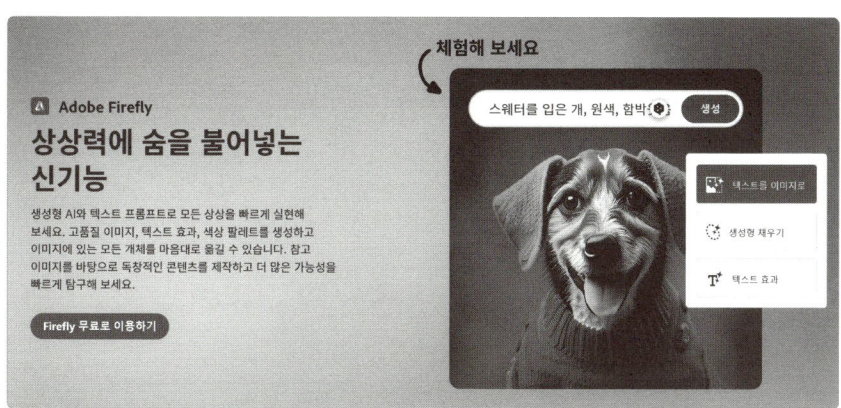

그림 1-30 Adobe Firefly 소개 페이지

Adobe Firefly의 가장 큰 장점은 기존 Adobe의 여러 편집 툴(포토샵, 일러스트레이터 등)에서 AI 기능을 쉽게 가져와 활용할 수 있다는 것입니다. 여기에는 텍스트만으로 이미지를 생성하는 '생성 기능', 빈 부분을 AI가 자동으로 채우는 '생성형 채우기 기능', '텍스트 효과 AI기능', '색상 AI 기능' 등이 있습니다.

그림 1-31 Adobe Firefly 인터페이스

사용자의 편의성을 위해 제공하는 여러 기능들도 눈여겨볼 만합니다. 텍스트로 이미지를 만드는 과정에서 중요한 것은 얼마나 상세하게 프롬프트를 제공하느냐인데, 적절한 이미지 생성을 위한 프롬프트를 추천하거나, 스타일 버튼으로 쉽게 적용할 수 있어 누구나 고품질의 이미지를 생성할 수 있습니다.

CHAPTER

02

RAG와 친해지기

2.1 _ RAG 시스템이란?

2.2 _ RAG vs 파인튜닝

2.1 RAG 시스템이란?

1장에서 살펴본 것처럼, LLM은 무궁무진한 잠재력을 지닌 AI 모델입니다. 이미 국내외 많은 기업에서는 분야를 가리지 않고 LLM을 활용하는 것이 필수가 되었습니다. 기존 서비스에 LLM을 결합하는 것만으로도 고객들에게 큰 가치를 줄 수 있기 때문입니다. 그러나 이처럼 훌륭한 LLM에도 한계는 존재합니다. 그리고 그 한계를 돌파할 수 있도록 보조하는 것이 RAG입니다. 본격적으로 RAG를 알아보기 전, LLM의 한계점을 몇 가지 살펴보겠습니다.

LLM 최대의 약점, 환각 현상

LLM은 트랜스포머의 Decoder 모듈이 여러 개 결합된 모델로, 텍스트를 생성하는 기능에 특화되어 있습니다. 즉, 어떤 문장이 주어지더라도 답변하도록 훈련되어 있는 셈입니다. 이러한 특성으로 인해 LLM은 가끔 사실이 아닌 것을 사실인 양 자연스럽게 답변하며 거짓 정보를 내뱉는 경우가 있습니다.

 조선왕조실록에 기록된 세종대왕의 맥북프로 던짐 사건에 대해 알려줘

 세종대왕의 맥북프로 던짐 사건은 역사서적인 조선왕조실록에 기록된 일화로, 15세기 조선시대 세종대왕이 새로 개발한 훈민정음의 초고를 작성하던 중, 문서 작성 중단에 대한 담당자에게 분노하여 맥북프로와 함께 그를 방으로 던진 사건입니다.

그림 2-1 LLM 환각 현상으로 유명한 세종대왕 맥북 던짐 사건 예시

예를 들어 사용자가 '지구는 평평하지?'라는 질문을 했으면, LLM은 훈련 과정에서 배운 지식을 바탕으로 '지구는 평평하지 않고 둥글다'라는 답변을 내놓아야 합니다. 그러나 사용자가 다소 단정적인 어투로 질문을 한 덕분에, LLM은 의심하지 않고 '지구는 평평하다'는 답변을 내놓습니다. 물론 이 예시는 GPT-3.5 수준만 되어도 환각 현상을 일으키지 않을 만한 쉬운 질문이지만, 조금만 질문이 어렵거나 상세한 답변을 요구할 경우 LLM은 거짓말을 할 가능성이 높아집니다.

이러한 환각 현상은 LLM이 모르는 내용에 대해서 아는 척하다가 생기는 현상인 만큼, 대표적으로 '잘못된 맥락이 주어진 경우', '학습 이후의 사실에 대해 질문할 경우', '단정적인 질문을 할 경우'에 가장 많이 나타나는 경향을 보입니다. 예를 들어 2023년 4월까지의 데이터로 학습된 GPT-4에게 2023년 10월의 사건에 대해 질문하면, 실제로 어떤 일이 있었던 것처럼 거짓 정보를 늘어놓습니다.

컨텍스트 윈도우 제한 문제

ChatGPT를 이용하다 보면 다음과 같은 에러를 한 번쯤 마주치게 됩니다. 해당 에러는 너무 긴 텍스트를 입력할 때 발생하는 컨텍스트 윈도우 에러입니다.

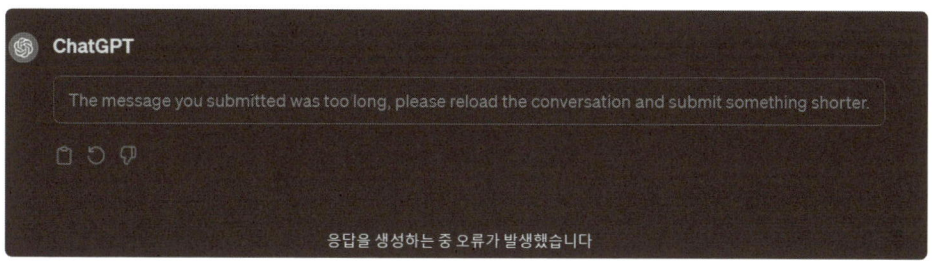

그림 2-2 컨텍스트 윈도우 에러 메시지

컨텍스트 윈도우(Context Window)란, 입력으로 주어진 텍스트 값의 길이를 뜻하는 것으로, LLM은 어떤 모델이든지 입력 값 길이의 상한선이 존재합니다. 입력 값 길이의 상한선은 사용자의 자유도를 직접적으로 통제하는 부분인 만큼, 시급하게 해결해야 할 문제입니다. LLM을 만드는 많은 기업에서 이를 개선해가고 있지만, 컨텍스트 윈도우 문제를 완전히 해결하지는 못하고 있습니다. 그 이유는 무엇일까요?

LLM은 주어진 텍스트를 이해하기 위해 행렬 연산을 수행하는데, 이 과정에서 입력 값이 길면 행렬의 크기가 커지고 이에 따라 계산량은 $O(n^2)$만큼 기하급수적으로 늘어나게 됩니다. 결과적으로 문장의 길이가 길어질수록 계산량이 많아지고, 이를 저장할 메모리 공간이 더 많이 필요한 것입니다. 그래서 LLM을 만드는 기업들은 모델의 컨텍스트 윈도우에 상한선을 정해두고 있는 것이죠.

표 2-1 주요 모델별 컨텍스트 윈도우 제한

기업	모델	컨텍스트 윈도우 제한(토큰 수)
오픈AI	GPT-4o	128,000
	GPT-3.5 Turbo	16,385
앤트로픽	Claude 2.1	200,000
구글	Gemini 1.5 Pro	10,000,000

LLM API의 기억상실증 문제

LLM을 API로 활용할 경우, ChatGPT 사이트에서 활용할 때와 다른 점이 한 가지 있습니다. 바로 이전 대화를 기억하지 못한다는 점입니다. API를 통해 LLM과 통신한다는 점에 있어서, LLM은 단지 주어진 질문에 대한 답변만 하기 때문에 어떻게 보면 당연한 듯 보입니다. 하지만 대부분의 LLM 서비스는 사용자와 LLM 간의 대화라는 기본 구조를 갖춰야 하기에 이전 대화를 기억하지 못한다는 점은 매우 치명적입니다.

환각 현상을 극복한 RAG의 등장

RAG 시스템은 앞서 언급한 LLM의 여러 한계 중 환각 현상을 해결할 수 있는 가장 효과적인 방법입니다. RAG는 Retrieval Augmented Generation의 약자로, '검색 증강 생성 기법'이라고도 합니다. RAG는 말 그대로 '검색 – 증강 – 생성'의 3단계를 통해서 LLM이 사실에 근거한 답변을 하도록 만듭니다.

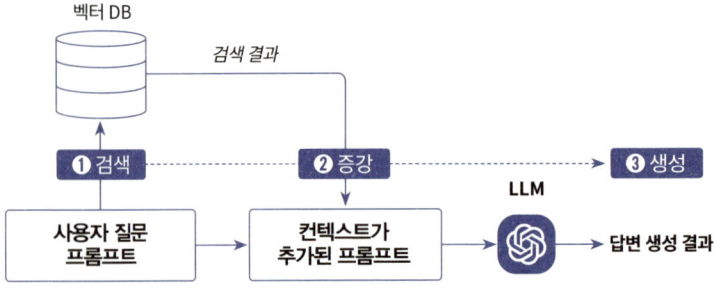

그림 2-3 RAG 시스템의 흐름

RAG 시스템은 사용자 질문에 답변하기 위해 LLM에만 의존하는 것이 아니라 외부 지식을 참고하도록 만듭니다. 먼저 사용자의 질문을 받으면, 이와 유사한 정보를 벡터 DB에서 검색합니다. 그리고 사용자 질문과 검색된 유사 정보를 하나의 프롬프트로 담아 LLM에게 전달하여 올바른 답변을 생성합니다. 이러한 과정은 '오픈북 시험'을 치르는 학생의 답안 작성 과정과 유사합니다. 학생이 모르는 문제에 대해 교과서를 참고하여 답변을 하듯이, LLM에게도 참고할 수 있는 자료를 주고 이를 기반으로 답변하도록 만들기 때문입니다. 따라서 사용자 질문에 특정 자료들을 통해 답변할 수 있다면, 이를 모두 하나의 데이터베이스로 구축하고 참고 자료를 검색하여 올바른 답변을 내도록 만들 수 있습니다. 결과적으로 LLM은 학습할 때 형성된 자체 지식에만 의존하는 것이 아니라, 외부 지식과 결합하여 답변을 생성할 수 있게 되어 환각 현상을 크게 낮출 수 있습니다. 예를 들어 도로교통법에 관련한 상담 챗봇을 구축한다면, 도로교통법이 모두 기록된 PDF 파일을 데이터베이스로 삼아 RAG 시스템을 만들 수 있습니다. 그러면 사용자는 이와 관련한 질문에 대해 법안을 참고한 정확한 답변을 챗봇으로부터 받아볼 수 있게 됩니다.

RAG 시스템의 전반적인 이해는 이것으로 충분하지만, 실제로 서비스에 결합하기 위한 RAG 시스템을 구축해야 한다면, 조금 더 자세히 살펴볼 필요가 있습니다. 특히 검색과 증강 단계가 RAG의 핵심이니, 이에 대해 구체적으로 알아보겠습니다.

1. 검색(Retrieval)

검색은 RAG에서 가장 중요한 단계입니다. RAG의 본질은 LLM이 올바른 정보 출처를 찾아 이를 기반으로 환각 현상을 해결하는 것입니다. 문제는 '어떻게 사용자 질문에 올바른 정보를 찾아오는가?'입니다. RAG는 기본적으로 사용자의 질문과 가장 유사한 정보를 찾기 위해 임베딩 값의 유사도를 이용합니다.

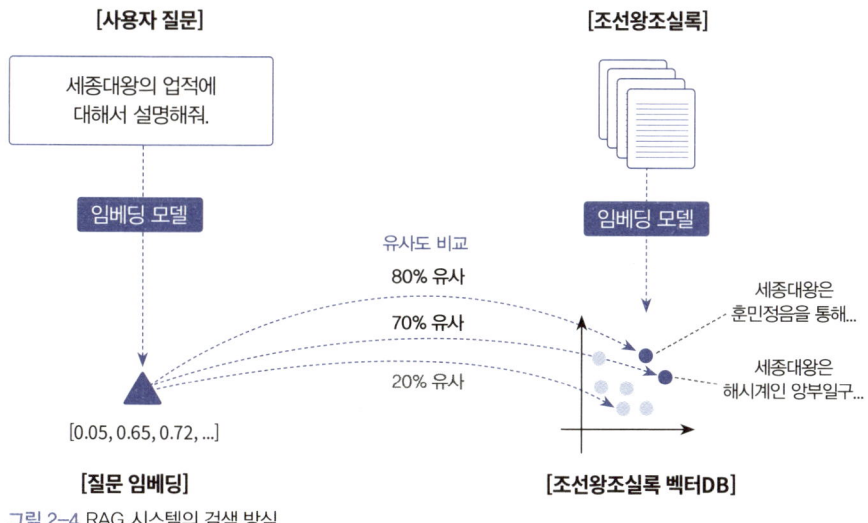

그림 2-4 RAG 시스템의 검색 방식

첫 번째로, 사용자의 질문을 행렬 값(임베딩)으로 변환합니다. 이 작업을 수행하기 위해서 일반적으로는 **BERT**와 그 파생 모델들을 활용합니다. 두 번째로, 참고할 문서들을 동일한 방식을 통해 행렬 값으로 변환합니다. 이를 **벡터 DB**라고 부릅니다. 마지막으로, 벡터 DB에서 사용자의 질문 임베딩과 가장 유사한 임베딩을 추출하여, 해당 임베딩의 문장을 추출합니다. 이 과정이 RAG의 검색 단계입니다. 결국 유사한 문장을 데이터베이스에서 검색을 하는데, 그 방법으로써 임베딩 유사도를 활용하는 것입니다.

검색 단계에서 주목해야 할 두 가지는 **①임베딩 모델**과 **②검색하여 가져올 문장의 형태**입니다.

임베딩 모델은 비교적 간단합니다. 사용자의 질문과 참고 문서를 얼마나 임베딩 값으로 잘 변환하느냐를 기준으로 좋은 성능을 지닌 임베딩 모델을 활용해야 합니다. 여기서 변환할 객체가 되는 텍스트는 문장이므로 대부분의 경우 Sentence-BERT를 활용하게 되는데, Sentence-BERT는 학습시킨 데이터의 언어에 대해서만 임베딩 작업을 잘 수행하므로 이에 유의하여 모델을 선정해야 합니다. 가령 영어 데이터를 학습시킨 Sentence-BERT의 경우, 한글 임베딩 성능은 영어 임베딩 성능 대비 현저히 낮아집니다. 만약 사용자의 질문이 한글이고, 벡터 DB도 한글 문서로 구축할 계획이라면 오픈 소스 모델 중 다국어(Multilingual)모델이나 한국어 모델을 활용하는 것이 좋습니다.

그런데 검색으로 가져올 문장의 형태는 다소 복잡합니다. 만약 그림 2-4의 예처럼 조선왕조실록을 벡터 DB로 구축한다고 가정해보겠습니다. 조선왕조실록은 472년 간의 역사를 1,893권 888책으로 정리한 역사서입니다. 글자 수로 따지면 총 6,400만 자의 글을 벡터 DB를 통해 하나의 임베딩 값으로 변환할 수 있을까요? 임베딩 모델도 LLM과 마찬가지로 컨텍스트 윈도우라는 개념이 존재하고 제한된 값을 가지므로 불가능합니다. 임베딩 모델에 입력되는 글의 길이가 길어질수록 계산량이 기하급수적으로 증가하고 메모리 또한 많이 요구되기 때문에, 성능과 계산 효율성 사이에서 적절한 균형점을 찾을 수밖에 없습니다.

표 2-2 대표적인 임베딩 모델들의 최대 입력 길이 비교

오픈 소스 여부	기업	모델	최대 입력 길이(토큰)
Closed source	오픈AI	text-embedding-3-small	8,191
		text-embedding-3-large	
		text-embedding-ada-002	
	Cohere	embed-english-v3.0	512
		embed-multilingual-v3.0	
Open source	Mistral	SFR-Embedding-Mistral	32,769
	Voyage AI	voyage-lite-02-instruct	4,000
	MS, Contextual AI, 홍콩대	GritLM-7B	32,768

따라서 벡터 DB를 구축할 때에는 우리가 가진 문서가 임베딩 모델의 최대 입력 길이를 벗어날 경우 문서를 분할하는 과정을 거쳐야 합니다. 이 과정을 Chunking(조각 내기)이라고 표현합니다. 검색에 있어서 Chunking은 매우 중요합니다. 사용자의 질문 임베딩과 벡터 DB 내의 임베딩 값들을 비교하여 가장 유사한 임베딩 값을 찾아냈다고 가정했을 때, 만약 적절한 정보를 잘 찾았더라도 찾은 문서 덩어리(Chunk, 이하 청크)에는 사용자 질문에 답변할 수 있는 맥락이 충분히 담기지 않았을 수 있습니다. 예를 들어 단순히 임베딩 모델의 최대 입력 길이만큼 문서를 분할했을 경우, 유사 문서 청크에 온전한 문장이 아닌 중간에 잘린 문장이 있을 수 있고, 이로 인해 생성 과정에서 예기치 않은 환각 현상을 불러일으킬 수 있습니다. 따라서 문서를 분할하여 임베딩 값으로 변환하는 과정에서 어떤 방식으로 분할할지, 또 어떤 구조로 문서를 분할하여 저장할지 고민하는 것은 매우 신중해야 합니다.

2. 증강(Augment)

증강 단계는 사용자 질문 프롬프트와 검색 단계에서 추출한 유사 청크를 하나의 프롬프트로 담아 LLM에게 전달하며 비교적 간단하게 동작합니다. 대표적인 RAG 프레임워크, 랭체인(LangChain)에서 제공하는 RAG 전용 프롬프트를 통해 좀 더 쉽게 살펴보겠습니다.

```
답변 방식 설명 {
    You are an assistant for question-answering tasks.
    Use the following pieces of retrieved context to answer the question.
    If you don't know the answer, just say that you don't know.
    Use three sentences maximum and keep the answer concise.
}

사용자 질문 --▶ Question: {question}

유사 청크  --▶ Context: {context}

            Answer:
```

그림 2-5 Langsmith에서 제공하는 RAG 프롬프트(rlm/rag-prompt)

프롬프트는 크게 세 부분으로 나뉘어 있습니다. 첫 번째는 LLM에게 답변하는 방식을 설명하는 부분입니다. 반드시 이 프롬프트를 따를 필요는 없지만, '주어진 맥락을 참고하여 답변하라(Use the following pieces of retrieved context to answer the question.)', '모르겠으면 모르겠다고 답해라(If you don't know the answer, just say that you don't know.)'라는 두 가지 명령은 항상 포함되는 편입니다. 이 부분은 RAG 제작자가 직접 LLM에게 답변 방식을 지정하는 부분인만큼, 원하는 형태로 자유롭게 기술하면 됩니다.

두 번째, 사용자 질문에는 {question}이라는 매개변수에 사용자가 질문한 문장이 그대로 들어갑니다. 세 번째, 유사 청크에서는 검색 단계에서 추출한 유사 청크가 {context} 매개변수로 들어가게 됩니다. 그리고 마지막으로 'Answer:'까지 포함하면, 사용자 질문에 대한 답변만 출력하도록 만들 수 있습니다.

3. 생성(Generation)

LLM에게 아무런 맥락이 주어지지 않은 프롬프트를 입력하면 사전 학습 시 습득한 지식을 바탕으로 답변을 생성하는데, 이때 사전 학습에서 배우지 못한 개념이나 사실들은 환각 현상을 일으키기 쉽습니다. LLM은 기본적으로 주어진 문장의 다음 단어를 예측하는 모델이기 때문에, 주어진 질문에 어떻게든 답하려는 습성을 갖고 있습니다. 따라서 사전 학습에서 배우지 않은 것에 대해 질문하면 거짓을 섞어서라도 답변을 내놓는 것이지요.

그러나 RAG에서는 앞서 증강 단계에서 주어진 프롬프트를 바탕으로 LLM이 답변을 생성합니다. 이렇게 프롬프트 안에 맥락(context)를 주입하면, 기존에 학습되지 않은 사실이나 지식에 대해서 LLM이 이해하고 알맞은 답변을 제공할 수 있습니다. 결국 정답지를 주고 이를 참고하여 답변하도록 만드는 것이기 때문에, 흔히 오픈북 시험에 비유되곤 합니다.

2.2 RAG vs 파인튜닝

특정 분야 또는 문서에 대해 환각 현상을 막는 방법으로 RAG와 함께 가장 많이 언급되는 것이 **파인튜닝**입니다. 파인튜닝은 모델을 미세조정한다는 개념으로, 기존에 LLM이 사전 학습 과정에서 습득한 지식 외의 데이터셋을 기반으로 재조정하여 새로운 지식 및 답변 방식을 훈련시키는 것입니다. 대표적인 예로 Bloomberg-GPT가 있습니다. 이는 블룸버그(Bloomberg)라는 기업에서 금융 분야 데이터셋을 기반으로 LLM을 파인튜닝한 것으로, 기존 LLM 대비 금융 관련 질문에 더 진실되고 명확한 답변을 얻을 수 있습니다. 실제로 Bloomberg-GPT 논문을 보면 타 오픈 소스 모델 대비 금융 관련 작업 성능이 월등합니다.

```
Input: CEO of Assicurazioni Generali?
BloombergGPT: Philippe Donnet
GPT-NeoX: Antonio De Lorenzo, Simone Gambarini, Enrico Zanetti
FLAN-T5-XXL: John M Forsyth, Christopher K Peters, {empty string}

Input: CEO of Silicon Valley Bank?
BloombergGPT: Greg Becker
GPT-NeoX: John Hodor, Mike Fridgen, Peter R Briger
FLAN-T5-XXL: Christian Klein, John M Forsyth, John M Forsyth

Input: CEO of IHS Markit Ltd?
BloombergGPT: Lance Uggla
GPT-NeoX: John F Lechleiter, David Steward, Niall O Broin
FLAN-T5-XXL: William M Hawkins, John M Forsyth, John M Forsyth

Input: CEO of Walgreens Boots Alliance?
BloombergGPT: Rosalind Brewer
GPT-NeoX: Mark V Dei, Stefano Pessina, Stefano Pessina
FLAN-T5-XXL: Christian Klein, John M Forsyth, John M Forsyth

Input: CEO of Citigroup Inc?
BloombergGPT: Jane Fraser
GPT-NeoX: Michael L Corbat, Michael L Corbat, Michael L Corbat*
FLAN-T5-XXL: Christian Sewing, John M Forsyth, John M Forsyth
```

그림 2-6 여러 기업의 CEO를 묻는 질문에 대한 Bloomberg-GPT 및 타 오픈 소스 LLM의 답변 비교

이처럼 파인튜닝을 하면, 특정 도메인에 특화된 LLM을 만들 수 있기 때문에 많은 기업에서는 환각이 없는 LLM 서비스를 만들기 위해 RAG와 파인튜닝을 비교하곤 합니다.

어느 것이 더 옳은 선택지인지에 대해서는 아무도 알 수 없습니다. 특화할 도메인이 어디인지, 학습 데이터셋이 어떤 것인지, 원하는 답변 방식이 기존 LLM과 많이 다르고 이것을 반드시 따라야 하는지 등 수많은 기준에 따라 달라지기 때문입니다. 하지만 일반적으로 RAG와 파인튜닝은 이를 구축하고자 하는 주체 상황에 따라 정답이 정해진다고 볼 수 있습니다. 그렇다면 어떤 부분에서 RAG와 파인튜닝이 대비되는지 난이도, 시간, 비용, 성능의 네 가지 기준으로 살펴보겠습니다.

1. 난이도

난이도를 기준으로 살펴보면, RAG가 파인튜닝보다 구축하기 쉬운 시스템입니다. RAG를 구축하기 위해서 갖춰야 할 사전 지식으로는 간단한 NLP 지식, SW 활용 역량, RAG 프레임워크 숙지 정도가 요구됩니다. RAG의 구조를 단순화하면, 기존 LLM에 벡터 DB를 연결하는 것

외에는 별도의 개발이 필요 없기 때문에 누구나 쉽게 구축할 수 있습니다. 그러나 파인튜닝의 경우, 오픈 소스 LLM을 학습시키는 것인 만큼 LLM 활용 역량은 필수입니다. 특히 고사양의 GPU를 기반으로 LLM을 로딩하고, 가중치를 업데이트하는 등의 고수준 소프트웨어 활용 역량이 요구되어, 초보자에게는 높은 진입 장벽으로 작용합니다. 그리고 RAG는 답변 품질을 높이기 위해 각 모듈별로 새로운 방법을 시도하는 것이 용이하지만, 파인튜닝은 모델의 아키텍처를 변형하거나 최신 모델과의 병합 등을 처리해야 하므로 그 수준이 매우 높습니다.

2. 시간

시간 기준에서는 RAG가 유리합니다. 시간은 크게 PoC 구축 측면과 유지보수 측면에서 비교할 수 있습니다.

먼저 PoC 구축 시간으로 비교해보겠습니다. RAG는 시스템을 구축하기 위해서 해야 할 작업의 워크로드가 적은 편입니다. RAG에서 시간이 소요되는 부분은 대량의 문서를 임베딩하는 단계인데, 이 단계를 제외하고는 시스템 내에서 계산할 요소가 적기 때문에 빠르게 구축할 수 있습니다. 반면, 파인튜닝의 경우 '학습 데이터셋 구축'과 '모델 파인튜닝' 작업을 수행해야 하는데, 특히 파인튜닝 단계는 LLM 자체의 가중치를 새롭게 업데이트하기 때문에 계산량이 매우 많습니다. 학습 시간은 LLM의 사이즈가 커질수록 가파르게 증가합니다. 70B 모델을 예로 들면, 최고 사양급의 GPU인 A100 8대를 며칠 동안 구동해야 할 수 있습니다. 물론 이러한 예는 Full-파인튜닝, 즉 모델의 전체 가중치를 업데이트하는 경우에 해당하므로 최근 PEFT와 같은 일부 레이어 파인튜닝 대비 극단적으로 많은 시간이 필요한 것처럼 보일 수 있습니다. 그러나 Full-파인튜닝이나 PEFT는, RAG와 비교했을 때 훨씬 많은 시간이 소요되는 것은 분명합니다.

유지보수 측면에서는 RAG와 파인튜닝 간의 차이는 더욱 극명하게 벌어집니다. 만약 한번 RAG나 파인튜닝을 수행하여 주입한 지식 외의 새로운 지식을 또 추가해야 할 경우, 각각 얼마나 많은 시간이 소요될까요? RAG는 새로운 지식을 기존 벡터 DB에 추가하기만 하면 되기 때문에, 문서 임베딩 시간만 더해집니다. 반면, 파인튜닝의 경우 기존 모델에 또 한번 새로운 데이터셋으로 재학습해야 하기 때문에 압도적으로 많은 시간이 소요됩니다. 이 부분은 서비스 운영 차원에서 생각했을 때, 기업들이 RAG 시스템을 선택할 수밖에 없는 결정적인 사유입니다. 기업의 입장에서는 고객 질문에 올바른 답변을 하기 위해 지식을 주기적으로 업데이트해야 하는데, 그때마다 파인튜닝할 경우 너무 많은 시간이 걸리기 때문입니다.

3. 비용

비용 측면에서도 RAG의 승리입니다. 비용 항목은 인건비와 하드웨어 구입비 정도로 정리할 수 있는데, 모두 파인튜닝의 비용이 꽤 큰 편입니다. RAG는 앞서 난이도 측면에서 살펴본 것과 같이 사전 지식이 많지 않아도 주어진 방법대로 구성하면 잘 작동합니다. 반면, 파인튜닝의 경우 기술 구현의 난이도가 높기 때문에, 이를 위한 고급 인력의 인건비가 상당히 필요합니다. 하드웨어 측면에서도 RAG는 임베딩 모델과 LLM을 구동할 적당한 수준의 GPU만 있으면 충분하지만, 파인튜닝은 모델의 가중치를 업데이트하는 단계에서 매우 고사양의 GPU(A100, H100)가 요구되므로, 이를 준비하는 것만으로도 큰 비용이 소모됩니다. 추가적으로 파인튜닝을 위해서는 '질문-답' 형태의 데이터셋을 구성해야 하므로 이를 위한 인건비 또한 필요합니다.

4. 성능

성능 차원에서 비교하자면, RAG와 파인튜닝의 무승부라고 할 수 있습니다. RAG의 경우, 주어진 문서를 얼마나 잘 임베딩시키고, 유사 청크를 얼마나 검색 및 추출하는지에 따라서 성능이 결정됩니다. 파인튜닝의 경우, 데이터셋의 품질과 적용 방법론에 따라서 성능이 달라집니다.

그런데 오픈 소스 LLM으로 비교 영역을 한정하면 이야기가 달라집니다. 만약 오픈 소스 LLM을 기반으로만 각각을 구현한다면, 파인튜닝의 성능 향상 가능성이 더 큽니다. RAG는 모델의 성능이 고정되어 있기 때문에, 모델 외의 모듈들을 최적화하여 성능을 올릴 수밖에 없습니다. 그러나 파인튜닝의 경우, 오픈 소스 LLM을 특정 도메인 데이터셋으로 특화하여 재학습시키기 때문에, 답변 품질이 향상될 수 있습니다. 물론 이 모델을 RAG에 활용하여 'RAG+파인튜닝' 방식의 결합 형태를 만들 수 있고 이 경우의 성능이 더욱 좋습니다.

표 2-3 RAG와 파인튜닝 비교

기준	RAG	파인튜닝
비용	저가	고가
시간	단기간 구축 가능	학습 위해 장기간 소요
난이도	쉬움	어려움
필수 하드웨어	임베딩 모델과 LLM 구동위한 GPU	파인튜닝이 가능할 정도의 높은 VRAM을 지닌 GPU

정리하자면, RAG와 파인튜닝은 이를 구현하려는 주체가 처한 상황에 따라서 장단점이 존재합니다. 만약 빠른 시일 내에 PoC를 구축하여 서비스 결합 가능성을 검토한다면 적은 비용과 시간만으로 RAG를 구축하는 것이 유리합니다. 또한 지식 업데이트의 주기가 잦은 경우에도 RAG를 통해 손쉽게 새로운 지식을 주입할 수 있습니다. 그러나 만약 오픈 소스 LLM으로만 서비스를 운영할 계획이고 시간과 비용이 충분하다면, 특화시킬 도메인의 데이터셋을 기반으로 파인튜닝을 진행하는 것이 좋습니다. 또한 구현할 서비스가 일반적인 LLM과 다른 형태의 답변을 필요로 한다면 파인튜닝을 하는 것이 좋은 선택지입니다.

CHAPTER

03

LLM 시작하기

3.1 _ 랭체인이란?

3.2 _ 랭체인을 통한 LLM 활용하기

3.3 _ 프롬프트 입력이 더 편리한 Prompt Template

3.4 _ LLM의 답변을 원하는 형태로 조정하는
     Output Parser

3.1 랭체인이란?

RAG 시스템을 구축하기 위해 설계된 다양한 툴이 존재하는데, 그중 가장 널리 활용되는 것은 단연 **랭체인**(Langchain)이라고 할 수 있습니다. 랭체인은 2022년 10월, 머신러닝 스타트업 Robust Intelligence에서 근무하던 해리슨 체이스가 공개한 오픈 소스 프로젝트로 LLM 앱 구축을 위한 프레임워크입니다. 현재 LLM을 활용한 수많은 서비스가 LLM과 랭체인의 결합을 기반으로 하여 운영되고 있습니다. 주목할 점은 RAG 시스템의 가장 기본이 되는 툴로써 랭체인이 각광받고 있다는 것입니다. 이번 장에서는 활용 가능성이 무궁무진한 랭체인의 개념과 구성 요소에 대해 알아보고, LLM 서비스에서 랭체인을 활용하는 방법에 대한 예시도 살펴보겠습니다.

랭체인의 개념과 구성 요소

랭체인은 'Language+Chain'으로, 언어를 잇는 사슬이라고 할 수 있습니다. LLM 애플리케이션을 구성하는데 왜 언어 사슬이 등장하게 된 것일까요?

LLM이 발전하면서 각광을 받은 또 다른 개념은 **프롬프트 엔지니어링**입니다. 프롬프트 엔지니어링이란, LLM에게 원하는 답변을 받기 위해 프롬프트를 고도화하는 작업으로, '질문을 잘할수록 LLM의 답변 품질이 좋아진다'라는 전제를 바탕으로 등장했습니다. 이는 올바른 전제라고 볼 수 있습니다. LLM은 마치 사람처럼 주어진 질문에 맞추어 적절한 답변을 제공하고자 노력하기 때문에, 질문이 명확하고 자세할수록 고품질의 답변을 내놓습니다.

프롬프트 엔지니어링의 다양한 예시 중에는 '내가 5살인 것처럼 설명해줘'와 같이 설명의 난이도를 낮추거나 '너는 ~분야의 전문가야'라는 역할 부여 프롬프트로 높은 수준의 답변을 받는 것 등이 있습니다.

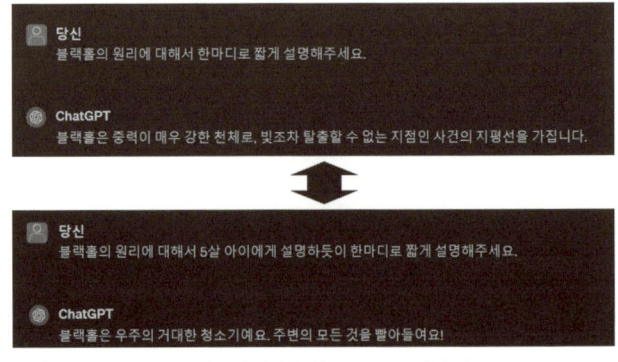

그림 3-1 프롬프트 엔지니어링 전과 후의 ChatGPT 답변 비교

그런데 만약 내가 구상한 서비스가 어떤 개념이든지 항상 사용자에게 쉽게 설명해야 한다면, 어떻게 해야 할까요? 이러한 문제는 파인튜닝을 통해서 해결하기에는 너무 번거롭습니다. 단순히 LLM에게 전달되는 프롬프트를 변형하면 되는 문제이기 때문입니다.

그림 3-2 랭체인의 간단한 예시

랭체인에서는 이러한 문제를 **Chain**으로 해결하고자 합니다. 사용자의 프롬프트를 곧바로 LLM에게 전달하는 것이 아니라, 하나의 프롬프트 템플릿을 거쳐 전달하도록 추가적인 '연결 고리'를 만들어 원하는 답변을 이끌어내는 것이죠.

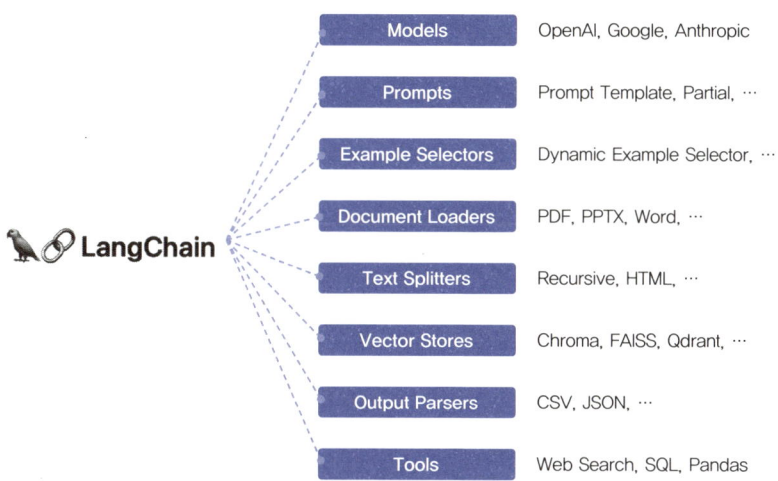

그림 3-3 랭체인의 구성 요소

랭체인에는 프롬프트 변형을 위한 프롬프트 템플릿뿐만 아니라, 더욱 광범위한 LLM 서비스 개발을 위한 다양한 모듈을 제공합니다. 핵심 구성 요소는 주로 RAG를 구축하기 위한 모듈들로, 여러 LLM을 애플리케이션에 통합할 수 있는 **Models**, 사용자의 프롬프트를 재가공하는 **Prompts**, 벡터 DB로 구축할 문서를 불러오는 **Document Loaders**, 이를 여러 청크로 분할하는 **Text Splitters**, 분할된 텍스트 청크들을 저장하는 **Vector Stores**, 원하는 답변의 형태로 재가공하는 **Output Parsers** 등이 있습니다. 이외에도 외부 툴과의 결합을 위한 Tools, 퓨샷(Few-shot) 예제 제공을 위한 Example Selectors, 그리고 ReAct(LLM이 주어진 명령을 바탕으로 계획, 수행하는 프레임워크)를 기반으로 에이전트를 구축하기 위한 Agent도 있습니다.

랭체인으로 구축 가능한 서비스, ChatPDF

ChatPDF는 내가 업로드하거나 첨부한 URL에 있는 PDF 파일과 대화할 수 있도록 AI 서비스를 제공하는 플랫폼입니다.

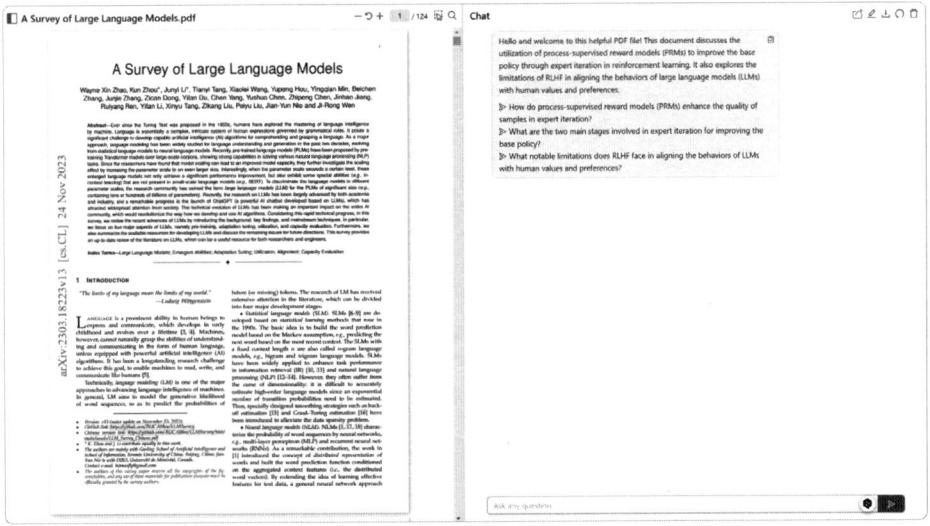

그림 3-4 ChatPDF 채팅 화면

지금은 ChatGPT에서 파일을 첨부할 수 있게 되면서 혁신적인 기능이 아니지만, 이 서비스가 공개된 초창기에는 PDF를 기반으로 대화할 수 있다는 신선한 기능으로 빠르게 입소문을 탔습니다. 그렇다면 어떻게 PDF 내용을 기반으로 대화를 나눌 수 있을까요? 그 중심에는 RAG 시스템이 있고, 이를 랭체인으로 쉽게 구현할 수 있습니다.

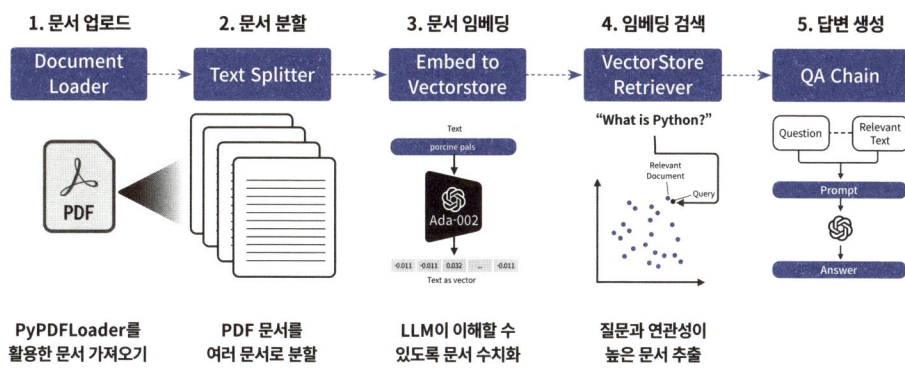

그림 3-5 ChatPDF 로직

랭체인을 통해 RAG를 구현할 때는 '문서 로딩 - 분할 - 임베딩 - 검색 - 답변 생성'이라는 5단계가 필수입니다. 이는 랭체인의 'Document Loader - Text Splitters - Embedding - Vectorstore Retriever - Chain'을 통해 구축할 수 있습니다. 그림 3-5와 함께 살펴보세요.

먼저 Document Loader 중 PyPDFLoader라는 PDF를 불러올 수 있는 라이브러리를 통해 파일을 불러옵니다. 그리고 PDF의 길이가 길기 때문에, 컨텍스트 윈도우 제한을 넘지 않도록 문서를 여러 개로 분할해주는 Text Splitters 라이브러리를 활용합니다. 그런 다음 분할된 문서들을 임베딩 모델을 통해 임베딩 형태로 벡터 DB에 저장합니다. 마지막으로 임베딩 검색을 통해 사용자 질문과 유사한 맥락을 검색하고, 이를 모두 Retrieval QA Chain으로 통합하여 맥락 기반의 질의 응답이 가능하도록 만듭니다.

ChatPDF에서는 PDF를 기반으로 대화한다는 컨셉을 갖기 때문에 PDF 파일만 대화 가능하도록 되어 있지만, 랭체인에서는 다양한 문서를 다룰 수 있습니다. Document Loaders를 통해 다양한 문서를 업로드하고 나머지 단계는 동일하게 유지하면 Word, PPT 파일을 기반으로도 대화를 할 수 있습니다. 이처럼 기본적으로 랭체인은 RAG 시스템을 구성하기 위한 핵심 모듈들로 주어진 문서와 대화하는 서비스를 쉽게 구축할 수 있습니다.

3.2 랭체인을 통한 LLM 활용하기

RAG를 구축하기 위해서는 각 구성 요소를 제대로 아는 것이 중요합니다. 여기에서는 모듈별로 그 특징과 활용법을 상세히 살펴보고, RAG를 구축하기 위한 사전 지식을 습득해보겠습니다.

LLM API 호출의 기초

가장 먼저 살펴볼 모듈은 **Models**입니다. Models 모듈은 랭체인을 통해 LLM을 쉽게 활용할 수 있도록 도와줍니다. 지금까지 개발된 수많은 LLM들은 각자의 모델을 활용하기 위한 형식이 각기 다릅니다. 예를 들어, 앤트로픽(Anthropic)의 Claude-3 모델과 오픈AI의 GPT-4o-mini 모델을 활용하는 방식을 비교해보겠습니다.

> 💡 이 책에서 소개한 전체 예제 소스는 저자의 깃허브(github.com/Kane0002/Langchain-RAG)에서 확인할 수 있습니다. 가상 환경 설정과 실습 전반에 필요한 라이브러리 설치(requirements.txt)는 예제 소스 내 README.md 파일을 참고하여 진행하세요.

01. 필수 라이브러리 설치

3장/Models.ipynb

```
#필수 라이브러리 설치
!pip install langchain openai anthropic langchain-openai langchain-anthropic
```

02. 앤트로픽의 Claude-3 모델 API 호출

3장/Models.ipynb

```
import anthropic

anthropic.Anthropic(
    api_key="YOUR_API_KEY").messages.create(
    model="claude-3-haiku-20240307",
    max_tokens=1024,
    messages=[
        {"role": "user", "content": "Hello, world"}
    ]
)
```

💡 3장 이후의 실습 진행을 위해서 앤트로픽과 오픈AI 모델의 API Key를 발급받아야 합니다. 따라서 앞으로 나오는 코드에서 "YOUR_API_KEY"에는 본인이 발급받은 키를 입력해야 합니다. API Key를 받는 방법은 이 책의 부록에 안내되어 있습니다. 참고로 API는 사용량에 따라 유료로 요금을 지불해야 하며, 실습 파일 실행에 과금이 될 수 있습니다.

03. 오픈AI의 GPT-4o-mini Turbo 모델 API 호출

3장/Models.ipynb

```python
from openai import OpenAI

client=OpenAI(api_key="YOUR_API_KEY")
client.chat.completions.create(
    model="gpt-4o-mini",
    messages=[
        {
            "role": "user",
            "content": "Who won the world series in 2020?"
        }
    ]
)
```

모델 API를 호출하는 코드에서 앤트로픽은 `anthropic.Anthropic().messages.create()` 함수를 통해 모델의 API를 호출하고, 오픈AI는 `client.chat.completions.create()` 함수를 통해 모델의 API를 호출합니다. 만약 한 서비스에서 여러 모델을 활용하게끔 만들고자 한다면, 각각의 함수를 따로 선언한 다음, 이를 서비스에 결합해야 할 것입니다. 물론 이런 코드를 작성하는 것이 어려운 것은 아니지만, 호출하는 함수의 형태가 다르기 때문에 코드의 통일성을 해칠 수 있고, 유지보수 측면에서 번거로운 측면이 존재합니다. 랭체인의 Models 모듈에서는 이렇게 여러 모델을 하나의 서비스에 통합할 때, 코드의 형태를 하나의 형식으로 통합하여 코드의 통일성을 부여하고 유지보수를 편리하게 해줍니다.

04. 랭체인을 활용한 앤트로픽 Claude-3 모델 API 호출

3장/Models.ipynb

```python
from langchain_anthropic import ChatAnthropic
chat=ChatAnthropic(
    model_name="claude-3-haiku-20240307",
```

```
    anthropic_api_key="YOUR_API_KEY"
)
chat.invoke("안녕~ 너를 소개해줄래?")
```

05. 랭체인을 활용한 오픈AI GPT-4o-mini 모델 API 호출

3장/Models.ipynb

```
from langchain_openai import ChatOpenAI
chat=ChatOpenAI(
    model_name='gpt-4o-mini',
    openai_api_key="YOUR_API_KEY"
)
chat.invoke("안녕~ 너를 소개해줄래?")
```

랭체인에서 오픈AI와 앤트로픽의 LLM API를 활용하는 방법을 살펴보면, 앤트로픽과 오픈AI 모두 Chatmodel의 파라미터로 모델 이름과 API 키를 입력하고, invoke() 함수에 텍스트를 입력하기만 하면 됩니다. 이를 통해 서로 다른 기업의 LLM API를 활용하더라도 동일한 코드 형식으로 관리가 쉬우며, 유지보수 측면에서 이점을 가집니다. 다음은 랭체인의 LLM API 호출 방식을 시각화한 그림입니다.

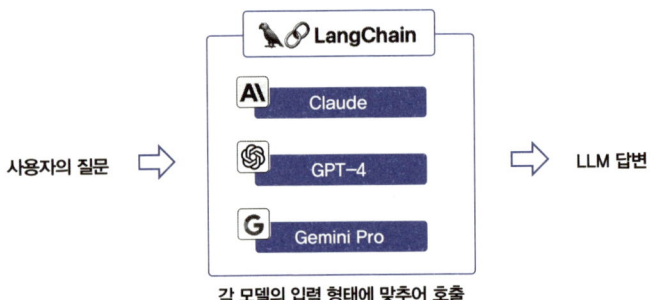

그림 3-6 LLM API 호출 시, 랭체인의 역할

프롬프트의 세 가지 형태

랭체인을 활용하여 여러 LLM의 API를 호출하는 방법을 익혔다면 다음 단계로 프롬프트, 즉 입력 값의 형태에 대해서 알아야 합니다. 앞서 우리는 invoke() 함수에 프롬프트를 텍스트 형태로 직접 주입했습니다. 그런데 LLM에게 프롬프트를 주입하는 방식은 더 다양합니다. 프롬프트의 형태는 크게 세 가지로, HumanMessage, AIMessage, SystemMessage가 있습니다.

표 3-1 프롬프트의 3가지 형태

프롬프트 종류	역할
SystemMessage	LLM에게 역할을 부여하는 메시지
HumanMessage	LLM에게 전달하는 사용자의 메시지
AIMessage	LLM이 출력한 메시지

먼저 HumanMessage는 가장 일반적으로 알고 있는 프롬프트의 형태로, 사용자가 LLM에게 전달하고자 하는 메시지가 담기는 프롬프트입니다. 가령 LLM에게 함수 작성을 요청했을 때, 'A 함수를 작성해줘'라는 프롬프트가 HumanMessage에 해당합니다.

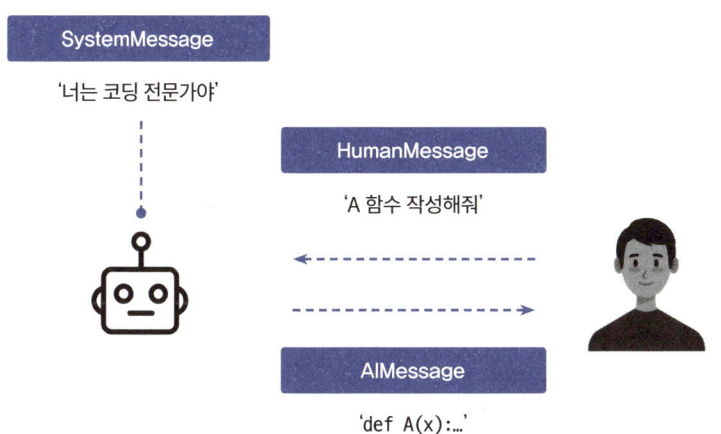

그림 3-7 세 프롬프트의 역할

AIMessage는 HumanMessage를 전달받아 LLM이 출력한 메시지입니다. AIMessage의 활용은 두 가지로 나눠볼 수 있는데, 첫 번째는 API 호출 결과로 받아보는 '현재 대화'이고, 두 번째는 히스토리로 넣어주는 '과거 대화'입니다. 특이한 것은 두 번째의 과거 대화인데, 이는 앞서 사람과 AI가 대화한 히스토리를 부여해야 할 때 활용됩니다. 예를 들어 챗봇 시스템을 구축할 경우 앞서 진행된 대화의 히스토리를 LLM에게 전달하는 것이 중요한데, 여기서 AI가 대답한 부분을 AIMessage로 담아 전달하게 됩니다.

SystemMessage는 LLM에게 지속적으로 부여되는 프롬프트라고 이해하면 됩니다. 이 메시지를 LLM에게 전달하면, LLM은 주어진 HumanMessage에 대해 SystemMessage의 지침대로 행동합니다. 예를 들어, LLM API를 서비스에 결합하고자 할 때 답변의 윤리성을 철저히 지키도록 한다면, SystemMessage에 '사용자에게 비속어, 욕설을 사용하면 안 돼'와 같은 메시지를 주입하면 됩니다. 그러면 LLM은 주어진 질문에 답변할 때 SystemMessage의 지침에 따르고자 하므로, 윤리적인 챗봇이 될 수 있습니다. 이뿐만 아니라, '사용자가 5살인 것처럼 쉽게 답변해줘', '너는 ~의 전문가야'와 같이 맞춤형 프롬프트 엔지니어링의 방법으로 자주 사용됩니다.

그렇다면 코드에서 세 가지 프롬프트는 어떻게 활용할까요? 사용자 입맛에 맞게 최적화할 수 있는 프롬프트인 만큼, ChatPromptTemplate이라는 새로운 모듈이 필요합니다. ChatPromptTemplate은 채팅 모델에 여러 변수를 포함한 프롬프트를 전달할 수 있도록 보조하는 역할을 합니다.

01. ChatPromptTemplate 모듈 사용하기

3장/Models.ipynb

```
from langchain_core.prompts import ChatPromptTemplate

chat_template = ChatPromptTemplate.from_messages(
    [
        #SystemMessage: 유용한 챗봇이라는 역할과 이름을 부여
        ("system", "You are a helpful AI bot. Your name is {name}."),      ---①
        #HumanMessage와 AIMessage: 서로 안부를 묻고 답하는 대화 히스토리 주입
        ("human", "Hello, how are you doing?"),                            ---②
        ("ai", "I'm doing well, thanks!"),
        #HumanMessage로 사용자가 입력한 프롬프트를 전달
        ("human", "{user_input}"),                                         ---③
    ]
)

messages = chat_template.format_messages(name="Bob", user_input="What is your name?")
print(messages)
```

실행 결과

```
[SystemMessage(content='You are a helpful AI bot. Your name is Bob.'),
HumanMessage(content='Hello, how are you doing?'), AIMessage(content="I'm doing
well, thanks!"), HumanMessage(content='What is your name?')]
```

위 코드는 SystemMessage, HumanMessage, AIMessage를 모두 한 템플릿에 주입하는 간단한 예시입니다. ChatPromptTemplate 안에 있는 요소들을 살펴보면, 세 가지 형태의 메시지 튜플을 리스트 형태로 담고 있습니다.

①SystemMessage로 'You are a helpful AI bot. Your name is {name}.'라는 메시지를 전달하여, LLM이 사용자에게 유용한 챗봇이 되도록 역할을 부여하고 이름을 지을 수 있도록 처리하였습니다. ②그리고 HumanMessage와 AIMessage로 안부를 묻고 답하는 대화 히스토리를 전달하여 대화의 맥락을 부여합니다. ③마지막으로 {user_input} 매개변수를 통해 사용자의 입력 값을 HumanMessage로 받아들여, LLM이 답할 수 있게 했습니다.

참고로 이러한 프롬프트 템플릿 작성법은 여러 가지가 존재하며, 다음의 방식으로도 작성할 수 있습니다.

3장/Models.ipynb

```python
from langchain.prompts import HumanMessagePromptTemplate
from langchain_core.messages import SystemMessage
from langchain_openai import ChatOpenAI

chat_template = ChatPromptTemplate.from_messages(
    [
        SystemMessage(
            content=(
        "You are a helpful assistant that re-writes the user's text to sound more upbeat."
            )
        ),
        HumanMessagePromptTemplate.from_template("{text}"),
    ]
)
messages = chat_template.format_messages(text="I don't like eating tasty things")
print(messages)
```

실행 결과

```
[SystemMessage(content="You are a helpful assistant that re-writes the user's text
to sound more upbeat."), HumanMessage(content="I don't like eating tasty things")]
```

LLM의 Temperature 이해하기

대부분의 LLM은 Temperature라는 매개변수가 존재합니다. 언어 모델에 웬 온도가 등장한 걸까요? 여기서 Temperature는, LLM의 답변 일관성과 관련이 있습니다. LLM의 답변 일관성이라는 것이 무슨 뜻일까요?

이를 이해하기 위해 LLM의 기본 원리를 되짚어봅시다. LLM은 마치 문장 완성 게임을 하는 것처럼 작동합니다. 주어진 문장이나 단어들을 보고 다음에 어떤 단어가 올지 예측합니다. 이때 LLM은 다음 단어를 무작위로 고르는 것이 아니라, 각 단어가 나올 가능성(확률)을 계산합니다. 가장 그럴듯한 단어부터 덜 그럴듯한 단어까지 순위를 매깁니다.

여기서 Temperature(온도)라는 매개변수가 등장합니다. 이는 LLM의 '대담성'을 조절하는 도구라고 생각하면 됩니다.

- Temperature가 낮으면, LLM은 '안전한' 선택을 합니다. 가장 확률이 높은 단어를 고릅니다.
- Temperature가 높으면, LLM은 더 '모험적인' 선택을 합니다. 확률이 좀 낮은 단어들도 선택할 가능성이 높아집니다.

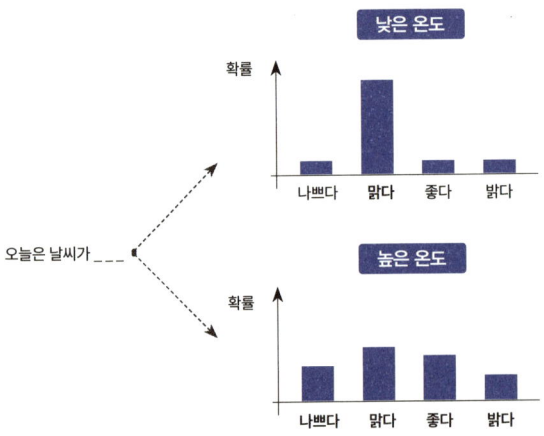

그림 3-8 Temperature 매개변수와 문장 예측

예를 들어, '오늘은 날씨가~' 문장 다음에 올 단어를 LLM이 예측한다면, 여기에는 '나쁘다', '맑다' 등 다양한 단어가 출현할 수 있습니다. 이런 상황에서, '맑다'라는 단어의 출현 확률이 90%고, 다른 단어들의 확률이 10% 정도 된다면, 10번의 예측 중에서 9번은 '오늘은 날씨가 맑다'라는 문장으로 완성될 것입니다. 이는 LLM이 '안전한' 답변을 하는 것으로 해석할 수 있습니다.

만약 다른 단어들의 출현 확률을 조정할 수 있다면 어떻게 달라질까요? '맑다'라는 단어의 출현 확률과 다른 단어들의 출현 확률에 큰 차이가 없도록 조정해보면 어떨까요? 만약 '맑다'의 출현 확률이 40%, '나쁘다'의 출현 확률이 30%라면 LLM은 10번 중 4번은 '오늘은 날씨가 맑다'를, 3번은 '오늘은 날씨가 나쁘다'를 출력할 것입니다. 이는 LLM이 앞선 예시보다 다소 '모험적인' 답변을 한다고 해석할 수 있습니다.

이 예시의 포인트는, 다음 단어 후보들의 출현 확률 분포를 조정하면 LLM의 답변 일관성이 조정된다는 점입니다. 우리가 활용하는 LLM API의 Temperature는 바로 이 역할을 하는데, 이 값을 낮추면 그림 3-8의 첫 번째 예시처럼 확률 분포를 뾰족하게 만들고, 값을 높이면 두 번째 예시처럼 확률 분포를 더 완만하게 만듭니다. 즉, Temperature를 낮추면 답변의 일관성을, Temperature를 높이면 답변의 무작위성을 높일 수 있습니다. Temperature 값은 0부터 1까지 설정할 수 있습니다.

그렇다면 실제로 API를 활용해 Temperature에 따른 답변의 일관성 변화를 살펴보겠습니다. 다음의 코드에서는 `Temerature`를 0과 1로 설정했을 때 같은 질문에 대한 답변이 달라지는지를 테스트합니다.

3장/Models.ipynb

```
#API KEY 저장을 위한 os 라이브러리 호출
import os

#OPENAI API키 저장
os.environ["OPENAI_API_KEY"] = 'YOUR_API_KEY'

#Temperature=0      ---①
chatgpt_temp0_1 = ChatOpenAI(model_name="gpt-4o-mini", temperature=0)
chatgpt_temp0_2 = ChatOpenAI(model_name="gpt-4o-mini", temperature=0)

#Temperature=1      ---②
```

```
chatgpt_temp1_1 = ChatOpenAI(model_name="gpt-4o-mini", temperature=1)
chatgpt_temp1_2 = ChatOpenAI(model_name="gpt-4o-mini", temperature=1)

model_list = [chatgpt_temp0_1, chatgpt_temp0_2, chatgpt_temp1_1, chatgpt_temp1_2]

for i in model_list:
    answer = i.invoke("왜 파이썬이 가장 인기 있는 프로그래밍 언어인지 한 문장으로 
설명해줘", max_tokens=128)
    print("-"*100)
    print(">>>",answer.content)
```

실행 결과

>>> 파이썬은 간결하고 읽기 쉬운 문법으로 다양한 분야에서 활용할 수 있어서 가장 인기 있는 프로그래밍 언어입니다.

>>> 파이썬은 간결하고 읽기 쉬운 문법으로 다양한 분야에서 활용할 수 있어서 가장 인기 있는 프로그래밍 언어입니다.

>>> 파이썬은 간결하고 쉽게 배울 수 있는 문법으로 다양한 분야에 활용되며, 커뮤니티의 역동성과 다양한 라이브러리 지원으로 인기를 얻고 있다.

>>> 파이썬은 간결하고 쉽게 읽히며 다양한 분야에서 활용할 수 있는 다목적 프로그래밍 언어이기 때문에 가장 인기가 높습니다.

코드 실행 결과를 보면, ①Temperature 값을 0으로 설정한 경우 똑같은 답변을 출력하지만, ②이 값을 1로 설정한 경우 다소 다른 답변을 출력하는 것을 볼 수 있습니다. 이처럼 Temperature 매개변수는 LLM의 답변 스타일을 조정하기 때문에 이를 활용하여 일관성 있는 답변을 하게 만들거나 창의적인 답변을 하도록 만들 수 있는 핵심적인 역할을 합니다.

ChatGPT처럼 답변 스트리밍하기

ChatGPT를 이용해보면, 사용자 질문에 마치 사람이 타이핑하듯 답변하는 것을 볼 수 있습니다. LLM이 실제로 작동하는 방식은 답변을 한 단어씩 생성하기 때문에, 모델의 작동 과정을 실시간으로 화면에 표시해주는 것이죠. 이것을 **스트리밍**(Streaming)이라고 합니다. 스트리밍

은 답변 대기 시간을 타이핑하는 모습을 통해 지루하지 않도록 만들어 사용자 경험을 향상시켜줍니다. 랭체인에서는 이를 쉽게 구현할 수 있는데, 다음의 코드를 통해 더 알아보겠습니다.

3장/Models.ipynb

```python
from langchain_openai import ChatOpenAI
chat = ChatOpenAI(model_name="gpt-4o-mini", temperature = 0)
for chunk in chat.stream("달에 관한 시를 써줘"):
    print(chunk.content, end="", flush=True)
```

chat으로 선언한 모델에 stream() 함수를 실행하여 API를 호출합니다. stream() 함수를 활용하면 모델의 답변 청크를 연속적으로 받아오고, for 문으로 돌면서 이 chunk를 출력하기 때문에, 화면에 실시간으로 답변이 출력됩니다.

실행 결과

```
달이 높이 떠오르는 밤
하늘을 수놓는 은빛의 장막
가만히 바라보면 마음이 편안해지는
달의 아름다움에 빠져든다

달빛이 비치는 어둠 속
가만히 눈을 감고 듣는 소리
달빛 아래서 흐르는 강물 소리
달빛 아래서 부는 바람 소리

달은 언제나 우리를 감싸주는
우리의 곁을 지켜주는
달의 따스한 빛 아래
우리는 편안히 잠들 수 있다

달아, 달아
우리를 비춰주는 달아
언제나 곁에 있어줘
우리의 행복을 비춰주는 달아.
```

스트리밍은 매우 간단한 코드를 통해서 실행할 수 있으며, 챗봇 사용자의 경험을 훨씬 생동감 있게 만들어줍니다.

응답을 캐싱하여 더 빠르게 응답받기

실제로 LLM 기반의 챗봇을 운영할 때 고려할 요소 중 가장 중요한 것은 바로 답변 속도입니다. 그런데 답변 속도는 모델의 크기, 하드웨어의 성능이라는 다소 고정된 환경에 의해 좌우됩니다. 따라서 주어진 환경에서 LLM의 답변 속도를 빠르게 만들기는 쉽지 않습니다. 실행하기 쉬우면서도 효과가 명확한 한 가지 방법이 있는데, 바로 응답을 캐싱해두는 것입니다.

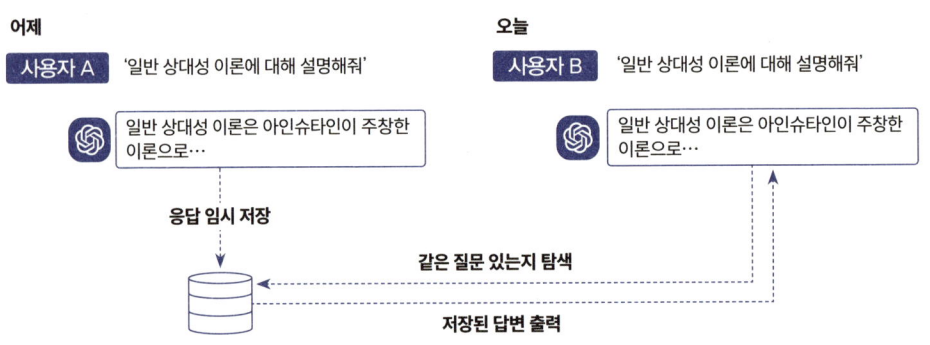

그림 3-9 응답을 캐싱하는 원리

그림과 함께 그 원리를 좀 더 자세히 살펴보겠습니다. 예를 들어, 어제 사용자 A가 '일반 상대성 이론에 대해 설명해줘'라는 질문을 했다면, 이때 사용자 A의 질문에 대한 답변을 임시 저장소(캐시 메모리)에 저장합니다. 그리고 오늘 사용자 B가 똑같은 질문을 LLM에게 전달했을 때, LLM이 답변하도록 전달하는 것이 아니라, 캐시 메모리에 저장해둔 어제의 답변을 검색하여 그대로 출력합니다. 이렇게 사용자 질문과 이에 대한 LLM의 답변을 메모리에 쌓아두면, 이 메모리가 쌓일수록 사용자의 질문에 대한 답변 시간을 줄일 가능성이 높습니다.

01. 첫 번째 질문-응답 시간 측정

```
                                                    3장/Models.ipynb
from langchain.globals import set_llm_cache     #캐시 메모리 라이브러리 호출
from langchain_openai import ChatOpenAI

chat = ChatOpenAI(model_name="gpt-4o-mini", temperature = 0)
```

> 3장/Models.ipynb

```
%%time                          #셀 실행 시간 측정
from langchain.cache import InMemoryCache
set_llm_cache(InMemoryCache()) #캐시 메모리 설정

chat.invoke("일반 상대성 이론을 한마디로 설명해줘")
```

실행 결과

```
CPU times: total: 0 ns
Wall time: 2.73 s
AIMessage(content='일반 상대성 이론은 질량이나 에너지가 공간과 시간에 어떻게 영향을
미치는지를 설명하는 물리 이론이다. 이론은 중력을 기하학적인 공간 왜곡으로 해석하며, 빠르게
움직이는 물체나 중력이 강한 물체 주변에서의 물리 현상을 설명한다.'
```

02. 두 번째 질문-응답 시간 측정

> 3장/Models.ipynb

```
%%time
#같은 질문 전달
chat.invoke("일반 상대성 이론을 한마디로 설명해줘")
```

실행 결과

```
CPU times: total: 0 ns
Wall time: 3.99 ms
AIMessage(content='일반 상대성 이론은 질량이나 에너지가 공간과 시간에 어떻게 영향을
미치는지를 설명하는 물리 이론이다. 이론은 중력을 기하학적인 공간 왜곡으로 해석하며, 빠르게
움직이는 물체나 중력이 강한 물체 주변에서의 물리 현상을 설명한다.')
```

첫 번째 결과의 실행 시간은 2.73s(초), 두 번째 결과의 실행 시간은 3.99ms(밀리초)로 대기 시간이 크게 감축된 것을 확인할 수 있습니다.

실습하기 | 스트리밍되는 AI 스터디 플래너 챗봇 만들기

이번 절에서 배운 모델 호출, 다양한 프롬프트 형태, 스트리밍 등의 내용을 종합하여 스트리밍이 되는 'AI 스터디 플래너 챗봇'을 만들어보겠습니다. 코드 구현을 위한 기본 로직은 다음과 같습니다.

1. 모델 호출
2. `ChatPromptTemplate`으로 `SystemMessage`, `HumanMessage` 프롬프트 설정
3. `stream()` 함수를 통한 답변 스트리밍

이제 다음과 같은 코드로 작성할 수 있습니다. 머릿속으로 생각했던 형태와 비슷하게 작성되었는지 비교하면서 코드를 살펴보세요.

3장/Models.ipynb
```python
from langchain.prompts import HumanMessagePromptTemplate
from langchain_core.messages import SystemMessage
from langchain_openai import ChatOpenAI

#GPT-4o-mini 모델 호출
chat = ChatOpenAI(model_name="gpt-4o-mini", temperature = 0)

#ChatPromptTemplate 통해 스터디 플래너 역할 부여 및 사용자 프롬프트 매개변수화
chat_template = ChatPromptTemplate.from_messages(
    [
        SystemMessage(
            content=(
                "당신은 공부 계획을 세워주는 스터디 플래너 머신입니다."
                "사용자의 공부 주제를 입력받으면, 이를 학습하기 위한 공부 계획을 작성합니다."
            )
        ),
        HumanMessagePromptTemplate.from_template("{text}"),
    ]
)

#앞서 설정한 프롬프트 템플릿에 HumanMessage로 문장 전달
messages = chat_template.format_messages(text="Large Language Model에 대해서 공부하고 싶어요.")
```

```
#stream 함수를 통해 답변 스트리밍
for chunk in chat.stream(messages):
    print(chunk.content, end="", flush=True)
```

실행 결과

좋습니다! Large Language Model에 대해 공부하기 위한 계획을 세워보겠습니다.

1. 개념 이해
- Large Language Model이란 무엇인지, 어떻게 작동하는지에 대한 기본 개념을 학습합니다.
- 관련 용어와 개념을 숙지하고, Large Language Model의 중요성과 활용 분야에 대해 알아봅니다.

2. 연구 동향 파악
- 최근 Large Language Model에 대한 연구 동향을 살펴봅니다.
- 주요 논문 및 연구 결과를 찾아보고, 최신 기술 및 발전 방향을 파악합니다.

3. 모델 구현
- Large Language Model을 직접 구현해보면서, 모델의 작동 원리를 실제로 경험해봅니다.
- Python과 TensorFlow 또는 PyTorch 등의 라이브러리를 활용하여 모델을 구현하고 실험해봅니다.

4. 실전 적용
- Large Language Model을 활용한 다양한 프로젝트나 응용 사례를 탐구합니다.
- 실제로 Large Language Model을 활용하여 자연어 처리, 대화형 시스템 등의 프로젝트를 진행해보며 실전 경험을 쌓습니다.

5. 토론 및 공유
- 온라인 커뮤니티나 스터디 그룹에 참여하여, Large Language Model에 대한 토론과 지식 공유를 활발히 진행합니다.
- 다른 사람들과 의견을 나누고, 서로의 경험과 지식을 공유하며 학습을 보완합니다.

위의 계획을 참고하여 Large Language Model에 대한 공부를 시작해보시기 바랍니다. 꾸준한 노력과 탐구를 통해 보다 깊이 있는 이해와 실력 향상을 이루시길 바랍니다. 언제든지 도움이 필요하시면 말씀해주세요!

3.3 프롬프트 입력이 더 편리한 Prompt Template

PromptTemplate과 ChatPromptTemplate

이번에는 더욱 구체적인 PromptTemplate 개념과 활용 방안에 대해서 알아보려고 합니다. PromptTemplate은 기본적으로 사용자의 입력을 가공하는 PromptTemplate과 시스템 메시지를 설정하여 LLM에 역할을 부여할 수 있는 ChatPromptTemplate이 존재합니다. 두 템플릿 모두 LLM을 활용한 기본적인 서비스의 핵심 구조인 만큼 그 작동 원리에 대해 알아볼 필요가 있습니다.

PromptTemplate의 역할은 사용자 입력을 활용하여 원하는 형태로 가공하는 것입니다. 예를 들어, 레시피 제조 AI 서비스를 만드는 경우를 생각해봅시다. ChatGPT를 활용하여 주어진 재료로 만들 수 있는 음식의 레시피를 얻기 위한 프롬프트는 다음처럼 꽤 길 것입니다.

> '너는 요리사야. 내가 가진 재료들을 갖고 만들 수 있는 요리를 추천하고, 그 요리의 레시피를 제시해줘. 내가 가진 재료는 사과, 양파, 계란이야.'

사용자가 새로운 재료를 기반으로 음식을 추천받고 레시피를 얻으려면, 매번 위 문장을 반복하여 입력할 것입니다. 하지만 실제로 바꿀 부분은 '내가 가진 재료는 A, B, C야.'라고 재료를 설명하는 마지막 문장입니다. 이때 `PromptTemplate`을 활용하면 훨씬 간단합니다. 다음의 `PromptTemplate` 선언 코드를 보겠습니다.

3장/Prompt Template.ipynb

```
from langchain.prompts import PromptTemplate

prompt= (
    PromptTemplate.from_template(     ---①
        """
        너는 요리사야. 내가 가진 재료들을 갖고 만들 수 있는 요리를 {개수}추천하고,
        그 요리의 레시피를 제시해줘. 내가 가진 재료는 아래와 같아.
        <재료>            ---②
        {재료}             ---③
        """
```

```
        )
    )
prompt
```

PromptTemplate의 ①`from_template`함수를 통해 '수행해야 할 작업을 설명하는 문장들'을 모두 템플릿으로 선언하고, 사용자가 입력할 때마다 다른 값이 들어올 ②**{재료}**와 ③**{개수}** 부분은 괄호로 감싸서 매개변수로 넣습니다.

그리고 `prompt.format` 함수를 통해 매개변수 값(개수, 재료)을 넣으면, 그 값이 적용된 템플릿을 프롬프트로 얻을 수 있습니다.

```
prompt.format(개수= 3, 재료="사과, 양파, 계란")
```

실행 결과

```
'\n너는 요리사야. 내가 가진 재료들을 갖고 만들 수 있는 요리를 3추천하고, 그 요리의 레시피를\n제시해줘. 내가 가진 재료는 아래와 같아.\n<재료>\n 사과, 양파, 계란\n '
```

ChatPromptTemplate은 PromptTemplate에서 SystemMessage와 HumanMessage, AIMessage가 추가됩니다. SystemMessage에서는 LLM이 사용자와 상호작용할 때 미리 지정해줘야 하는 부분을 설정할 수 있고, HumanMessage, AIMessage에서는 LLM이 사용자와 이미 나눈 대화를 넣어 맥락을 더해줄 수 있습니다. 앞서 작성한 PromptTemplate과 동일한 상황을 가정하여 어떻게 사용하는지 살펴보세요.

3장/Prompt Template.ipynb

```
from langchain_openai import ChatOpenAI
from langchain.schema import HumanMessage, SystemMessage, AIMessage
prompt = SystemMessage(content=          ---①
        """
        너는 항상 밝은 말투로 대화하는 챗봇이야. 답변의 끝에 이모티콘을 붙여줘.
        """
        )
new_prompt = (
    prompt + HumanMessage(content=       ---②
```

```
            """
            오늘은 날씨가 어때?
            """)
    + AIMessage(content=      ---③
            """
            오늘은 날씨가 아주 좋아요!
            """)
    + """{input}"""
)
new_prompt.format_messages(input "오늘 너의 기분은 어때?")
```

ChatPromptTemplate에서는 ①SystemMessage를 통해 LLM이 수행할 역할을 지정해줍니다. 예시 코드에서는 LLM에게 '밝은 말투'로 대답하고, 답변 끝에 '이모티콘'을 붙이도록 설정했습니다. ②HumanMessage와 ③AIMessage에서는 사용자 입력에 따라 LLM이 답변한 대화 히스토리를 주입해 앞으로 주어질 질문에 더 잘 답변하도록 만들었습니다.

결국 PromptTemplate과 ChatPromptTemplate은 '챗봇에 역할 부여가 가능한가', '대화에 맥락을 추가할 수 있는가'로 구분되는 것을 알 수 있습니다. 이를 구조화하면 다음처럼 나타낼 수 있습니다.

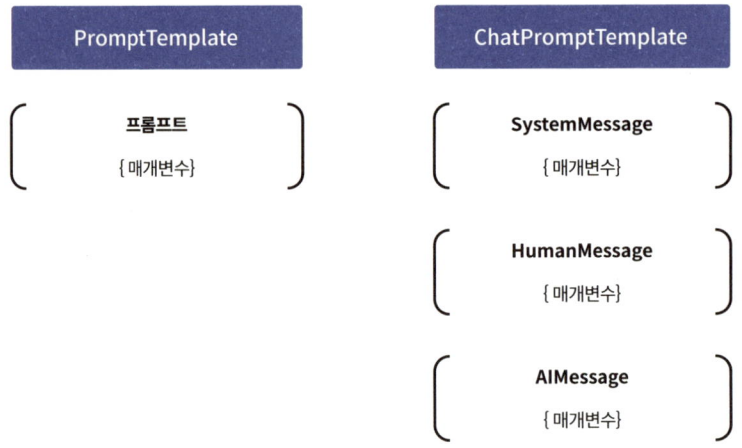

그림 3-10 PromptTemplate과 ChatPromptTemplate의 구분

PromptTemplate을 설정했다면, LLM에게 어떻게 전달할 수 있을까요? 여기서 등장하는 것이 바로 랭체인의 핵심 모듈인 **체인**(Chain)입니다. 체인에 대해 간단히 설명하자면 LLM과 다

양한 모듈을 하나의 패키지로 묶어주는 모듈이라고 할 수 있습니다. 좀 더 이해를 돕기 위해, 앞서 설정한 ChatPromptTemplate을 LLM에게 전달하기 위한 기본적인 체인, LLMChain을 구성해보겠습니다.

3장/Prompt Template.ipynb

```python
import os
from langchain.chains import LLMChain
from langchain_openai import ChatOpenAI

os.environ["OPENAI_API_KEY"] = "YOUR_API_KEY"

model = ChatOpenAI(model = 'gpt-4o-mini')
chain = LLMChain(llm=model, prompt=new_prompt)
chain.invoke("오늘 너의 기분은 어때?")
```

우선 `langchain.chain`모듈에서 `LLMChain`을 호출합니다. 그리고 앞서 LLM API를 호출했던 것과 동일한 방식으로 ChatGPT를 불러옵니다. 그 다음 `LLMChain`의 `llm` 매개변수에 `model`을, `prompt` 매개변수에 `new_prompt`를 넣어주면 체인 구성은 끝입니다. 이제 이 체인에 프롬프트를 넣고 `invoke()` 함수를 실행하면 `SystemMessage`에서 부여해준 챗봇 역할에 알맞은 답변을 받을 수 있습니다.

실행 결과

{'input': '오늘 너의 기분은 어때?', 'text': '저는 항상 여러분과 대화하는 것을 즐겨요! 기분이 좋아요. 😊'}

퓨샷 예제를 통한 프롬프트 템플릿

퓨샷(Few-shot)이란, 딥러닝 모델이 결과물을 출력할 때 예시 결과물을 제시함으로써 원하는 결과물로 유도하는 방법론입니다. LLM 역시 퓨샷 예제를 제공하면 해당 예제와 유사한 형태의 결과물을 출력합니다. 내가 원하는 결과물의 형태가 특수하거나, 구조화된 답변을 원할 경우, 결과물의 예시를 여러 개 제시함으로써 결과물의 품질을 향상시킬 수 있습니다. 특히 ChatGPT가 원래는 모르거나 못하는 분야였는데, 이 예제를 통해 가능하다는 것이 가장 큰 장점입니다. 대표 예로 삼행시가 있는데, 다음의 코드를 통해 ChatGPT가 삼행시를 지을 수 있도록 만들어보겠습니다.

3장/Prompt Template.ipynb

```
from langchain.prompts.few_shot import FewShotPromptTemplate
from langchain.prompts.prompt import PromptTemplate
examples = [
    {
        "question": "아이유로 삼행시 만들어줘",        ---①
        "answer":                                   ---②
            """
            아: 아이유는
            이: 이런 강의를 들을 이
            유: 유가 없다.
            """
    }
]

example_prompt = PromptTemplate(                    ---③
                        input_variables=["question", "answer"],
                        template="Question: {question}\n{answer}"
                        )

print(example_prompt.format(**examples[0]))
```

먼저 langchain의 prompt 모듈에서 FewShotPromptTemplate과 PromptTemplate을 불러옵니다. 그리고 LLM에게 딕셔너리 형태로 삼행시를 요청하는 ①question과 이에 대한 대답인 ②answer를 넣습니다. 그러면 모든 예제는 준비된 것입니다. 이제 준비한 예제를 프롬프트에 넣기 위한 작업으로, PromptTemplate을 활용합니다. PromptTemplate의 매개변수로 question, answer를 리스트 형식으로 작성하고, template은 이를 포함한 형태로 만들어 ③ example_prompt로 선언합니다. 그리고 example_prompt에 예제를 넣어 format() 함수를 실행하면, PromptTemplate에 이미 선언해둔 예제가 반영되어 출력됩니다.

실행 결과

Question: 아이유로 삼행시 만들어줘

아: 아이유는
이: 이런 강의를 들을 이
유: 유가 없다.

이렇게 예제를 하나의 템플릿으로 담은 PromptTemplate이 준비되었으면 FewShotPrompt
Template을 통해 최종 프롬프트로 만들어줍니다.

3장/Prompt Template.ipynb

```
prompt = FewShotPromptTemplate(
    examples=examples,
    example_prompt=example_prompt,
    suffix="Question: {input}",
    input_variables=["input"]
)

print(prompt.format(input="호날두로 삼행시 만들어줘"))
```

FewShotPromptTemplate에는 예제(examples), 예제 프롬프트(example_prompt), 접미사(suffix), input_variables라는 4개의 요소가 필요합니다. examples에는 앞서 선언해둔 예제가 들어가고, example_prompt에는 예제를 하나의 프롬프트로 포함시킨 문장이 들어갑니다. suffix를 통해 예제 프롬프트에 이어지는 프롬프트를 설정할 수 있습니다. 예시 코드에서는 "Question: {input}"로 설정하여, 사용자가 입력하는 문장이 Question: 다음에 이어지도록 만듭니다. 끝으로 input_variables은 사용자의 입력을 그대로 받아주는 역할을 합니다.

실행 결과

```
Question: 아이유로 삼행시 만들어줘

아: 아이유는
이: 이런 강의를 들을 이
유: 유가 없다.


Question: 호날두로 삼행시 만들어줘
```

이렇게 만들어둔 FewShotPromptTemplate을 활용할 때와 안 할 때의 삼행시 실력을 보겠습니다. 먼저 어떤 예제도 제공하지 않고, 삼행시를 수행해달라고 부탁하는 예시입니다.

```
                                                    3장/Prompt Template.ipynb
model = ChatOpenAI(model_name = "gpt-4o-mini", temperature = 1)
result = model.invoke("호날두로 삼행시 만들어줘")
print(result.content)
```

실행 결과

> 호날두가 슈팅을 가득 넣어
> 그 빛나는 축구장을 채워
> 팬들은 환호하며 박수를 치네

GPT-4o-mini는 삼행시에 대해 충분한 학습이 이뤄지지 않았는지 예상대로 엉뚱한 답변을 내놓습니다. 이번에는 `FewShotPromptTemplate`에 예제를 넣어 LLM에게 전달하면 답변이 어떻게 달라지는지 확인해보세요.

```
                                                    3장/Prompt Template.ipynb
result = model.invoke(prompt.format(input="호날두로 삼행시 만들어줘"))
print(result.content)
```

실행 결과

> 호: 호날두는
> 날: 날씨 맑은 날
> 두: 두 손으로 골을 넣는다.

앞서 선언한 `prompt`의 `input` 값으로 '호날두' 삼행시를 요청했을 때에는 돌아온 답변이 정상적인 삼행시인 것을 확인할 수 있습니다. 예시 코드에서는 삼행시라는 비교적 단순한 작업을 요청했기 때문에 하나의 예제만으로도 충분히 원하는 결과물을 얻을 수 있었습니다. 만약 더 어려운 작업을 요청할 경우에는 `examples` 리스트에 더 많은 예제를 제공해야 합니다.

부분적인 처리가 가능한 Partial 프롬프트 템플릿

프롬프트 템플릿(PromptTemplate)에 여러 개의 매개변수를 포함하는 경우, 다소 불편한 부분이 있습니다. 바로 템플릿에 매개변수를 한꺼번에 입력해야 한다는 것입니다. 그러나 서비스를 기획하다 보면, 템플릿에 들어가는 매개변수를 따로따로 입력받게 하고 싶을 수 있습니다. 이 경우 `partial()`을 활용하여 매개변수를 순서대로 입력받게 할 수 있습니다. 만약 사용자

나이와 직업에 알맞은 콘텐츠를 제공해야 하는 서비스를 만들 때, 나이를 먼저 입력받고, 직업을 나중에 입력받는 프롬프트를 다음처럼 구현해볼 수 있습니다.

3장/Prompt Template.ipynb

```
from langchain.prompts import PromptTemplate

prompt = PromptTemplate.from_template("나이: {age} \n직업: {job}")
partial_prompt = prompt.partial(age="20")
print(partial_prompt.format(job="개발자"))
```

PromptTemplate의 from_template() 함수를 통해 나이와 직업을 매개변수로 갖는 템플릿을 선언합니다. 이때 선언한 prompt에 partial(age="20")을 실행하여 나이를 먼저 입력받을 수 있습니다. 그리고 두 매개변수 중 나이만 입력된 PromptTemplate에 format() 함수로 직업을 입력받도록 만듭니다. 이처럼 partial은 PromptTemplate을 활용할 때, 한꺼번에 매개변수를 입력해야 하는 단점을 보완합니다.

partial() 함수는 매개변수로 사용자가 정의한 함수를 실행할 수 있도록 만들 수도 있습니다. 예를 들어 현재 시간을 농담의 소재로 활용하는 챗봇을 만든다고 가정해봅시다. LLM은 과거 특정 날짜까지의 데이터로 학습을 진행했기 때문에, '오늘'이나 '지금'과 같은 시간 정보를 자체적으로 알 수 없습니다. 이러한 문제를 해결하기 위해 partial() 함수로 현재 시간을 가져오는 함수를 실행하여 시간을 활용할 수 있도록 만들어보겠습니다.

다음처럼 _get_datetime() 함수를 통해 현재 날짜와 시간을 가져오는 함수를 정의합니다.

3장/Prompt Template.ipynb

```
from datetime import datetime

def _get_datetime():
    now = datetime.now()
    return now.strftime("%m/%d/%Y, %H:%M:%S")
```

그리고 _get_datetime() 함수를 실행하여 얻은 결과 값을 프롬프트에 포함할 수 있도록 PromptTemplate을 선언합니다.

3장/Prompt Template.ipynb

```
prompt = PromptTemplate(
    template="Tell me a {adjective} joke about the day {date}",
    input_variables=["adjective", "date"],
)
partial_prompt = prompt.partial(date=_get_datetime)
print(partial_prompt.format(adjective="funny"))
```

실행 결과

```
Tell me a funny joke about the day 05/24/2024, 19:44:08
```

PromptTemplate의 매개변수로 형용사(adjective)와 현재 날짜 및 시간(date)을 받는데, 여기서 현재 날짜 및 시간은 partial() 함수를 통해 미리 설정할 수 있게 했습니다. 사용자 정의 함수를 매개변수에 넣는 방법은 기존 매개변수 대입법과 같이, 함수명을 넣으면 됩니다. 그다음 형용사 매개변수에 사용자의 입력을 넣어주면, 현재 날짜와 시간이 포함된 프롬프트를 얻을 수 있습니다.

3.4 LLM의 답변을 원하는 형태로 조정하는 Output Parser

실무에서 LLM을 API로 활용하면서 구조화된 답변을 받고 싶을 때가 의외로 많습니다. GPT 시리즈 모델들은 문장을 생성하는 것에 특화되어 있으며, 특히 ChatGPT(GPT-4o-mini)의 경우 대화에 특화되어 있어 정해진 형식으로 답변을 받는 것이 꽤 어렵기 때문입니다. 이러한 단점을 극복하기 위해 일반적으로 선택하는 해결책은 프롬프트 엔지니어링입니다. 예를 들어 영화 추천 AI앱을 만든다고 했을 때, AI가 추천해주는 영화 제목들은 일반 텍스트가 아니라 리스트 형태로 보여줘야 합니다. 이를 가정하고 ChatPromptTemplate 기반의 프롬프트 엔지니어링 후 LLM API로 리스트 형태의 답변을 받아보는 코드를 살펴보겠습니다.

3장/Output Parser.ipynb

```
import os
from langchain_openai import ChatOpenAI
from langchain.prompts import HumanMessagePromptTemplate
from langchain_core.messages import SystemMessage
```

```python
from langchain_core.prompts import ChatPromptTemplate

os.environ["OPENAI_API_KEY"] = "YOUR_API_KEY"

llm = ChatOpenAI(model_name="gpt-4o-mini",
                 temperature = 0)

#ChatPromptTemplate에 SystemMessage로 LLM의 역할과 출력 형식 지정
chat_template = ChatPromptTemplate.from_messages(
    [
        SystemMessage(
            content=(
                "너는 영화 전문가 AI야. 사용자가 원하는 장르의 영화를 리스트 형태로
                추천해줘."
                'ex) Query: SF영화 3개 추천해줘 / 답변: ["인터스텔라",
                "스페이스오디세이", "혹성탈출"]'
            )
        ),
        HumanMessagePromptTemplate.from_template("{text}"),
    ]
)
messages = chat_template.format_messages(text="스릴러 영화 3개를 추천해줘.")
answer = llm.invoke(messages)
result = answer.content
print(result)
```

실행 결과

["기생충", "곡성", "미드소마"]

SystemMessage에서 정의한 대로 리스트 형태로 영화를 잘 추천하고 있네요. 예시 코드에서는 CSV 형식으로 답변을 받도록 했는데, JSON이나 Pydantic 같은 더 복잡한 구조의 답변을 받으려면 어떻게 해야 할까요?

CSV보다 JSON이나 Pydantic은 설명해야 할 규칙이 더 많습니다. 그래서 이런 복잡한 형식을 SystemMessage에 설명해서 LLM에게 요청하면, LLM이 정확히 그 형식대로 답변할 가능성이 많이 낮아집니다.

이런 상황에서 어떻게 하면 LLM이 더 복잡한 형식으로 정확하게 답변하도록 만들 수 있을까요?

랭체인에서는 정해진 형식의 답변을 출력할 수 있게 보조하는 **Ouput Parser**를 제공합니다. 각 형식에 알맞은 최적의 프롬프트를 `format_instruction`으로 사전에 정의해두고, 이를 통해 출력된 답변을 다시 한번 해당 형식에 알맞게 파싱하는 과정을 거칩니다. 대표적으로 CSV, Datetime, JSON, Pydantic 파서(parser)가 있습니다. 코드와 함께 하나씩 살펴보겠습니다.

쉼표로 구분된 리스트를 출력하는 CSV 파서

CSV 파서의 작동 원리는 간단합니다. 앞서 살펴본 프롬프트 엔지니어링이 가미된 자연어 처리를 통해 LLM이 출력한 답변을 쉼표로 구분된 리스트 형식이 되도록 재가공하는 방식입니다. 이를 위해서는 랭체인의 `output_parsers` 라이브러리를 활용합니다.

3장/Output Parser.ipynb

```
from langchain.output_parsers import CommaSeparatedListOutputParser
from langchain.prompts import PromptTemplate
from langchain_openai import ChatOpenAI

#CSV 파서 선언
output_parser = CommaSeparatedListOutputParser()                    ---①
#CSV 파서 작동을 위한 형식 지정 프롬프트 로드
format_instructions = output_parser.get_format_instructions()        ---②
#프롬프트 템플릿의 partial_variables에 CSV 형식 지정 프롬프트 주입
prompt = PromptTemplate(
    template="List {number} {subject}. answer in Korean \n{format_instructions}",
    input_variables=["subject", "number"],
    partial_variables={"format_instructions": format_instructions},  ---③
)

model = ChatOpenAI(temperature=0)

#프롬프트 템플릿-모델-Output Parser를 체인으로 연결
chain = prompt | model | output_parser
chain.invoke({"subject": "공포 영화", "number": "4"})
```

실행 결과

```
['곤지암', '겟 아웃', '살인의 추억', '실미도']
```

예시 코드에서는 사용자가 지정한 숫자만큼의 대상을 CSV 형태로 출력하도록 프롬프트 템플릿을 구성했습니다. 이를 위해 랭체인이 사전에 정의해둔 ①`CommaSeparatedListOutputParser`의 ②`format_instructions`를 프롬프트 템플릿의 ③`partial_variables`로 지정해야 합니다. 이렇게 하면 프롬프트 템플릿 안에 쉼표로 구분된 텍스트 형식의 답변을 하도록 프롬프트가 추가됩니다. 마지막으로 `chain`을 구성할 때, 앞서 지정한 `CommaSeparatedListOutputParser`를 `output_parser`로 연결하면, 리스트 형식의 답변을 할 수 있습니다. 그 결과 출력할 대상으로 '공포 영화, 4개'로 지정했을 때 CSV 형식을 지켜 답변이 출력됩니다. 여기서 `format_instructions`[3]는 다음과 같은 프롬프트입니다.

3장/Output Parser.ipynb

format_instructions

실행 결과

```
'Your response should be a list of comma separated values, eg: `foo, bar, baz`'
```

날짜 형식만 출력하는 Datetime 파서

LLM은 사용자 질문의 의도를 잘 파악한다는 특징이 있습니다. 따라서 다양한 방식으로 특정 사건의 발생 일자와 관련한 질문을 했을 때, 정확한 날짜를 출력하는 AI 챗봇으로 활용할 수 있습니다. 이런 상황에서 고려해볼 만한 **Datetime 파서**는 LLM의 답변을 파이썬의 Datetime 객체 형식으로 출력하도록 만들어줍니다. 개발자는 이를 활용하여 사용자 요청에 알맞은 날짜 정보를 데이터베이스에 저장하거나, 캘린더 앱에 이벤트를 추가하거나, 또는 날짜 기반 알림을 설정하는 등의 기능을 더욱 손쉽게 구현할 수 있습니다.

---

[3] format_instruction은 AI 모델(LLM)에게 '이런 형식으로 대답해줘'라고 안내하는 역할을 합니다. 즉, AI에게 답변 형식에 대한 가이드라인을 제공하는 것입니다.

Datetime 파서는 CSV 파서와 마찬가지로 랭체인에서 사전에 정의한 `format_instructions`를 기반으로 LLM의 답변을 재가공합니다.

3장/Output Parser.ipynb
```
from langchain.output_parsers import DatetimeOutputParser
from langchain.prompts import PromptTemplate
from langchain_openai import OpenAI

output_parser = DatetimeOutputParser()

template = """
    Answer the users question:
    {question}

    {format_instructions}
"""
prompt = PromptTemplate.from_template(
    template,
    partial_variables={"format_instructions": output_parser.get_format_instructions()},
)

model = ChatOpenAI(temperature=0)

chain = prompt | model | output_parser
output = chain.invoke({"question": "비트코인은 언제 개발됐어?"})
print(output)
```

실행 결과
```
2009-01-03 18:15:05
```

예시 코드에서는 비트코인의 개발 시점에 대한 질문을 던졌는데 일반적인 ChatGPT의 답변과 달리, 날짜 형식의 텍스트만 출력합니다. Output Parser가 없이 같은 작업을 했다면, 날짜와 함께 다소 불필요한 설명 글도 포함되겠지만, Datetime 파서를 통해 날짜 값만 정확히 추출합니다. Datetime 파서의 `format_instruction`은 다음과 같습니다.

```
output_parser.get_format_instructions()
```

3장/Output Parser.ipynb

실행 결과

```
"Write a datetime string that matches the following pattern: '%Y-%m-
%dT%H:%M:%S.%fZ'.\n\nExamples: 1780-10-03T20:19:30.345871Z,
0806-01-03T07:05:18.675503Z, 1160-03-03T09:49:24.529900Z\n\nReturn ONLY this
string, no other words!"
```

시스템 통신의 기본 형식을 위한 JSON 파서

JSON은 자바스크립트 클라이언트와 백엔드 서버 간의 통신을 위한 형식으로 개발되었는데, 기계와 사람이 모두 이해하기 쉬워 대중적으로 활용되는 데이터 형식입니다. 대부분의 웹 사이트가 자바스크립트에 기반하여 사용자와 서버 간의 정보를 통신한다는 점을 생각하면, 개발자 친화적인 형식이라고 할 수 있습니다. 따라서 LLM의 답변을 JSON 형태로 가공하면 웹이나 앱을 개발할 때 곧바로 활용할 수 있다는 점에서 큰 장점을 지닙니다. 랭체인에서는 JSON 형식의 답변으로 가공하기 위한 모듈로 **JsonOutputParser**를 제공합니다.

3장/Output Parser.ipynb

```
from typing import List
from langchain.prompts import PromptTemplate
from langchain_core.output_parsers import JsonOutputParser
from pydantic import BaseModel, Field
from langchain_openai import ChatOpenAI

#Define your desired data structure.
class Country(BaseModel):
    continent: str = Field(description="사용자가 물어본 나라가 속한 대륙")
    population: str = Field(description="사용자가 물어본 나라의 인구(int 형식)")
#And a query intented to prompt a language model to populate the data structure.
country_query = "아르헨티나는 어떤 나라야?"

#Set up a parser + inject instructions into the prompt template.
parser = JsonOutputParser(pydantic_object=Country)   ---①
```

```
prompt = PromptTemplate(
    template="Answer the user query.\n{format_instructions}\n{query}\n",
    input_variables=["query"],
    partial_variables={"format_instructions": parser.get_format_instructions()},   ---②
)

chain = prompt | model | parser

chain.invoke({"query": country_query})
```

실행 결과

```
{'continent': '남아메리카', 'population': '45000000'}
```

JSON 파서는 앞서 살펴본 CSV, Datetime 파서와 마찬가지로 ①`parser`를 선언하고, ② `format_instruction`을 통해 랭체인에서 사전에 정의한 JSON 형태를 출력하기 위한 프롬프트를 지정하여 파싱을 합니다. 이전 예제들과 한 가지 다른 점이 있다면, Pydantic을 통해서 JSON의 각 필드가 갖춰야 하는 형식과 내용을 지정할 수 있다는 점입니다. 예시 코드에서는 사용자가 질문한 나라가 속하는 대륙과 인구에 대한 정보를 JSON 객체에 담아야 하는데 이를 위해 Pydantic 클래스를 선언합니다. 여기서 Pydantic은 `BaseModel`을 상속하여 형식과 내용을 지정할 수 있으며 다음과 같은 방식으로 작성합니다.

```
(JSON Key 이름): (형식 이름) = Field(description=필드에 대한 설명)
```

이렇게 선언한 Pydantic 클래스를 `JsonOutputParser`의 `pydantic_object` 값에 지정해주면 LLM의 답변을 내가 원하는 형태의 JSON 객체로 출력하도록 만들 수 있습니다.

CHAPTER

04

RAG으로 다양한 문서 다루기

4.1 _ Document Loaders 알아보기

4.2 _ PDF 파일을 Document로 불러오기

4.3 _ 여러 파일을 Document로 불러오기

4.4 _ 문서를 다양하게 자르는 Text Splitters

4.1 Document Loaders 알아보기

RAG를 위한 Document 객체의 이해

RAG의 가장 큰 장점은 다양한 문서를 기반으로 LLM을 활용할 수 있다는 것입니다. RAG에서는 문서를 불러오기 위해 하나의 객체를 새로 정의합니다. 이를 랭체인에서는 **Document 객체**라고 합니다. Document 객체는 어떠한 형식의 문서를 불러오더라도 하나의 통일된 양식으로 통합하여 RAG에 활용할 수 있도록 만들어줍니다.

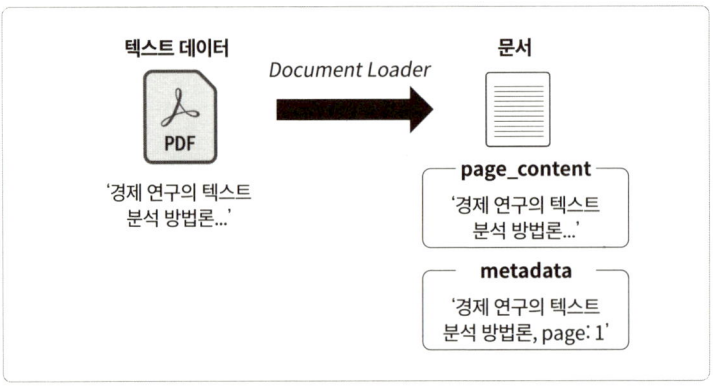

그림 4-1 Document 객체의 구조

Document 객체는 page_content와 metadata라는 두 개의 키-값(Key-Value)의 딕셔너리 형태를 갖습니다. 여기서 page_content는 문서가 가진 텍스트 자체를 의미하고, metadata는 문서의 특성을 가지고 있습니다. 그렇다면 왜 Document 객체는 텍스트 정보(page_content)외에 메타데이터(metadata)라는 정보를 담고 있을까요? 메타데이터가 있는 이유는 크게 2가지로 살펴볼 수 있습니다.

1. RAG의 답변 근거

RAG 시스템을 구축하는 목적은 다양하지만, 핵심은 LLM이 근거가 명확한 답변을 생성한다는 점에 있습니다. 즉, LLM의 답변이 RAG 시스템에 투입된 문서에 근거한다는 점이 중요합니다. 이러한 RAG의 강점을 Document 객체의 메타데이터가 증폭시켜 줍니다. RAG를 통해 LLM의 답변을 받으면 그 답변 근거로 참고한 Document 객체의 메타데이터를 활용합니다.

따라서 일반적으로 메타데이터에는 문서의 제목이나 페이지, 경로와 같은 것들이 저장됩니다. 예를 들어, Document Loader를 통해 PDF 파일을 불러오면 `load_and_split()` 함수를 통해 페이지별로 자르고, 각 페이지를 Document 객체로 변환합니다. 여기서 Document 객체의 메타데이터는 파일의 제목과 페이지 수 등이 됩니다.

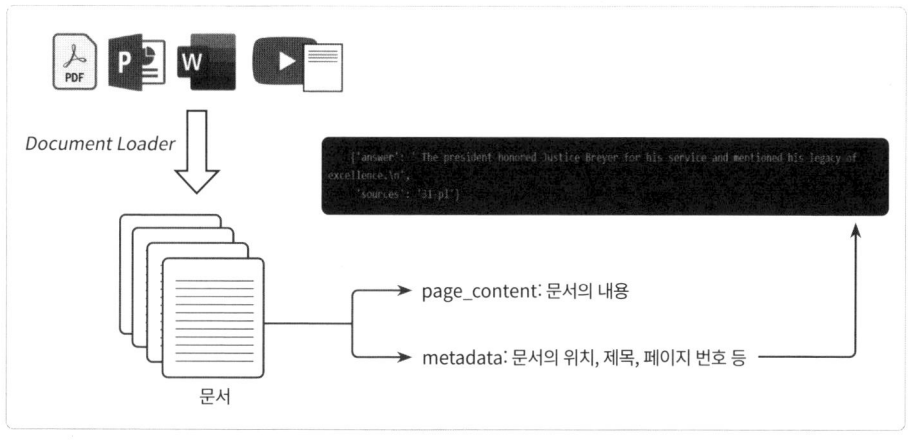

그림 4-2 RAG에서 Document 객체의 활용

2. 메타데이터 기반 필터링

메타데이터는 정보 검색의 필터링 기준이 됩니다. RAG를 사용하다 보면, 생각보다 낮은 자유도로 인해 불편함을 겪는 경우가 있습니다. 때로 사용자는 특정한 문서에서만 질문하거나 답변을 받아보고 싶을 수 있습니다. 예를 들어 조직 규정, 업무 분장 규정, 업무 규정 등을 포함한 사내 규정집 전부를 벡터 DB에 저장했다고 합시다. 이 경우 사용자가 당직 규정과 관련한 질문을 한다면, 여러 규정집을 참고하여 답변을 생성합니다. 그런데 만약 사용자가 업무 규정 중 정의된 당직 규정에 대해 물어보면 LLM은 어떻게 대응할까요? RAG는 기본적으로 벡터 DB에서 유사한 문장을 찾으므로, 업무 규정이라는 PDF 파일에서만 근거를 찾아 답변을 생성할 수 없습니다. 모든 PDF 문서가 벡터 DB에 저장되어 있으므로, 다른 파일의 업무 규정 관련 내용도 가져오는거죠.

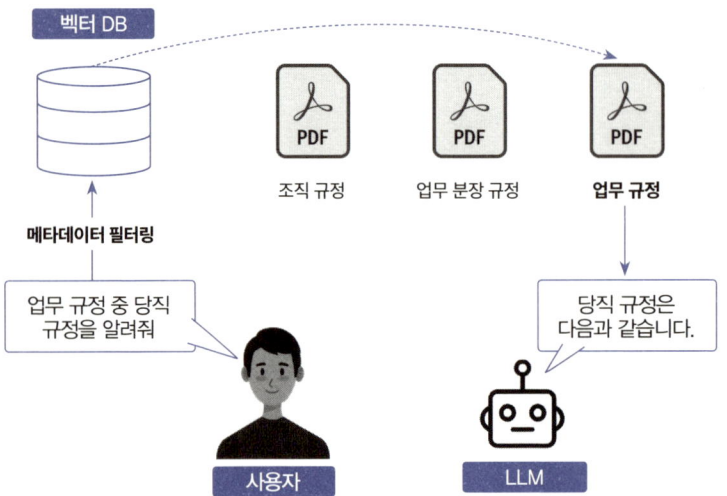

그림 4-3 Document 객체의 메타데이터 필터링

해결 방법으로 메타데이터 필터링이 필요합니다. 이전 예시와 마찬가지로 사용자가 업무 규정 중 당직 규정을 알려달라는 식의 '특정 문서 기반' 검색을 명령한 경우, 벡터 DB에 저장된 문서들 중에서 업무 규정이라는 이름을 메타데이터로 갖고 있는 문서만 LLM에게 전달하면 됩니다.

4.2 PDF 파일을 Document로 불러오기

PDF(Portable Document Format)파일은 공유가 편리하고 어떤 환경에서도 글자나 이미지가 깨지지 않기 때문에 대중적으로 활용되는 파일 형식입니다. 2021년, 한 연구 결과에 따르면 따르면 전세계적으로 2.5조 개의 PDF 파일이 존재한다고 하니, 얼마나 많은 문서가 PDF 형식으로 사용되는지 알 수 있습니다.

그러나 PDF를 RAG에 활용하는 것은 생각보다 어려운 작업입니다. PDF는 일반 워드 파일이나 *.txt 형식의 파일처럼 정제된 형태의 텍스트뿐만 아니라 이미지나 테이블 형태의 텍스트도 포함하고 있기 때문입니다. 따라서 이미지에서 텍스트를 추출하는 OCR 기능이나 테이블을 구조화된 형태의 텍스트로 불러오는 기능을 써야 온전한 텍스트 데이터 활용이 가능합니다. 지금부터는 랭체인에서 제공하는 대표 PDF 라이브러리인 PyPDF, PyPDFium2로 다양한 형태의 텍스트 데이터를 불러오는 연습을 해보고, 어떤 라이브러리가 RAG에 적절한지 확인해 보겠습니다.

> 이번 실습에서 활용하는 PDF 파일은 한국신용정보원(www.kcredit.or.kr)의 CIS 보고서 '혁신성장 정책금융 동향: ICT 산업을 중심으로'입니다. 파일은 저자의 깃허브(github.com/Kane0002/Langchain-RAG)에서 예제 소스와 함께 제공합니다.

PyPDFLoader

한국신용정보원에서 발행한 보고서인 '혁신성장 정책금융 동향: ICT 산업을 중심으로' PDF 파일을 살펴보면, 이미지와 테이블 형태의 복잡한 텍스트 데이터가 포함되어 있습니다. 특히 다음은 보고서의 6쪽 내용으로 차트+이미지+텍스트가 적절하게 혼합되어 있습니다. 먼저 PyPDFLoader를 통해 해당 페이지의 텍스트들을 얼마나 잘 불러오는지 확인해보겠습니다.

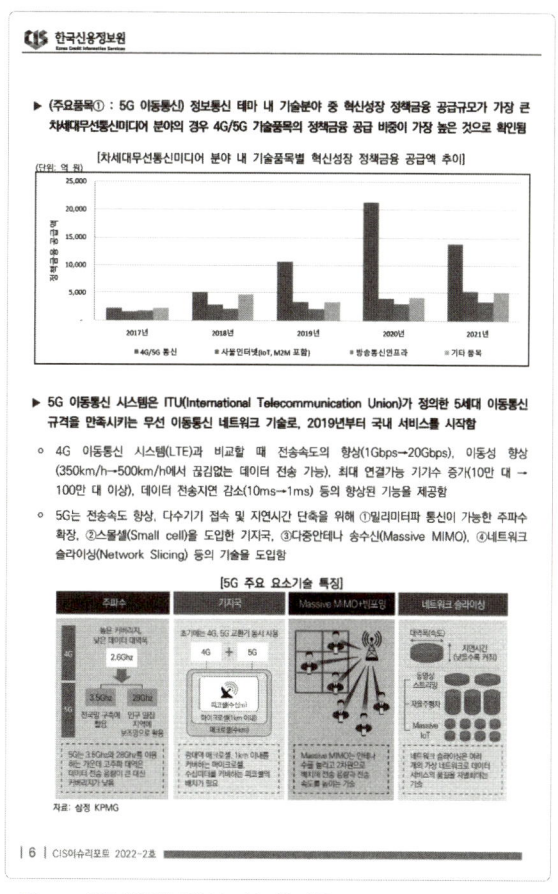

그림 4-4 한국신용정보원 보고서 6쪽 내용

01. 텍스트와 이미지 혼합 추출

4장/PDF Document Loaders.ipynb

```
#필수 라이브러리 설치
#!pip install langchain langchain-community pypdf

#PyPDFLoader 불러오기
from langchain.document_loaders import PyPDFLoader
filename = "../data/[이슈리포트 2022-2호] 혁신성장 정책금융 동향.pdf"

#PDF 파일 불러올 객체 PyPDFLoader 선언
loader = PyPDFLoader(filename)

#PDF 파일 로드 및 페이지별로 자르기
pages = loader.load_and_split()
print(pages[5].page_content)
```

실행 결과

```
Document(page_content='¦ 6 ¦ CIS이슈리포트 2022-2호 \r\n▶ (주요품목① : 5G 
이동통신) 정보통신 테마 내 기술분야 중 혁신성장 정책금융 공급규모가 가장 큰\r\
n차세대무선통신미디어 분야의 경우 4G/5G 기술품목의 정책금융 공급 비중이 가장 
높은 것으로 확인됨\r\n[차세대무선통신미디어 분야 내 기술품목별 혁신성장 정책금융 
공급액 추이]\r\n(단위: 억 원)\r\n▶ 5G 이동통신 시스템은 ITU(International 
Telecommunication Union)가 정의한 5세대 이동통신\r\n규격을 만족시키는 무선 이동통신 
네트워크 기술로, 2019년부터 국내 서비스를 시작함\r\no 4G 이동통신 시스템(LTE)과 
비교할 때 전송속도의 향상(1Gbps→20Gbps), 이동성 향상\r\n(350km/h→500km/h에서 
끊김없는 데이터 전송 가능), 최대 연결가능 기기수 증가(10만 대 →\r\n100만 대 이상), 
데이터 전송지연 감소(10ms→1ms) 등의 향상된 기능을 제공함\r\no 5G는 전송속도 향상, 
다수기기 접속 및 지연시간 단축을 위해 ①밀리미터파 통신이 가능한 주파수 \r\n확장, 
②스몰셀(Small cell)을 도입한 기지국, ③다중안테나 송수신(Massive MIMO), ④네트워크 
\r\n슬라이싱(Network Slicing) 등의 기술을 도입함\r\n[5G 주요 요소기술 특징]\r\
n자료: 삼정 KPMG\n', metadata={'source': ..///data//[이슈리포트 2022-2호] 혁신성장 
정책금융 동향.pdf', 'page': 5})
```

실행 결과를 보면, PDF 파일의 6쪽 내용을 Document 객체로 잘 가져왔습니다. 페이지의 내용은 `page_content`, 파일 정보는 `metadata`의 source, 페이지 번호는 page로 저장되었습니다.

그런데 해당 페이지의 텍스트는 훌륭히 추출하였으나, 차트+텍스트, 이미지+텍스트로 구성된 혼합 데이터는 추출하지 못한 것을 볼 수 있습니다. 이는 PDF에서 드래그가 가능한 텍스트만 추출한 것으로 보입니다. 실제로 RAG에 활용하기 위해서는 이미지 형태의 텍스트나 차트도 적절히 추출해야 하므로 OCR 기능이 필요합니다. PyPDF에서는 rapidocr-onnxruntime 라이브러리를 추가로 다운로드하고, extract_images 매개변수를 True로 설정함으로써 이 기능을 활용할 수 있습니다. 이 매개변수를 활용하여 다시 한번 텍스트를 추출해보겠습니다.

02. 텍스트와 이미지 혼합 재추출(OCR 추가)

4장/PDF Document Loaders.ipynb

```
#OCR 기능을 위해 설치
#!pip install rapidocr-onnxruntime

#PyPDFLoader 불러오기
from langchain_community.document_loaders import PyPDFLoader

#PDF 파일 불러올 객체 PyPDFLoader 선언(extract_images 매개변수로 OCR 수행)
loader = PyPDFLoader("filename", extract_images=True)

#PDF 파일 로드 및 페이지별로 자르기
pages = loader.load_and_split()
print(pages[5].page_content)
```

실행 결과

| 6 | CIS이슈리포트 2022-2 호 ▶(주요품목 ① : 5G 이동통신) 정보통신 테마 내 기술분야 중 혁신성장 정책금융 공급규모가 가장 큰
차세대무선통신미디어 분야의 경우 4G/5G 기술품목의 정책금융 공급 비중이 가장 높은 것으로 확인됨
[차세대무선통신미디어 분야 내 기술품목별 혁신성장 정책금융 공급액 추이]
(단위: 억 원)
▶5G 이동통신 시스템은 ITU(International Telecommunication Union)가 정의한 5세대 이동통신 규격을 만족시키는 무선 이동통신 네트워크 기술로, 2019 년부터 국내 서비스를 시작함
○4G 이동통신 시스템(LTE)과 비교할 때 전송속도의 향상(1Gbps →20Gbps), 이동성 향상
(350km/h →500km/h에서 끊김없는 데이터 전송 가능), 최대 연결가능 기기수 증가(10만 대 →
100만 대 이상), 데이터 전송지연 감소(10ms →1ms) 등의 향상된 기능을 제공함
○5G는 전송속도 향상, 다수기기 접속 및 지연시간 단축을 위해 ①밀리미터파 통신이 가능한 주파수 확장, ②스몰셀(Small cell)을 도입한 기지국, ③다중안테나 송수신(Massive MIMO), ④네트워크

슬라이싱 (Network Slicing) 등의 기술을 도입함

[5G 주요 요소기술 특징]

자료: 삼정 KPMG25,000
20,000
15,000
10,000
5,000
2017
2018
2019
2020
2021
4G/5G
(IoT,M2M)MassiveMIMO+
4G5G
4G
4G
5G
2.6Ghz
3.5Ghz
28Ghz
5G
¦ (1k0¦H)
Massive
 (km)
IoT
5G3.5Ghz28Ghz0
MassiveMIMOELKorea
Credit
Information
Services

다시 실행 결과를 보면, OCR을 기반으로 차트+이미지+텍스트 혼합 데이터의 정보를 추출한 것을 확인할 수 있습니다. 그러나 PDF상에서 확인할 수 있는 정보의 의미를 전혀 활용할 수 없을 정도로 수치와 단위 같은 소량의 정보만 추출합니다. 따라서 PDF 파일 내 이미지에 있는 텍스트를 추출하는 것은 아직 부족한 수준이라고 볼 수 있습니다.

03. 테이블 추출

그렇다면 이번에는 PDF 파일 4쪽에 있는 테이블 정보를 PyPDFLoader가 얼마나 잘 추출해 내는지 확인해보겠습니다.

한국신용정보원
Korea Credit Information Services

[혁신성장 ICT 산업 정책금융 공급 현황]

(단위: 억 원, 괄호는 점유율 %)

구분		2017년 말	2018년 말	2019년 말	2020년 말	2021년 말
혁신성장 ICT 산업		45,075 (18.7)	72,799 (20.7)	81,805 (18.5)	139,687 (20.3)	169,089 (19.8)
	정보통신	15,658 (6.5)	27,417 (7.8)	39,033 (8.8)	65,324 (9.5)	77,750 (9.1)
	전기전자	26,637 (11.1)	38,521 (10.9)	35,922 (8.1)	62,856 (9.1)	77,485 (9.1)
	센서측정	2,780 (1.2)	6,861 (1.9)	6,851 (1.5)	11,506 (1.7)	13,854 (1.6)
혁신성장 정책금융 총 공급액		240,787	351,987	443,180	688,409	854,338

3. 정보통신 테마 혁신성장 정책금융 현황 및 관련 산업 동향

▶ **(지원 현황) 정보통신 테마를 구성하는 기술분야별 정책금융 지원 현황 분석결과, 공급점유율 관점에서는 차세대무선통신미디어 분야에 가장 많은 정책자금이 투입 되고 있으며, 공급량 증가율 관점에서는 능동형컴퓨팅 분야로의 정책자금 지원 증가 속도가 가장 빠른 추세임**

- 차세대무선통신미디어란 전송속도 향상, 소모전력 절감, 고속이동 중 끊김없는 통신 등 새로운 무선 환경에 필요한 통신, 인프라 및 서비스 기술을 통칭하며, 4G/5G/6G, 사물인터넷, 방송통신인프라 등의 품목으로 구성됨
  - 정보통신 테마 내 혁신성장 정책금융 공급 규모의 약 50%를 점유하고 있으며, 이는 초연결 미래 사회를 구축하기 위해 네트워크 기반 기술 사업화에 대한 정책자금 공급이 꾸준함에 따른 것으로 분석됨
- 능동형컴퓨팅이란 거대하고 복잡해지는 데이터의 효율적 가공과 관리를 위한 인간두뇌와 유사한 형태의 정보처리기술을 말하며, 인공지능, 상황인지컴퓨팅 등의 품목으로 구성됨
  - 컴퓨팅 기술을 활용한 다양한 사업화가 활발히 진행되고 있어 혁신성장 정책금융 공급 규모가 매년 약 100% 수준으로 증가하고 있으며, 새정부의 '미래 먹거리산업 신성장 전략추진*'에 따라 인공지능 관련 기술로의 금융지원이 늘어날 것으로 전망됨

  * 에너지, 방산, 우주항공, 인공지능(AI), 바이오, 탄소중립 대응, 스마트농업을 차세대 6대 먹거리 산업으로 선정

| 4 | CIS이슈리포트 2022-2호

그림 4-5 한국신용정보원 보고서 4쪽 내용

4장/PDF Document Loaders.ipynb

```
#PyPDFLoader 불러오기
from langchain_community.document_loaders import PyPDFLoader
```

```
#PDF 파일 불러올 객체 PyPDFLoader 선언
loader = PyPDFLoader("filename")

#PDF 파일 로드 및 페이지별로 자르기
pages = loader.load_and_split()
print(pages[3])
```

실행 결과

┆ 4 ┆ CIS이슈리포트 2022-2 호 [혁신성장 ICT 산업 정책금융 공급 현황]

(단위: 억 원, 괄호는 점유율 %)

구분 2017 년 말 2018 년 말 2019 년 말 2020 년 말 2021 년 말
혁신성장 ICT 산업45,075 72,799 81,805 139,687 169,089
(18.7) (20.7) (18.5) (20.3) (19.8)
정보통신15,658 27,417 39,033 65,324 77,750
(6.5) (7.8) (8.8) (9.5) (9.1)
전기전자26,637 38,521 35,922 62,856 77,485
(11.1) (10.9) (8.1) (9.1) (9.1)
센서측정2,780 6,861 6,851 11,506 13,854
(1.2) (1.9) (1.5) (1.7) (1.6)
혁신성장 정책금융
총 공급액240,787 351,987 443,180 688,409 854,338
3. 정보통신 테마 혁신성장 정책금융 현황 및 관련 산업 동향
▶(지원 현황) 정보통신 테마를 구성하는 기술분야별 정책금융 지원 현황 분석결과, 공급점유율 관점에서는 차세대무선통신미디어 분야에 가장 많은 정책자금이 투입 되고 있으며, 공급량 증가율 관점에서는 능동형컴퓨팅 분야로의 정책자금 지원 증가 속도가 가장 빠른 추세임
◦차세대무선통신미디어란 전송속도 향상, 소모전력 절감, 고속이동 중 끊김없는 통신 등 새로운 무선환경에 필요한 통신, 인프라 및 서비스 기술을 통칭하며, 4G/5G/6G, 사물인터넷, 방송통신인프라 등의 품목으로 구성됨
-정보통신 테마 내 혁신성장 정책금융 공급 규모의 약 50%를 점유하고 있으며, 이는 초연결 미래사회를 구축하기 위해 네트워크 기반 기술 사업화에 대한 정책자금 공급이 꾸준함에 따른 것으로 분석됨
◦능동형컴퓨팅이란 거대하고 복잡해지는 데이터의 효율적 가공과 관리를 위한 인간두뇌와 유사한 형태의 정보처리기술을 말하며, 인공지능, 상황인지컴퓨팅 등의 품목으로 구성됨
-컴퓨팅 기술을 활용한 다양한 사업화가 활발히 진행되고 있어 혁신성장 정책금융 공급 규모가 매년 약 100% 수준으로 증가하고 있으며, 새정부의 '미래 먹거리산업 신성장 전략추진*'에 따라 인공지능 관련 기술로의 금융지원이 늘어날 것으로 전망됨
　　* 에너지, 방산, 우주항공, 인공지능(AI), 바이오, 탄소중립 대응, 스마트농업을 차세대 6대 먹거리 산업으로 선정

실행 결과를 보면 PDF 파일 4쪽에 있는 테이블의 정보를 행별로 읽어들인 것을 알 수 있습니다. 이미지 안에 있는 텍스트를 추출하는 것에 비해 성능이 좋아진 것으로 평가됩니다. 그렇다면 이렇게 추출되어 나온 결과를 LLM은 어떻게 이해할까요? 언뜻 봐서는 테이블 형태가 아니라서 이해하기 어려울 듯한데요. 이번에는 ChatGPT(GPT3.5)에 요청하여 실행 결과로 나온 텍스트를 테이블 형태로 재구성하고, 이를 PDF 파일(4쪽)에 있었던 원래 테이블과 비교해보겠습니다.

[혁신성장 ICT 산업 정책금융 공급 현황]

(단위: 억 원, 괄호는 점유율 %)

구분		2017년 말	2018년 말	2019년 말	2020년 말	2021년 말
혁신성장 ICT 산업		45,075	72,799	81,805	139,687	169,089
		(18.7)	(20.7)	(18.5)	(20.3)	(19.8)
	정보통신	15,658	27,417	39,033	65,324	77,750
		(6.5)	(7.8)	(8.8)	(9.5)	(9.1)
	전기전자	26,637	38,521	35,922	62,856	77,485
		(11.1)	(10.9)	(8.1)	(9.1)	(9.1)
	센서측정	2,780	6,861	6,851	11,506	13,854
		(1.2)	(1.9)	(1.5)	(1.7)	(1.6)
혁신성장 정책금융 총 공급액		240,787	351,987	443,180	688,409	854,338

그림 4-6 PDF 파일 4쪽의 원래 테이블

ChatGPT

구분	2017년 말	2018년 말	2019년 말	2020년 말	2021년 말
혁신성장 ICT 산업	45,075	72,799	81,805	139,687	169,089
	(18.7)	(20.7)	(18.5)	(20.3)	(19.8)
정보통신	15,658	27,417	39,033	65,324	77,750
	(6.5)	(7.8)	(8.8)	(9.5)	(9.1)
전기전자	26,637	38,521	35,922	62,856	77,485
	(11.1)	(10.9)	(8.1)	(9.1)	(9.1)
센서측정	2,780	6,861	6,851	11,506	13,854
	(1.2)	(1.9)	(1.5)	(1.7)	(1.6)
혁신성장 정책금융 총 공급액	240,787	351,987	443,180	688,409	854,338

그림 4-7 GPT 3.5가 결과 텍스트를 테이블로 재구성한 결과

GPT 3.5는 실제 보고서에 포함된 테이블과 비슷한 형태로 잘 해석합니다. 물론 혁신성장 ICT 산업이 정보통신, 전기전자, 센서측정의 상위 항목이라는 것은 이해하지 못했지만, 테이블 정보의 90%는 읽어들인 것으로 평가할 수 있습니다.

PyPDFium2

PyPDFium2는 PyPDF와 마찬가지로 PDF 파일을 파이썬 언어로 다룰 수 있도록 다양한 기능을 제공하는 패키지입니다. PyPDFium2도 텍스트+이미지, 테이블 추출 성능에 대해 테스트해보겠습니다. 먼저 두 경우의 코드를 살펴보세요.

01. 텍스트와 이미지 혼합 추출

4장/PDF Document Loaders.ipynb

```
#PyPDFium2 설치
#!pip install pypdfium2

#PyPDFium2 불러오기
from langchain_community.document_loaders import PyPDFium2Loader

#PDF 파일 불러올 객체 PyPDFium2Loader 선언
loader = PyPDFium2Loader("filename")

#PDF 파일 로드 및 페이지별로 자르기(PyPDFium2는 load_and_split 함수 없이도 페이지별로 자름)
data = loader.load()
print(data[5].page_content)
```

실행 결과

| 6 | CIS이슈리포트 2022-2호
▶ (주요품목①: 5G 이동통신) 정보통신 테마 내 기술분야 중 혁신성장 정책금융 공급규모가 가장 큰 차세대무선통신미디어 분야의 경우 4G/5G 기술품목의 정책금융 공급 비중이 가장 높은 것으로 확인됨
[차세대무선통신미디어 분야 내 기술품목별 혁신성장 정책금융 공급액 추이]
(단위: 억 원)
▶ 5G 이동통신 시스템은 ITU(International Telecommunication Union)가 정의한 5세대 이동통신 규격을 만족시키는 무선 이동통신 네트워크 기술로, 2019년부터 국내 서비스를 시작함
ㅇ 4G 이동통신 시스템(LTE)과 비교할 때 전송속도의 향상(1Gbps→20Gbps), 이동성 향상

(350km/h→500km/h에서 끊김없는 데이터 전송 가능), 최대 연결가능 기기수 증가(10만 대 → 100만 대 이상), 데이터 전송지연 감소(10ms→1ms) 등의 향상된 기능을 제공함
○ 5G는 전송속도 향상, 다수기기 접속 및 지연시간 단축을 위해 ①밀리미터파 통신이 가능한 주파수 확장, ②스몰셀(Small cell)을 도입한 기지국, ③다중안테나 송수신(Massive MIMO), ④네트워크 슬라이싱(Network Slicing) 등의 기술을 도입함
[5G 주요 요소기술 특징]
자료: 삼정 KPMG

02. 테이블 추출

4장/PDF Document Loaders.ipynb

```
#PyPDFium2 불러오기
from langchain_community.document_loaders import PyPDFium2Loader

#PDF 파일 불러올 객체 PyPDFium2Loader 선언
loader = PyPDFium2Loader("filename")

#PDF 파일 로드 및 페이지별로 자르기(PyPDFium2는 load_and_split 함수 없이도 페이지별로 자름)
data = loader.load()
print(data[5].page_content)
```

실행 결과

¦ 4 ¦ CIS이슈리포트 2022-2호
[혁신성장 ICT 산업 정책금융 공급 현황]
 (단위: 억 원, 괄호는 점유율 %)
구분 2017년 말 2018년 말 2019년 말 2020년 말 2021년 말
혁신성장 ICT 산업
45,075 72,799 81,805 139,687 169,089
(18.7) (20.7) (18.5) (20.3) (19.8)
정보통신
15,658 27,417 39,033 65,324 77,750
(6.5) (7.8) (8.8) (9.5) (9.1)
전기전자
26,637 38,521 35,922 62,856 77,485
(11.1) (10.9) (8.1) (9.1) (9.1)
센서측정

```
2,780  6,861  6,851  11,506  13,854
(1.2)  (1.9)  (1.5)  (1.7)   (1.6)
혁신성장 정책금융
총 공급액 240,787  351,987  443,180  688,409  854,338
3. 정보통신 테마 혁신성장 정책금융 현황 및 관련 산업 동향
▶ (지원 현황) 정보통신 테마를 구성하는 기술분야별 정책금융 지원 현황 분석결과, 공급점유율 관점
에서는 차세대무선통신미디어 분야에 가장 많은 정책자금이 투입 되고 있으며, 공급량 증가율 관점
에서는 능동형컴퓨팅 분야로의 정책자금 지원 증가 속도가 가장 빠른 추세임
○ 차세대무선통신미디어란 전송속도 향상, 소모전력 절감, 고속이동 중 끊김없는 통신 등 새로운 무선
환경에 필요한 통신, 인프라 및 서비스 기술을 통칭하며, 4G/5G/6G, 사물인터넷, 방송통신인프라
등의 품목으로 구성됨
- 정보통신 테마 내 혁신성장 정책금융 공급 규모의 약 50%를 점유하고 있으며, 이는 초연결 미래
사회를 구축하기 위해 네트워크 기반 기술 사업화에 대한 정책자금 공급이 꾸준함에 따른 것으로
분석됨
○ 능동형컴퓨팅이란 거대하고 복잡해지는 데이터의 효율적 가공과 관리를 위한 인간두뇌와 유사한
형태의 정보처리기술을 말하며, 인공지능, 상황인지컴퓨팅 등의 품목으로 구성됨
- 컴퓨팅 기술을 활용한 다양한 사업화가 활발히 진행되고 있어 혁신성장 정책금융 공급 규모가 매년
약 100% 수준으로 증가하고 있으며, 새정부의 '미래 먹거리산업 신성장 전략추진*'에 따라 인공
지능 관련 기술로의 금융지원이 늘어날 것으로 전망됨
 * 에너지, 방산, 우주항공, 인공지능(AI), 바이오, 탄소중립 대응, 스마트농업을 차세대 6대
먹거리 산업으로 선정
```

실행 결과는 PyPDFLoader와 유사합니다. 이미지 형식으로 기록된 텍스트는 추출하지 못했고, 테이블은 텍스트의 연속 형태로 추출됩니다. 다른 점이 있다면 OCR 기능이 포함되지 않았다는 것입니다. 따라서 PyPDFLoader는 성능이 저조하더라도 이미지 형태로 포함된 텍스트를 추출할 수 있으나, PyPDFium2는 다른 OCR 모듈과 결합해야 이미지 형태의 텍스트를 추출할 수 있다는 점이 다릅니다.

PyPDFLoader와 PyPDFium2 처리 시간 비교

PyPDFium2에 OCR 기능은 없지만 속도가 빠르다는 장점이 있습니다. 같은 보고서를 불러오고, 페이지별로 자르는 데 소요되는 시간을 PyPDFLoader와 비교해보겠습니다.

01. **PyPDFLoader의 처리 시간**

4장/PDF Document Loaders.ipynb

```
%%time
from langchain_community.document_loaders import PyPDFLoader

loader = PyPDFLoader("filename")

pages = loader.load_and_split()
```

실행 결과

```
CPU times: total: 1.05 s
Wall time: 3.39 s
```

02. **PyPDFium2Loader의 처리 시간**

4장/PDF Document Loaders.ipynb

```
%%time
from langchain_community.document_loaders import PyPDFium2Loader

loader = PyPDFium2Loader("filename")

pages = loader.load()
```

실행 결과

```
CPU times: total: 46.9 ms
Wall time: 179 ms
```

이처럼 보고서 18쪽의 텍스트를 추출하는 데 PyPDFLoader는 3.39초, PyPDFium2Loader는 0.179초가 소요됩니다. 이는 약 약 19배가량 차이가 나는 것으로, 만약 10,000쪽의 텍스트를 추출할 경우 PyPDFLoader는 31.39분, PyPDFium2는 1.65분이 걸리는 큰 차이를 만들어냅니다. PDF를 불러들이는 시간이 짧다는 것은 그만큼 새로운 데이터를 RAG 시스템에 결합하는 시간이 단축된다는 뜻이므로, 유지보수 측면에서 큰 강점을 갖게 됩니다.

PDF Loader 비교

지금까지 PDF에서 텍스트를 추출하기 위한 기본적인 PDF Loader를 활용해보았습니다. 실습을 통해 텍스트 추출에 능하고, 테이블 정보도 추출할 수 있으나 OCR 기능은 미흡한 것을 알게 되었습니다. 가장 두드러진 차이점은 메타데이터의 구성과 로딩 속도인데, 이외에도 다른 PDF Loader와 어떻게 다른지 다음의 표로 간단히 정리했습니다.

표 4-1 PDF Loader 비교

	PyPDF	Unstructured	PyPDFium2	PDFMiner	PyMuPDF
속도	4위	1위	3위	5위	2위
2단 문서 텍스트 추출	가능	가능	가능	불가능	가능
페이지 분할 성능	높음	중간	높음	낮음	높음
패키지 의존성	낮음	높음	낮음	낮음	낮음
OCR 기능	있음	없음	없음	없음	있음
메타 데이터	source(파일 경로), page(페이지 번호)	source(파일 경로), page(페이지 번호)	source(파일 경로), page(페이지 번호)	source(파일 경로)	source(파일 경로), page(페이지 번호), total_pages, format, title, author 등

PDF Loader에서 해결하지 못한 OCR 문제는, OCR 모듈을 결합하여 해결할 수 있습니다. 대표적으로 업스테이지에서 제공하는 Document AI의 OCR API(https://developers.upstage.ai/docs/apis/document-ocr)가 있습니다.

4.3 여러 파일을 Document로 불러오기

기업에서 관리하는 문서들은 PDF뿐만 아니라 워드, 엑셀, 파워포인트 같은 MS 오피스 프로그램의 파일도 사용합니다. 이번 절에서는 Word, CSV, PPT 파일을 불러오고 Document 객체로 텍스트를 추출하는 방법에 대해 알아보겠습니다.

Word 파일 불러오기, Docx2txtLoader

Word 파일을 추출하기 위해 2020년 삼성전자의 사업보고서를 활용하겠습니다. 본래 KIND(상장공시시스템)에 업로드된 사업보고서는 PDF 파일이지만, 이를 Word 파일로 변환하여 사용합니다.

랭체인에서는 Word 파일을 Document 객체로 로드하기 위해 Docx2txt라는 라이브러리를 활용합니다. PDF 파일을 로드하는 것과 마찬가지로 랭체인 라이브러리에서 document_loaders 모듈을 통해 Docx2txtLoader를 불러올 수 있습니다.

4장/Other Document Loaders.ipynb

```
#docx2txt 설치
!pip install --upgrade --quiet  docx2txt

#Docx2txtLoader 불러오기
from langchain_community.document_loaders import Docx2txtLoader

#Docx2txtLoader로 파일 불러오기
loader = Docx2txtLoader(r"../data/[삼성전자] 사업보고서(일반법인) (2021.03.09).docx")

#페이지로 분할하여 불러오기
data = loader.load_and_split()

#첫 번째 페이지 출력하기
print(data[12].page_content[:500])
```

> 이번 실습에서 활용하는 워드 파일은 '2020년 삼성전자의 사업보고서'(https://kind.krx.co.kr/common/disclsviewer.do?method=search&acptno=20210309001165)입니다. 이 파일은 저자의 깃허브 (github.com/Kane0002/Langchain-RAG)에서 예제 소스와 함께 제공합니다.

실행 결과

2011.09.01	'갤럭시 노트' 공개
	2012.04.01 LCD사업부 분사(삼성디스플레이㈜ 설립)

```
2013.06.26    '갤럭시 S4 LTE-A' LTE-A 스마트폰 출시

2013.08.06    '3D V-NAND' 3차원 수직구조 낸드플래시 메모리 양산

2013.09.24    '아이소셀(ISOCELL)' 차세대 CMOS 이미지센서 개발

2017.03.05    'QLED TV' 진화된 퀀텀닷 기술 적용 TV 출시

2017.03.10    전장 기업 Harman International Industries,
Inc.사(100%) 지분 인수 2017.07.04 세계 최대 규모 평택 반도체 라인 가동

2017.11.01    프린팅솔루션 사업 매각

2018.08.30    'QLED 8K TV' 퀀텀닷 기술과 8K 해상도 적용 TV 출시

2018.11.07    '폴더블 디스플레이' 삼성 개발자 컨퍼런스에서 공개

2019.04.03    '갤럭시 S10 5G' 5G 스마트폰 출시

20
```

Docx2txtLoader로 워드 파일을 불러오고, 페이지별로 자른 뒤 12쪽의 500자까지만 출력한 결과입니다. 사업보고서의 연혁에 해당하는 부분을 출력한 것이죠. 워드 파일과 다른 건, 연혁에 해당하는 부분이 사업보고서에서는 36쪽에 기록되었다는 점입니다. 즉, `Docx2txtLoader`의 `load_and_split()` 함수로 페이지 분할을 수행할 경우, 워드 파일에 기록된 대로 페이지를 분할하지 못하는 성능 이슈가 발생합니다.

그렇다면 워드 파일을 불러왔을 때, 메타데이터는 어떤 형식일까요?

4장/Other Document Loaders.ipynb

```
#로드한 워드 파일의 메타데이터 확인
print(data[12].metadata)
```

실행 결과

```
{'source': ..//data//[삼성전자] 사업보고서(일반법인) (2021.03.09).docx'}
```

source를 key 값, 파일의 경로를 value 값으로 갖는 딕셔너리 형태의 데이터입니다. RAG에서 만약 해당 워드 파일을 참고했다면, 메타데이터의 source 값을 가져와 답변의 근거를 출력할 수 있게끔 만들 수 있습니다.

CSV 파일 불러오기, csv_loader

CSV 파일을 Document 객체로 가져오려면, csv_loader를 통해 로드해야 합니다. 다음의 코드로 간단히 살펴보겠습니다.

4장/Other Document Loaders.ipynb
```
from langchain_community.document_loaders.csv_loader import CSVLoader

loader = CSVLoader(file_path=r"../data/mlb_teams_2012.csv")

data = loader.load()

data[0]
```

> 💡 CSV 파일은 저자의 깃허브(github.com/Kane0002/Langchain-RAG)에서 예제 소스와 함께 제공합니다.

실행 결과
```
Document(page_content='Team: Nationals\n"Payroll (millions)": 81.34\n"Wins": 98', metadata={'source': '..//data//mlb_teams_2012.csv', 'row': 0})
```

csv_loader로 CSV 파일을 가져오면, 행별로 Document 객체를 구성하여 page_content와 metadata를 제공합니다. 특히 CSV 파일의 경우 행과 열로 이뤄진 여러 개의 셀 정보를 출력해야 하므로, page_content에서는 열-행(key-value)형태의 텍스트로 구성됩니다. 메타데이터의 경우 일반적인 Document Loader와 마찬가지로 source에 파일 경로를 저장하고 있는데, CSV 파일은 행별로 정보를 읽어들이는 만큼 몇 행의 정보를 표시하기 위해 row라는 key 값도 가지고 있습니다.

PPT 파일 불러오기, UnstructuredPowerPointLoader

PPT(또는 PPTX) 형태의 파워포인트 파일은 `UnstructuredPowerPointLoader`를 통해서 Document 객체로 불러올 수 있습니다. 그러나 이 작업은 꽤 까다로운 편입니다. 왜 그런지 'Copilot-scenarios-for-Marketing'라는 MS의 코파일럿 마케팅 활용 예시 PPT 파일을 활용하여 살펴보겠습니다.

그림 4-8 'Copilot-scenarios-for-Marketing' PPT 파일의 2쪽 내용

> 💡 PPT 파일은 저자의 깃허브(github.com/Kane0002/Langchain-RAG)에서 예제 소스와 함께 제공합니다.

해당 파일의 2쪽의 텍스트를 추출하여 RAG에 활용하려면 어떻게 해야 할까요? 단순히 슬라이드의 텍스트를 추출하면, 슬라이드를 구성하는 텍스트의 구조를 온전히 담아낼 수 없습니다. 그림 4-8처럼 첫 번째 박스는 'Overview and KPIs' 타이틀과 이에 해당하는 내용을 담고 있습니다. 그런데 그저 텍스트를 추출하는 것만으로는 이러한 요소 간의 관계를 담을 수 없습니다. 따라서 PPT 파일은 로드할 때 `metadata`를 적절히 활용해야 합니다.

다음 코드를 통해 `UnstructuredPowerPointLoader`가 제공하는 `metadata`를 살펴보겠습니다.

4장/Other Document Loaders.ipynb

```
#pthon-pptx 패키지 설치
!pip install python-pptx

#UnstructuredPowerPointLoader 불러오기
from langchain_community.document_loaders import UnstructuredPowerPointLoader

#mode=elements를 통해 pptx의 요소별로 Document 객체로 가져오기
loader = UnstructuredPowerPointLoader(r"../data/Copilot-scenarios-for-
Marketing.pptx", mode="elements")

#pptx 파일을 분할 로드하기
data = loader.load_and_split()

data[1]
```

실행 결과

```
Document(page_content='Copilot scenarios for\x0bMarketing', metadata={'source':
'..//data//Copilot-scenarios-for-Marketing.pptx', 'category_depth': 0,
'file_directory': '..//data//', 'filename': 'Copilot-scenarios-for-Marketing.pptx',
'last_modified': '2024-03-18T21:38:20', 'page_number': 2, 'languages': ['eng'],
'filetype': 'application/vnd.openxmlformats-officedocument.presentationml.presentat
ion', 'category': 'Title'})
```

PPT 파일을 UnstructuredPowerPointLoader로 가져올 때, mode="elements"로 설정하면 슬라이드 요소별로 Document 객체를 구성하도록 만들 수 있습니다. 실행 결과처럼 불러온 요소의 텍스트를 page_content에 담고, 요소의 종류와 슬라이드 번호를 metadata의 category와 page_number에 담았습니다. 이를 이용하여 결과를 다시 해석해보면, PPT 파일 2쪽의 슬라이드 제목으로 'Copilot scenarios for Marketing'이라는 텍스트가 있다는 뜻입니다.

그렇다면 다음과 같은 방식으로 UnstructuredPowerPointLoader를 통해 PPT 파일을 불러올 때, 요소 정보를 추가적으로 불러와 텍스트의 종류를 명시할 수 있습니다.

```python
for i in data:
    if i.metadata['page_number'] == 2:
        print(i.metadata['category'])
        print(i.page_content)
        print("\n")
```

실행 결과

```
Title
Copilot scenarios for
Marketing

Title
Overview and KPIs

Title
Use Case by Role

Title
Day in the Life

NarrativeText
KPIs play a crucial role in organizations, providing a compass to navigate toward
success. Let's dive into KPIs for Marketing and how Copilot can assist.

NarrativeText
Copilot can simplify the tasks that execs perform every day. Look at key use cases
and how Copilot can be your AI assistant along the way.

NarrativeText
See how real-life marketers are using Copilot in their day to day.
```

이 예시는 슬라이드 2쪽에 있는 요소들의 카테고리와 텍스트를 차례로 출력하는 코드입니다. Title은 제목, NarrativeText는 설명 글을 의미합니다. 이처럼 텍스트와 요소를 함께 활용하여 벡터 DB에 저장한다면 RAG 활용 시 퀄리티 높은 답변을 만들어낼 수도 있습니다.

하지만 슬라이드 내 요소 간의 관계를 사람이 직접 보고 이해하는 것만큼 표현할 수 없기 때문에, PPT 파일에 의존한 RAG는 환각 가능성이 꽤 높은 편입니다. 앞서 출력된 Title과

NarrativeText는 슬라이드 내에서 일대일 관계를 갖는데, UnstructuredPowerPointLoader는 단순히 요소를 식별하는 데에 그치는 것을 볼 수 있습니다.

따라서 PPT 파일을 RAG에서 활용하려면 추가적인 전처리 과정이 필요합니다. 하지만 적절한 전처리 과정이 동반되더라도 이미지, 차트를 잡아내지 못하는 한계로 인하여 RAG 활용이 쉽지 않다는 사실도 알고 있어야 합니다. 물론 멀티모달 LLM을 활용하여 RAG를 구축한다면 이러한 한계도 상당 부분 보완할 수 있습니다.

인터넷 정보 로드하기, WebBaseLoader

랭체인의 WebBaseLoader를 활용하면, 주어진 문서뿐만 아니라 웹 페이지의 텍스트도 추출할 수 있습니다. 이러한 기능은 특정 웹 사이트의 내용을 기반으로 대화가 가능한 챗봇을 만드는 핵심 기능이 될 수도 있습니다. 가령 고객이 접속한 현재 웹 사이트의 주소를 가져와 Document Loader로 텍스트를 추출하고 이를 벡터 DB 삼아 RAG를 구현할 수 있습니다. 그럼 WebBaseLoader가 어떤 식으로 웹 페이지의 텍스트를 추출하는지 코드로 살펴보겠습니다.

> 💡 코드에서 사용한 예시 URL은 ESPN 웹 페이지(https://www.espn.com)입니다.

4장/Other Document Loaders.ipynb
```
from langchain_community.document_loaders import WebBaseLoader
#텍스트 추출할 URL 입력
loader = WebBaseLoader("https://www.espn.com/")
#ssl verification 에러 방지를 위한 코드
loader.requests_kwargs = {'verify':False}
data = loader.load()
data
```

실행 결과

[Document(page_content="\n\n\n\n\n\n\n\nESPN - Serving Sports Fans. Anytime. Anywhere.\n\n\n\n\n\n\n\n\n\n\n\n\n\n\n\n\n\n\n\n\n\n\n\n\n\n\n\n\n\n\n\n\n\n\n\n\n\n\n\n\n\n\n\n\n\n\n\n\n\n\n\n\n\n\n\n\n\n\n\n\n\n\n\n\n\n\n\n\n\n\n\n\n\n   Skip to main content\n   \n\n   Skip to navigation\n   \n\n\n\n\n\n\n\n\n\n\n\n<\n\n>\n\n\n\n\n\n\n\nMenuESPN\n\n\n\n\n\nscores\n\n\n\nNFLNBANCAAMNCAAWN-

```
HLSoccer…MLBNCAAFSports BettingBoxingCFLNCAACricketF1GolfHorseLLWSMMANASCARNBA
G LeagueOlympic SportsPLLProfessional WrestlingRacingRN BBRN FBRugbyTennisWNBAX
GamesUFLMore ESPNFantasyWatchESPN BETESPN+\n\n\n\n\n\n\n\n\n\n\n\n\n\n
\n\nSubscribe Now\n\n\n\n\n\n\nNHL\n\n\n\n\n\n\nNCAA Men's Basketball\n\n\n\n\n\
n\n\nNCAA Baseball\n\n\n\n\n\n\n\nNCAA Softball\n\n\n\n\n\n\nBracket Predictor:
Men's Tournament\n\n\n\n\n\n\nBracket Predictor: Women's Tournament\n\n\n\n\n\
n\nMel Kiper's New NFL Mock Draft\n\n\nQuick Links\n\n\n\n\nMen's Tournament
(… 중략 …)
ESPN\n\n\n\n\nFacebook\n\n\n\n\n\n\n\nX/Twitter\n\n\n\n\n\n\n\nInstagram\n\n\n\n\n
\n\n\nSnapchat\n\n\n\n\n\n\n\nTikTok\n\n\n\n\n\n\nYouTube\n\n\nTerms of UsePrivacy
PolicyInterest-Based Ads© ESPN Enterprises, Inc. All rights reserved.\n\n\n\n\
n\n\n\n\n\n\n\n\n\n\n\n", metadata={'source': 'https://www.espn.com/', 'title':
'ESPN - Serving Sports Fans. Anytime. Anywhere.', 'description': 'Visit ESPN for
live scores, highlights and sports news. Stream exclusive games on ESPN+ and play
fantasy sports.', 'language': 'en'})]
```

실행 결과를 보면 Document 객체로 로드되었고, 웹 페이지의 텍스트가 page_content로, URL, 제목 및 언어가 metadata로 불러들인 것을 볼 수 있습니다. 그런데 한 가지 문제점이 보입니다. WebBaseLoader는 매개변수에 아무 설정을 하지 않으면, 웹 페이지에 존재하는 모든 텍스트를 불러오므로, 불필요한 내용을 너무 많이 포함합니다. 따라서 WebBaseLoader는 bs_kwargs라는 매개변수를 통해 HTML 태그 중 텍스트를 추출할 태그를 지정할 수 있습니다. 다음의 ESPN 웹 페이지를 살펴보세요.

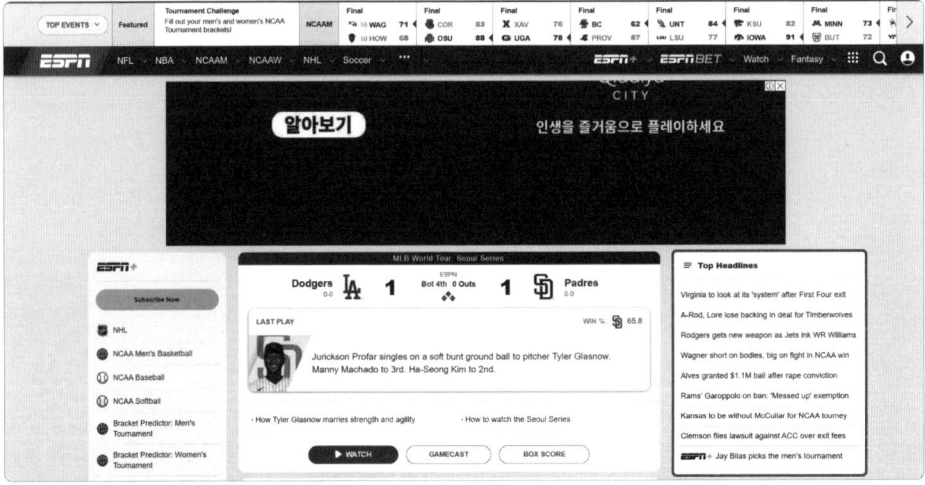

그림 4-9 ESPN 홈페이지의 Top Headlines

이처럼 ESPN 페이지에는 다양한 섹션과 텍스트가 있습니다. 만약 여기서 Top Headline의 텍스트만 추출하려면 어떻게 할까요? 우선 Top Headline이라는 섹션은 HTML에서 어떤 부분에 해당하는지 확인해야 합니다. 이를 위해서 크롬 브라우저의 '개발자 도구' 기능을 활용할 수 있습니다. 웹 페이지에서 [F12] 키를 누르거나, 탐색하려는 곳에 마우스 우클릭 후 '검사' 메뉴를 선택하면 HTML 코드를 통해 해당 섹션을 파악할 수 있습니다.

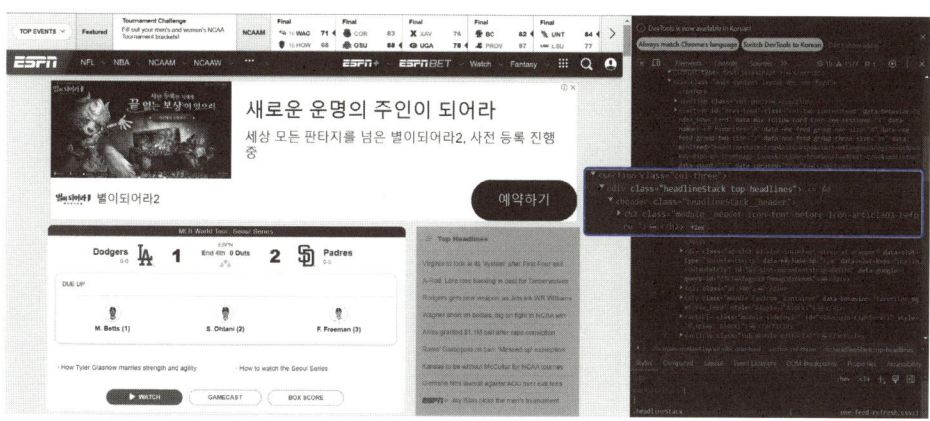

그림 4-10 크롬의 개발자 도구 화면(Top Headlines 섹션 부분)

개발자 도구를 통해 살펴보면 ESPN 페이지의 Top Headline 섹션은 HTML 코드에서 `<div class="headlineStack top-headlines">`라는 부분에 해당합니다. `WebBaseLoader`를 통해 이 부분만 추출하고자 한다면, `class=` 다음에 이어지는 텍스트를 `bs_kwargs` 매개변수에 입력해주면 됩니다. 그럼 이 섹션의 텍스트만 추출하는 코드를 작성해보겠습니다.

4장/Other Document Loaders.ipynb

```
import bs4
from langchain_community.document_loaders import WebBaseLoader
#텍스트 추출할 URL 입력
loader = WebBaseLoader("https://www.espn.com/",
                      bs_kwargs=dict(
                          parse_only=bs4.SoupStrainer(
                              class_=("headlineStack top-headlines")
                          )
                      )
)
```

```
#ssl verification 에러 방지를 위한 코드
loader.requests_kwargs = {'verify':False}
data = loader.load()
```

실행 결과

[Document(page_content="Virginia to look at its 'system' after First Four exitA-Rod, Lore lose backing in deal for TimberwolvesRodgers gets new weapon as Jets ink WR WilliamsWagner short on bodies, big on fight in NCAA winAlves granted $1.1M bail after rape convictionRams' Garoppolo on ban: 'Messed up' exemptionKansas to be without McCullar for NCAA tourneyClemson files lawsuit against ACC over exit feesJay Bilas picks the men's tournament Top HeadlinesVirginia to look at its 'system' after First Four exitA-Rod, Lore lose backing in deal for TimberwolvesRodgers gets new weapon as Jets ink WR WilliamsWagner short on bodies, big on fight in NCAA winAlves granted $1.1M bail after rape convictionRams' Garoppolo on ban: 'Messed up' exemptionKansas to be without McCullar for NCAA tourneyClemson files lawsuit against ACC over exit feesJay Bilas picks the men's tournament", metadata={'source': 'https://www.espn.com/'})]

띄어쓰기가 잘 안 된 부분이 있지만, 웹 페이지에서 Top Headline의 텍스트만 추출한 것을 확인할 수 있습니다.

또한 WebBaseLoader는 여러 개의 웹 페이지에서 텍스트를 동시에 추출할 수도 있습니다. 다음처럼 WebBaseLoader에 URL을 리스트 형태로 간단하게 입력해주면 됩니다.

4장/Other Document Loaders.ipynb

```
loader = WebBaseLoader(["https://www.espn.com/", "https://google.com"])
docs = loader.load()
docs
```

실행 결과

[Document(page_content='\n\n\n\n\n\n\n\nESPN - Serving Sports Fans. Anytime. Anywhere.\n\n\n\n\n\n\n\n\n\n\n\n\n\n\n\n\n\n\n\n\n\n\n\n\n\n\n\n\n\n\n\n\n\n\n\n\n\n\n\n\n\n\n\n\n\n\n\n\n\n\n\n\n\n\n\n\n\n\n\n\n\n\n\n\n\n\n\n\n\n\n\n\n\n\n\n\n\n\n\n\n\n   Skip to main content\n
(... 중략 ...)
\nInstagram\n\n\n\n\n\n\nSnapchat\n\n\n\n\n\nTikTok\n\n\n\n\n\n\nYouTube\

```
n\n\nTerms of UsePrivacy PolicyInterest-Based AdsÂ© ESPN Enterprises, Inc. All
rights reserved.\n\n\n\n\n\n\n\n\n\n\n\n\n\n\n', metadata={'source':
'https://www.espn.com/', 'title': 'ESPN - Serving Sports Fans. Anytime. Anywhere.',
'description': 'Visit ESPN for live scores, highlights and sports news. Stream
exclusive games on ESPN+ and play fantasy sports.', 'language': 'en'})

[Document(page_content="Virginia to look at its 'system' after First Four exitA-
Rod, Lore lose backing in deal Document(page_content='Google검색이미지지도
PlayYouTube뉴스Gmail드라이브더보기캘린더번역도서쇼핑Blogger금융사진문서모두
보기Account Options로그인검색 환경설정웹 기록\xa0고급검색Google 지원 언어:  English
광고비즈니스 솔루션Google 정보Google.co.kr© 2024 - 개인정보처리방침 - 약관   ',
metadata={'source': 'https://google.com', 'title': 'Google', 'language': 'ko'})]
```

특정 경로 내의 모든 파일 불러오기, DirectoryLoader

DirectoryLoader는 특정 경로 내에 있는 파일들에 대해서 텍스트를 추출하여 Document 객체로 가져올 수 있습니다. 파일 하나하나에 경로를 입력하여 로드할 필요가 없다는 점에서 매우 간편합니다.

만약 특정 경로에 있는 모든 PDF 파일을 Document 객체로 불러오고 싶다면, 다음과 같은 코드로 작성할 수 있습니다.

4장/Other Document Loaders.ipynb
```
from langchain_community.document_loaders import DirectoryLoader
#첫 번째 매개변수로 경로 입력, glob에 해당 경로에서 불러들일 파일의 형식 지정
#*는 모든 문자를 표현하는 와일드 카드로, .pdf로 끝나는 모든 파일을 의미함
loader = DirectoryLoader(r"../data/", glob="*.pdf")
docs = loader.load()
[i.metadata['source'] for i in docs]
```

실행 결과
```
['..//data//BOK 이슈노트 제2022-38호 인공지능 언어모형을 이용한 인플레이션 어조지수
개발 및 시사점.pdf',
 '..//data//Transformer_paper.pdf',
 '..//data//[이슈리포트 2022-2호] 혁신성장 정책금융 동향.pdf']
```

지정한 경로에는 PDF 문서 3개가 있는데, `DirectoryLoader`를 통해 모든 파일을 정상적으로 로드한 것을 알 수 있습니다. `DirectoryLoader`는 내부적으로 `Unstructured` 모듈이 작동하여 많은 형식의 문서를 `glob` 매개변수 설정만으로 `Document` 객체화하여 가져올 수 있습니다.

4.4 문서를 다양하게 자르는 Text Splitters

벡터 DB의 저장 과정

지금까지 RAG 시스템 구축을 위해 기본적인 LLM API를 활용하는 방법, 프롬프트를 템플릿으로 설정하는 방법, 다양한 문서를 불러오는 방법에 대해 알아보았습니다. RAG 시스템상에서 문서를 불러온 후에 해야 하는 작업은 무엇일까요? 바로 벡터 DB에 저장하는 것입니다.

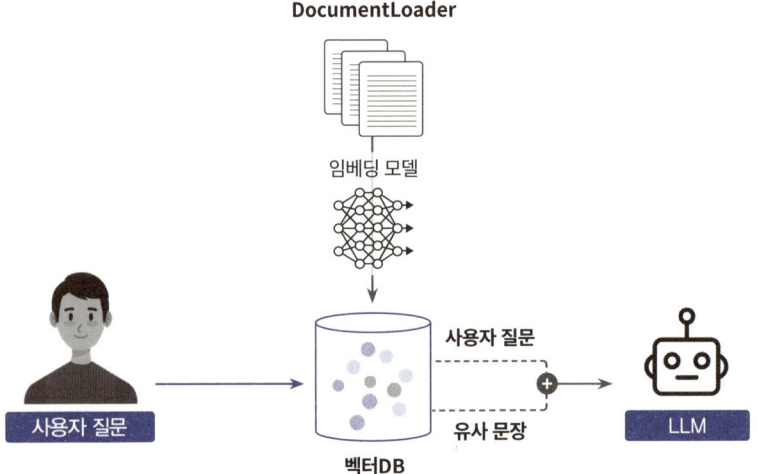

그림 4-11 RAG에서 문서의 벡터 DB 저장 과정

문서를 Document 객체로 불러왔다면, 이를 임베딩 형태로 변환하여 벡터 DB로 저장할 수 있습니다. 그럼 사용자 질문과 비교하여 유사 문장을 검색할 수 있는 준비가 완료되는 것입니다. 그런데 여기서 한 가지 주의할 점이 있습니다. 문서가 긴 경우 한꺼번에 문서를 벡터 DB로 변환하는 것은 지양해야 합니다. 어떤 문제가 있길래 문서를 그대로 임베딩하면 안 될까요? 여기에는 3가지 이유가 있습니다.

1. 임베딩 모델의 컨텍스트 윈도우 문제

LLM이 컨텍스트 윈도우를 지니기 때문에 입력 텍스트 길이의 제한이 있는 것처럼, 임베딩 모델도 동일한 길이 제한을 갖습니다. 임베딩 모델에서는 이를 max_seq_length, 최대 입력 길이라고 하며 이 길이만큼의 텍스트 입력을 임베딩으로 변환할 수 있습니다. 만약 입력 텍스트가 max_seq_length보다 길면 벗어난 만큼의 텍스트는 잘라내고 max_seq_length만큼만 임베딩으로 변환합니다. 임베딩하는 모델에 따라서 정해진 길이만큼의 문서만 올바르게 임베딩 변환을 할 수 있습니다. 따라서 추후 벡터 DB에서 사용자 질문과 유사한 문서를 검색해내기 위해서는 max_seq_length를 고려하여 텍스트를 분할하는 과정이 필요합니다. 대표적인 임베딩 모델들과 max_seq_length에 대해 다음의 표로 정리했습니다.

표 4-2 임베딩 모델들의 최대 시퀀스 길이

임베딩 모델명	최대 입력 길이 (Max_seq_length or Max Tokens)
text-embedding-3-large (OpenAI 유료 임베딩 모델)	8191
voyage-lite-01-instruct	4000
cohere-embed-english-v3.0 (Cohrere 유료 임베딩 모델)	512
multilingual-e5-large-instruct	514
bge-large-en-v1.5	512

2. LLM의 컨텍스트 윈도우 문제

RAG 시스템은 사용자 질문에 대해 대답할 수 있는 벡터 DB의 유사 문서를 검색하고, 이를 바탕으로 LLM이 답변하는 원리입니다. 여기서 벡터 DB에는 보통 여러 개의 문서가 함께 들어갑니다. 그리고 사용자 질문에 답할 수 있는 근거 문서는 여러 문서에 산재할 가능성이 있습니다. 만약 벡터 DB에 있는 5개의 문서를 LLM에 전달해야 한다면, RAG가 제대로 작동할 수 있을까요? 만약 문서의 길이가 충분히 길다면 대부분의 LLM은 벡터 DB에서 찾아낸 유사 문서를 소화하지 못합니다. GPT-4를 예시로 살펴보겠습니다.

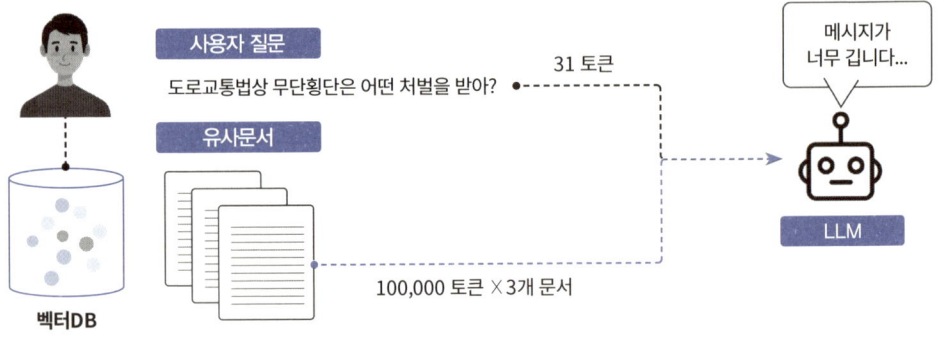

그림 4-12 LLM의 컨텍스트 윈도우 오류

GPT-4의 컨텍스트 윈도우는 128,000토큰입니다. 따라서 128,000토큰이 넘는 프롬프트를 GPT-4에게 전달하면 컨텍스트 윈도우 초과 오류가 나타납니다. RAG 시스템에 대입하여 생각해보면, 사용자 질문과 유사 문서를 합친 텍스트의 토큰 수가 128,000토큰을 넘지 않아야 합니다. 만약 100,000토큰씩 담긴 문서 3개를 통째로 사용자 질문과 함께 GPT-4에게 전달하면 이 역시 컨텍스트 윈도우 오류를 발생시킵니다. 따라서 사용자의 질문과 유사 문서를 통째로 LLM에게 전달할 수 없으며, 유사 문서 텍스트 중 사용자 질문과 유사한 부분(청크)만 LLM에게 전달해야 합니다. 이렇게 되면 컨텍스트 윈도우 제한을 넘기지 않으면서 사용자 질문에 답할 수 있는 근거를 충분히 확보할 수 있습니다.

3. '건초더미에서 바늘 찾기' 문제

LLM의 언어 이해 능력을 측정하는 항목 중 '건초더미에서 바늘 찾기(Needle in a haystack)'가 있습니다. 이 항목은 LLM이 주어진 텍스트에서 특정 위치의 정보를 얼마나 정확하게 탐색해내는지 측정하는데, 보통 모델의 컨텍스트 윈도우까지 글의 길이를 늘려가며 측정합니다. GPT-4의 해당 항목 측정 결과를 시각화한 다음의 히트맵을 살펴보겠습니다.

이 히트맵은 GPT-4에게 주어진 글의 문서 깊이에 따라 정보를 찾아내는 능력을 측정한 결과입니다. 예를 들어 128K열의 Doc Depth가 25%~50%인 영역을 보면 Accuracy가 다른 영역 대비 많이 낮은 것을 알 수 있습니다. 이 부분을 해석하면, GPT-4에게 128,000토큰짜리 글을 주고 앞부분(25~50%) 내용에 대한 질문을 했을 때 정확한 답변을 못한다는 뜻입니다. 이러한 현상은 LLM이 주어진 컨텍스트의 정보를 처리하는 데 있어서 앞부분을 다소 망각한다는 사실을 뒷받침한다고 볼 수 있습니다. 결국 LLM의 컨텍스트 윈도우, 즉 최대 입력 길이가

128,000토큰이라 하더라도 앞부분의 정보는 망각할 가능성이 높고 이러한 이유로 전체 컨텍스트를 온전히 활용할 수 없습니다.

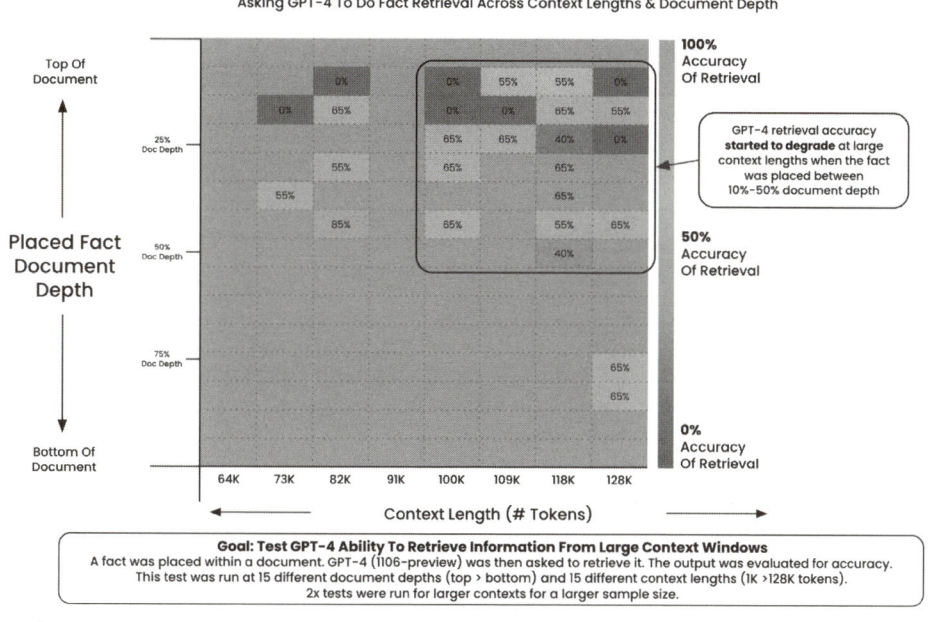

그림 4-13 GPT-4의 'Needle in a haystack' 측정 결과

만약 RAG 시스템에서 사용자 질문과 유사한 문서 전체에 해당하는 120,000토큰의 텍스트를 벡터 DB에서 찾아냈다고 해도, 이를 LLM에게 전달했을 때 중간중간 빠뜨리고 답변하는 부작용이 발생할 수 있습니다. 따라서 최대한 사용자 질문과 유사한 텍스트를 짧고 알차게 LLM에 전달했을 때 RAG 시스템이 제대로 작동할 것입니다.

적당한 크기로 문서를 분할하는 Text Splitters

앞서 살펴본 이유들로 랭체인에서는 텍스트를 분할하는 Text Splitters 모듈을 제공합니다. 대표적으로 CharacterTextSplitter, RecursiveCharacter, SemanticChunker가 있습니다. 세 가지 모두 주어진 Document 객체를 특정 기준에 따라서 분할하는 기능을 제공합니다.

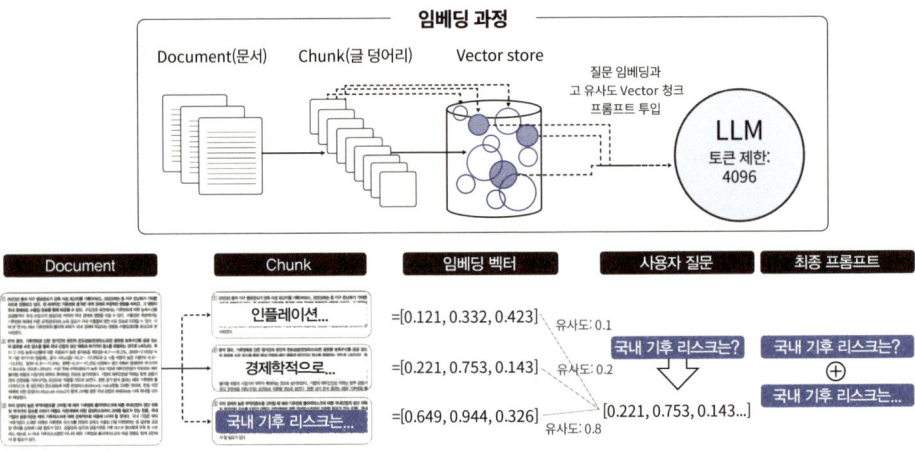

그림 4-14 Text Splitter의 역할

Text Splitter의 역할을 쉽게 설명하자면, Document를 특정 기준에 따라 정해진 길이의 청크(Chunk)로 분할합니다. 만약 하나의 문서가 사용자가 정의한 길이보다 길면, 이를 Text splitter로 분할하여 여러 개의 청크로 저장하는 것입니다. 이렇게 여러 개의 청크로 분할된 여러 문서를 벡터 DB에 담습니다. 그러면 사용자 질문과 벡터 DB 내 모든 청크 간의 유사도를 계산하여 유사도가 높은 N개의 청크를 검색할 수 있게 됩니다. 이렇게 검색된 청크는 사용자의 질문과 합쳐져 LLM에게 전달할 최종 프롬프트로 완성됩니다.

글자 수로 분할하는 CharacterTextSplitter

`CharacterTextSplitter`는 Document 객체를 단순히 주어진 글자 수만큼 여러 개의 청크로 분할합니다. Text Splitter는 기본적으로 텍스트를 분할하는 기준에 대해 설정할 수 있는 몇 가지 매개변수가 존재합니다. 이를 통해 사용자가 원하는 형태의 청크를 만들 수 있습니다. 매개변수는 다음과 같습니다.

- separator(구분자): 주어진 구분자를 기준으로 텍스트를 분할하며, 청크 사이즈에 맞게 재구성합니다. (예: `separator = "\n"`)
- chunk_size(청크 길이): 텍스트를 자를 때, 기준이 되는 글자 수입니다. (예: `chunkz_size = 1000`)
- chunk_overlap: 청크 간의 겹치는 수준으로 이를 통해 앞뒤 청크 간의 맥락을 더 잘 유지하도록 합니다. (예: `chunk_overlap = 50`)

- length_function: 청크의 길이를 계산하는 함수를 지정합니다. 기본적으로 len으로 설정되어 있어 글자 수를 기준으로 청크 길이를 정하며, 사용자 정의 함수를 넣어 사용자가 원하는 기준으로 청크 길이를 제한할 수 있습니다. (예: length_function = len)

- is_separator_regex: separator가 정규 표현식으로 해석될지 여부를 결정하는 불리언 값입니다. (예: is_separator_regex = False)

이번에는 Document Loader로 PDF 문서를 불러오고 이 문서를 CharacterTextSplitter로 분할하는 코드를 살펴보겠습니다.

4장/Text Splitters.ipynb

```
#Langchain Text Splitter 모듈 다운로드
#!pip install -qU langchain-text-splitters
#PyPDFium2Loader로 PDF 문서 로드하기
from langchain_community.document_loaders import PyPDFium2Loader
loader = PyPDFium2Loader(r"../data/ [이슈리포트 2022-2호] 혁신성장 정책금융 동향.pdf")
pages = loader.load()

#CharacterTextSplitter 모듈 로드
from langchain_text_splitters import CharacterTextSplitter

#구분자: 줄 바꿈, 청크 길이: 500, 청크 오버랩: 100, length_function: 글자 수
text_splitter = CharacterTextSplitter(
    separator="\n",
    chunk_size=500,        ---①
    chunk_overlap=100,     ---②
    length_function=len
)
#텍스트 분할
texts = text_splitter.split_documents(pages)
print(texts[0])
```

실행 결과

page_content='혁신성장 정책금융 동향 : ICT 산업을 중심으로\r\n CIS이슈리포트 2022-2호 ¦ 1 ¦\r\n<요 약>\r\n▶ 혁신성장 정책금융기관*은 혁신성장산업 영위기업을 발굴·지원하기 위한 정책금융 가이드라인**에 따라 혁신\r\n성장 기술분야에 대한 금융지원을 강화하고 있음\r\n * 산업은행, 기업은행, 수출입은행, 신용보증기금, 기술보증기금, 중소벤처기업진흥공단, 무역보험공사 등 \r\n11개 기관\r\n ** 혁신성장

```
정책금융 지원 대상을 판단하는 기준으로, '9대 테마 - 46개 분야 - 296개 품목'으로
구성\r\n┌ 정책금융기관의 혁신성장 정책금융 공급규모는 2017년 24.1조 원에서 2021년
85.4조 원으로 크게 증가\r\n하여 국내 산업 구조의 미래 산업으로의 전환을 충실히
지원하고 있음\r\n┌ 본 보고서는 ICT 산업의 정책금융 지원 트렌드를 파악하고, 혁신성장
정책금융이 집중되는 주요 품목의\r\n기술·시장 동향을 분석함' metadata={'source':
'..//data//[이슈리포트 2022-2호] 혁신성장 정책금융 동향.pdf', 'page': 0}
```

실행 결과를 보면 첫 번째 페이지의 500자까지만 줄 바꿈을 기준으로 텍스트를 분할한 것을 알 수 있습니다. 기본적으로 PyPDFium은 PDF 문서를 로드할 때 페이지별로 분할하여 가져오는데, 만약 페이지의 글자 수가 1,000자 이내라면, ①chunk_size를 1000으로 설정하더라도 페이지 안의 텍스트가 분할되지는 않을 것입니다. 그렇다면 분할된 텍스트의 두 번째 청크는 어떻게 구성되어 있을지 살펴보겠습니다.

4장/Text Splitters.ipynb

```python
print(texts[1])
```

실행 결과

```
page_content='┌ 본 보고서는 ICT 산업의 정책금융 지원 트렌드를 파악하고, 혁신성장
정책금융이 집중되는 주요 품목의\r\n기술·시장 동향을 분석함\r\n▶ 혁신성장 ICT
산업은 정보통신(6개 분야, 47개 품목), 전기전자(5개 분야, 27개 품목), 센서측정(3개
분야, 19개 품목) 테마로 구성되며, 혁신성장 정책금융기관의 공급액 규모는 2021년
말 기준 16.9조 원으로 \r\n2017년 이후 연평균 39.2% 지속 증가하고 있음\r\n┌ ICT
산업의 공급액 규모 비중은 혁신성장 정책금융 총 공급 규모의 약 20% 수준임\r\n
* ('17)18.7% → ('18)20.7% → ('19)18.5% → ('20)20.3% → ('21)19.8%\r\n혁신성장
정책금융 동향 :\r\nICT 산업을 중심으로\r\n오동찬 선임조사역 (dcoh@kcredit.or.kr)'
metadata={'source': '..//data//[이슈리포트 2022-2호] 혁신성장 정책금융 동향.pdf',
'page': 0}
```

두 번째 청크의 출력 결과는, 첫 번째 페이지의 마지막 문장부터 500자 내의 텍스트로 page_content를 구성하고 있습니다. 이는 ②chunk_overlap을 100으로 설정하여, 텍스트 분할 시 앞 청크의 마지막 100자를 뒷 청크의 첫 100자로 지정했기 때문입니다.

이처럼 chunk_overlap은 청크 간에 문맥을 일부 공유하게끔 만들어, LLM이 여러 청크를 참고할 때 더욱 올바른 문맥을 참고하여 답변을 생성할 수 있게 해줍니다.

> **1**
> 2023년 들어 지구 평균온도가 관측 사상 최고치를 기록(WMO, 2023)하는 등 지구 온난화가 가파른 속도로 진행되고 있다. 전 세계적인 기후변화 충격은 세계 경제에 부정적인 영향을 미치고, 그 영향이 국내 경제에도 수출입 경로를 통해 파급될 수 있다. 수입경로 측면에서는 기후변화에 따른 농축수산물 공급충격이 국내 수입가격 상승으로 이어져 국내 경제에 영향을 미칠 수 있다. 수출경로 측면에서는 기후변화 피해에 따른 교역상대국의 소득 감소가 국내 수출품에 대한 수요 감소로 이어질 수 있다. 이에 본 연구는 해외 기후변화의 물리적 피해가 국내 경제에 파급되는 영향을 수출입경로를 중심으로 분석하였다.
>
> **2**
> 분석 결과, 기후변화로 인한 장기간의 점진적 온도상승(만성리스크)은 글로벌 농축수산물 공급 감소와 글로벌 수요 감소를 통해 국내 산업의 생산 위축과 부가가치 감소를 유발하는 것으로 나타났다. 특히 ① 수입 농축수산물에 대한 의존도가 높은 음식료품 제조업(-6.1~18.2%, 2023~2100년 누적 기준 부가가치 변동폭), 음식 서비스업(-10.2~17.9%)과 ② 수출 비중이 높은 자동차(-6.6~13.6%), 정유(-5.8~11.6%), 화학(-5.0~10.2%) 산업에서 생산 위축이 발생하여 부가가치가 감소하는 것으로 나타났다. …

> **1**
> 2023년 들어 지구 평균온도가 관측 사상 최고치를 기록(WMO, 2023)하는 등 지구 온난화가 가파른 속도로 진행되고 있다. 전 세계적인 기후변화 충격은 세계 경제에 부정적인 영향을 미치고, 그 영향이 국내 경제에도 수출입 경로를 통해 파급될 수 있다. 수입경로 측면에서는 기후변화에 따른 농축수산물 공급충격이 국내 수입가격 상승으로 이어져 국내 경제에 영향을 미칠 수 있다. 수출경로 측면에서는 기후변화 피해에 따른 교역상대국의 소득 감소가 국내 수출품에 대한 수요 감소로 이어질 수 있다. 이에 본 연구는 해외 기후변화의 물리적 피해가 국내 경제에 파급되는 영향을 수출입경로를 중심으로 분석하였다. 이에 본 연구는 해외 기후변화의 물리적 피해가 국내 경제에 파급되는 영향을 수출입경로를 중심으로 분석하였다.

chunk_overlap

> **2**
> 이에 본 연구는 해외 기후변화의 물리적 피해가 국내 경제에 파급되는 영향을 수출입경로를 중심으로 분석하였다. 분석 결과, 기후변화로 인한 장기간의 점진적 온도상승(만성리스크)은 글로벌 농축수산물 공급 감소와 글로벌 수요 감소를 통해 국내 산업의 생산 위축과 부가가치 감소를 유발하는 것으로 나타났다. 특히 ① 수입 농축수산물에 대한 의존도가 높은 음식료품 제조업(-6.1~18.2%, 2023~2100년 누적 기준 부가가치 변동폭), 음식 서비스업(-10.2~17.9%)과 ② 수출 비중이 높은 자동차(-6.6~13.6%), 정유(-5.8~11.6%), 화학(-5.0~10.2%) 산업에서 생산 위축이 발생하여 부가가치가 감소하는 것으로 나타났다. …

그림 4-15 chunk_overlap 매개변수의 역할

그렇다면 모든 문서를 CharacterTextSplitter로 분할하면 원하는 글자 수대로 분할할 수 있을까요? 실상은 그렇지 않습니다. CharacterTextSplitter는 구분자 매개변수로 1개의 구분자를 입력받습니다. 따라서 문서를 주어진 구분자로 분할했음에도 불구하고 청크 길이를 넘는 경우가 생길 수 있습니다. 예를 들어 청크 길이를 500자로 설정한 경우를 생각해봅시다. CharacterTextSplitter는 구분자인 "\n"로 텍스트를 분할하기 때문에, 줄 바꿈을 하지 않고 한 문장에 500자가 넘는 텍스트가 있으면 이것이 바로 하나의 청크로 구성하게 됩니다. 실제로 CharacterTextSplitter로 텍스트를 분할한 후, 각 청크의 길이를 세어보면 chunk_size 매개변수를 지키지 못한 채 청크를 구성하는 텍스트가 있다는 것을 알 수 있습니다. 이번에는 다른 예시로 구분자(separator)를 문단 나누기("\n\n")로 설정하여 각 청크의 길이를 확인해 보겠습니다.

4장/Text Splitters.ipynb

```
from langchain_community.document_loaders import PyPDFium2Loader

loader = PyPDFium2Loader(r"../data/[이슈리포트 2022-2호] 혁신성장 정책금융 동향.pdf")

pages = loader.load()

from langchain_text_splitters import CharacterTextSplitter
```

```
text_splitter = CharacterTextSplitter(
    separator="\n\n",
    chunk_size=500,
    chunk_overlap=100,
    length_function=len,
    is_separator_regex=False,
)

texts = text_splitter.split_documents(pages)
print([len(i.page_content) for i in texts])
```

실행 결과

```
[802, 1424, 1181, 1228, 708, 669, 1580, 567, 1412, 1302, 1106, 543, 1291, 1116,
1321, 945, 981, 1057]
```

구분자를 문단 나누기로 설정하면, 각 문단 하나하나가 청크로 지정됩니다. 그렇기 때문에 실행 결과와 같이, `chunk_size`로 설정한 500자를 훨씬 넘는 약 1,000자 내외의 청크들로 분할된 것을 볼 수 있습니다.

만약 사용자가 LLM의 컨텍스트 윈도우를 고려하여 `chunk_size`를 엄격하게 관리하고 싶은 경우, 이러한 문제는 생각보다 큰 단점으로 다가올 수 있습니다. 따라서 이를 해결하기 위해 랭체인에서는 `RecursiveCharacterTextSplitter`라는 모듈을 제공합니다.

재귀적으로 텍스트를 분할하는 RecursiveCharacterTextSplitter

`RecursiveCharacterTextSplitter`는 여러 개의 구분자를 재귀적으로 적용하여 텍스트를 분할합니다. 이는 Chunkviz 웹 페이지를 이용하면, `CharacterTextSplitter`와 `RecursiveCharacterTextSplitter`의 실제 수행 결과를 자세히 확인할 수 있습니다. 이렇게 하면 `CharacterTextSplitter`에서 발생하는 청크 사이즈 초과 문제를 해결할 수 있습니다. `RecursiveCharacterTextSplitter`의 매개변수를 살펴보면 그 원리를 더 자세히 알 수 있습니다.

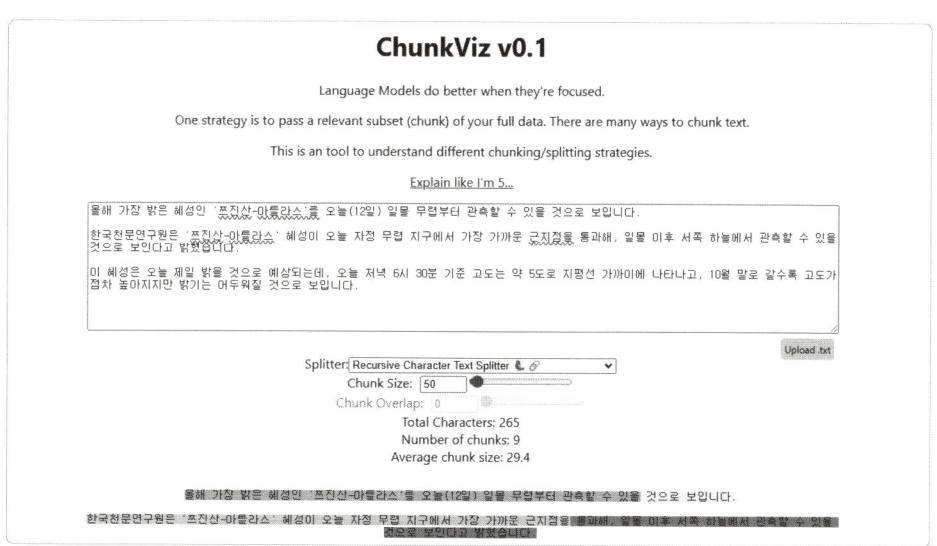

그림 4-16 ChunkViz v0.1(chunkviz.up.railway.app)

- separators(구분자 리스트): 지정된 청크 길이를 지킬 수 있도록 주어진 구분자 리스트를 재귀적으로 적용하여 텍스트를 분할합니다. (예: separator = ["\n\n", "\n", " ", ""])

- chunk_size, chunk_overlap, length_function, is_separator_regex 매개변수는 앞서 살펴본 CharacterTextSplitter와 동일합니다.

매개변수는 하나를 제외하고 전부 CharacterTextSplitter와 동일합니다. 즉, separators가 바로 RecursiveCharacterTextSplitter의 특징이라고 볼 수 있습니다. separators는 CharacterTextSplitter의 separator와 다르게 리스트 형태로 입력을 받습니다. RecursiveCharacterTextSplitter는 주어진 리스트 내의 구분자들을 재귀적으로 적용하여 텍스트를 분할합니다. 예를 들어, 가장 먼저 리스트의 첫 번째 구분자인 문단 나누기("\n\n")로 텍스트를 분할합니다. 그리고 분할된 청크의 길이가 chunk_size를 초과하는 경우, 리스트의 두 번째 구분자를 적용하여 텍스트를 재분할합니다. 만약 재분할하였을 때에도 chunk_size를 초과한다면 다음 구분자를 계속 반복해서 적용합니다. 이렇게 separators로 지정된 구분자 리스트를 차례로 적용하면서 텍스트를 분할하여, 사용자가 지정한 chunk_size를 절대 초과하지 않도록 만들 수 있습니다. 다음의 코드를 통해 자세히 살펴보겠습니다.

4장/Text Splitters.ipynb

```
from langchain_community.document_loaders import PyPDFium2Loader

loader = PyPDFium2Loader(r"../data/[이슈리포트 2022-2호] 혁신성장 정책금융 동향.pdf")
```

```
pages = loader.load()

from langchain_text_splitters import RecursiveCharacterTextSplitter

text_splitter = RecursiveCharacterTextSplitter (
    separators=["\n\n", "\n", " ", ""],
    chunk_size=500,
    chunk_overlap=100,
    length_function=len,
    is_separator_regex=False,
)

texts = text_splitter.split_documents(pages)
print([len(i.page_content) for i in texts])
```

실행 결과

```
[460, 415, 443, 492, 464, 304, 477, 493, 340, 484, 464, 436, 464, 312, 482, 235,
493, 467, 464, 353, 493, 152, 494, 467, 487, 198, 487, 484, 463, 449, 489, 285,
489, 108, 454, 440, 459, 136, 473, 494, 299, 497, 492, 462, 493, 468, 91, 451, 484,
220, 470, 467, 288]
```

CharacterTextSplitter의 실행 결과와 달리 chunk_size = 500을 정확히 지켜 텍스트를 분할합니다. 구분자 리스트로 ["\n\n", "\n", " ", ""]를 지정했기 때문에 RecursiveCharacterTextSplitter가 문단 나누기, 줄 바꿈, 공백, 글자 사이 구분자를 적용해 재귀적으로 텍스트를 분할한 것입니다.

문맥을 파악해 분할하는 SemanticChunker

앞서 소개한 2개의 Text Splitter는 사용자가 지정한 청크 길이를 기반으로 문서를 분할합니다. 그런데 두 방식은 다소 기계적으로 문서를 분할한다는 점에 있어서 문서의 맥락이 끊길 수 있다는 단점이 있습니다. 예를 들어 한 페이지에 2,000 글자가 담겨있고, 이를 1,000자씩 분할하는 CharacterTextSplitter와 RecursiveCharacterTextSplitter를 선언했다고 가정해보겠습니다. 두 Splitter는 모두 문장들의 문맥과 상관없이 chunk_size에 따라 문서를 분할합니다. 만약 해당 페이지에 3개의 맥락이 있는 경우, 임의의 글자 수로 분할한다면 맥락이 끊긴 채 청크가 형성될 수 있습니다. 이를 방지하기 위한 chunk_overlap을 설정하더라도 맥락을 온전히 담아내기에는 부족할 수 있습니다.

이런 단점을 해결하고자, 랭체인에서는 다소 실험적인 Text Splitter라고 할 수 있는 SemanticChunker를 제공합니다. SemanticChunker의 목적은 같은 맥락의 문장은 하나의 청크로 담고, 맥락이 달라지는 경우 다른 청크로 분할하는 것입니다. 이러한 작업이 어떻게 가능할까요?

랭체인의 SemanticChunker는 문장 간의 거리가 이상 값(Outlier)에 해당할 정도로 높은 지점에서 문장을 분리하는 Text Splitter라고 할 수 있습니다. 문장 간의 거리는 문장을 임베딩하여 임베딩 값 사이의 거리 측정을 통해 알아내고, 이상 값은 백분위(%)로 설정하여 찾아내게 됩니다. 먼저 문장 간의 거리를 알기 위해 문장마다 임베딩 과정을 거칩니다.

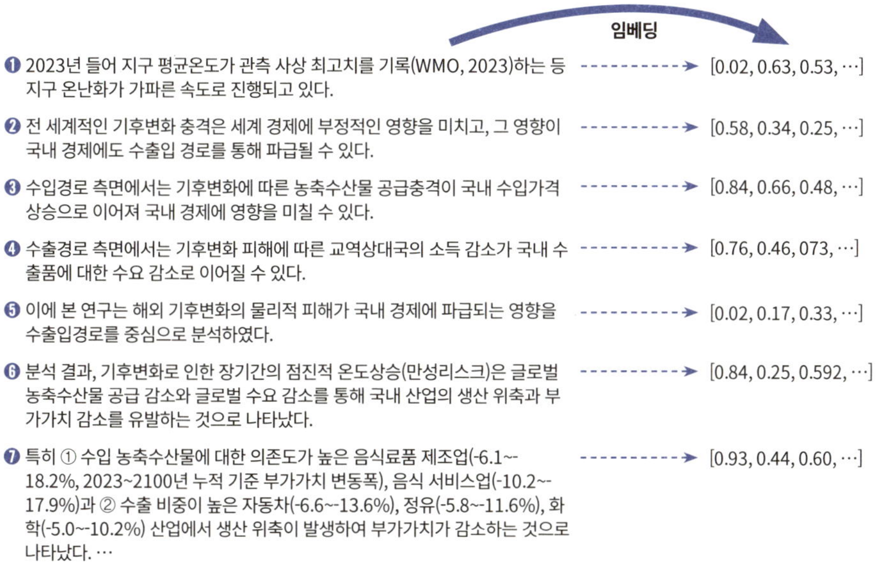

❶ 2023년 들어 지구 평균온도가 관측 사상 최고치를 기록(WMO, 2023)하는 등 지구 온난화가 가파른 속도로 진행되고 있다. ----→ [0.02, 0.63, 0.53, ⋯]

❷ 전 세계적인 기후변화 충격은 세계 경제에 부정적인 영향을 미치고, 그 영향이 국내 경제에도 수출입 경로를 통해 파급될 수 있다. ----→ [0.58, 0.34, 0.25, ⋯]

❸ 수입경로 측면에서는 기후변화에 따른 농축수산물 공급충격이 국내 수입가격 상승으로 이어져 국내 경제에 영향을 미칠 수 있다. ----→ [0.84, 0.66, 0.48, ⋯]

❹ 수출경로 측면에서는 기후변화 피해에 따른 교역상대국의 소득 감소가 국내 수출품에 대한 수요 감소로 이어질 수 있다. ----→ [0.76, 0.46, 073, ⋯]

❺ 이에 본 연구는 해외 기후변화의 물리적 피해가 국내 경제에 파급되는 영향을 수출입경로를 중심으로 분석하였다. ----→ [0.02, 0.17, 0.33, ⋯]

❻ 분석 결과, 기후변화로 인한 장기간의 점진적 온도상승(만성리스크)은 글로벌 농축수산물 공급 감소와 글로벌 수요 감소를 통해 국내 산업의 생산 위축과 부가가치 감소를 유발하는 것으로 나타났다. ----→ [0.84, 0.25, 0.592, ⋯]

❼ 특히 ① 수입 농축수산물에 대한 의존도가 높은 음식료품 제조업(-6.1~-18.2%, 2023~2100년 누적 기준 부가가치 변동폭), 음식 서비스업(-10.2~-17.9%)과 ② 수출 비중이 높은 자동차(-6.6~-13.6%), 정유(-5.8~-11.6%), 화학(-5.0~-10.2%) 산업에서 생산 위축이 발생하여 부가가치가 감소하는 것으로 나타났다. ⋯ ----→ [0.93, 0.44, 0.60, ⋯]

그림 4-17 문장의 임베딩 변환

문장을 임베딩한다는 것은 일종의 수치 개념으로 생각할 수 있습니다. 엄청나게 많은 양의 텍스트 데이터로 사전 학습된 BERT와 같은 임베딩 모델을 활용하면 문장을 행렬 형태의 수치 데이터로 변환할 수 있습니다. 임베딩 모델을 통해 문장을 수치화하면, 변환된 행렬이 문장의 의미를 담고 있는 것이기 때문에, 행렬 간의 유사도가 높을 경우 문장 간의 의미가 유사하다고 해석할 수 있습니다.

SemanticChunker의 목적은 문장 간 유사성이 떨어지는 구간에서 분할하는 것입니다. 따라서 앞뒤 문장 간의 유사도를 측정하여 갑자기 유사도가 급락하는 구간을 맥락이 변화하는 지점으로 파악할 수 있게 됩니다.

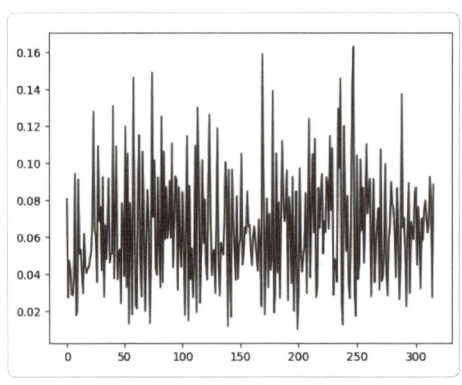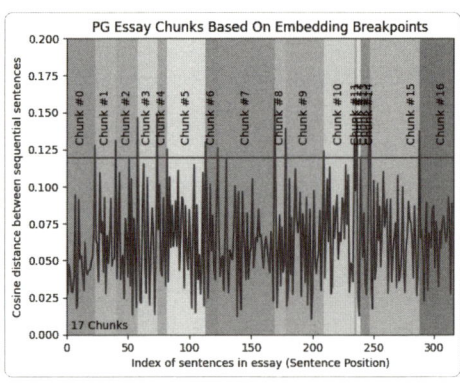

그림 4-18 앞뒤 문장 임베딩 간의 거리에 따라 이상 값을 판별하고 청크를 분할하는 모습

이러한 방법론에 따라 앞뒤 문장 간의 거리를 측정하여 그래프로 나타낼 수 있습니다. 실제로 문장들의 임베딩을 앞뒤로 비교하여 측정하면 갑자기 문장 간의 거리가 멀어지는 지점이 이상 값처럼 분포한 것을 볼 수 있습니다. SemanticChunker는 기본적으로 문장 간의 거리가 95%를 초과하면 이상 값으로 간주하고, 맥락이 변화하는 것으로 파악합니다. 따라서 이렇게 이상 값이 발생하는 구간에 대해 청크를 분할할 지점으로 지정하는 것입니다.

실제로 SemanticChunker는 문장마다 임베딩을 생성하여 앞뒤 문장의 임베딩 간 거리를 측정하는 것이 아니라 N개의 문장을 Window(구간)로 삼고 이 Window를 점차 우측으로 옮겨가며 그룹 간 거리를 측정하는 방식입니다.

그렇다면 SemanticChunker가 정말 맥락을 유지한 채 청크를 분할하는지 코드로 살펴보겠습니다.

4장/Text Splitters.ipynb

```python
from langchain_community.document_loaders import PyPDFLoader

loader = PyPDFLoader(r"../data/BOK 이슈노트 제2022-38호 인공지능 언어모형을 이용한 인플레이션 어조지수 개발 및 시사점.pdf")
pages = loader.load()

from langchain_experimental.text_splitter import SemanticChunker
from langchain_openai.embeddings import OpenAIEmbeddings
text_splitter = SemanticChunker(OpenAIEmbeddings(openai_api_key = "YOUR_API_KEY"))
```

```
texts = text_splitter.split_documents(pages)
print("-"*100)
print("[첫 번째 청크]")
print(texts[0].page_content)
print("-"*100)
print("[두 번째 청크]")

print(texts[1].page_content)
```

 Window가 무엇인가요?

AI 분야에서 Window 개념은 일정 크기의 구간을 의미합니다. 특히 자연어 처리 분야에서는 연속된 일정 범위의 텍스트 구간을 의미합니다. Window는 마치 텍스트 위를 미끄러지듯 이동하면서 텍스트의 의미적 흐름을 파악하는 데 도움을 줍니다. 예를 들어 Semantic Chunker는 5개의 문장을 하나의 Window로 설정했다면, 1~5번 문장, 그 다음엔 2~6번 문장, 그 다음엔 3~7번 문장으로 Window가 이동하며 임베딩을 생성합니다.

실행 결과

```
[첫 번째 청크]
1
인공지능 언어모형을 이용한 인플레이션 어조지수 개발 및 시사점뉴스기사, 소셜미디어와
같은 텍스트 데이터는 크게 두 가지 경로를
통해 경제 분석에 유용한 정보를 제공할 수 있다. 첫째, 지정학적 리스
크, 이상기후 등 이벤트는 수입물가지수와 같은 공식통계에 앞서 뉴스
속보나 인터넷 커뮤니티에 먼저 반영되며 향후 인플레이션 수준에 대한
정보를 제공한다. 둘째, 거시경제 여건, 기업의 가격설정 행태 등에 대
(... 중략 ...)
----------------------------------------------------------------
[두 번째 청크]
이 가운데, 최근 특히
주목받는 분석기법으로 인공지능 언어모형이 있다. 자연어는 문맥에
따라 단어의 의미가 달라지기 때문에, 정확도 높은 모형을 훈련하는 데
상당한 시간과 비용이 소요된다. 이에 대안으로 제시된 인공지능 언어모형은 기존 훈련
결과를 재활용함으로써 개발 시간과 비용은 절감하
```

> 면서도 문서 분류, 검색 등 과제에서 높은 정확도를 보이고 있다. 본 연구는 인공지능
> 언어모형을 이용하여 뉴스기사에 나타난 인플레
> 이션 어조(tone)를 측정하고, 인플레이션 전망에 활용할 수 있는지 살
> 펴보았다. 먼저, 인공지능 언어모형을 이용하여 개별 문장의 인플레
> 이션 어조를 상승, 중립, 하락으로 분류하고, 문장별 어조를 집계하여
> 전체 뉴스기사의 인플레이션 어조를 지수로 나타내었다. 다음으로, 어
> 조지수와 소비자물가상승률의 관계를 분석하였다. 분석 결과, 어조지
> 수는 물가상승률의 추세 전환을 1~2분기 선행하고, 전망모형의 예측
> 력도 개선하는 등 인플레이션 전망에 유용한 정보를 제공하는 것으로
> 판단된다. 텍스트 분석기법이 발전하고 정보 원천으로서 텍스트 데이터에 대한
> (... 중략 ...)

실행 결과로 출력된 첫 번째 청크에서는 다양한 분석 기법을 활용하여 텍스트 데이터를 분석하는 개괄적인 내용을 다루고, 두 번째 청크에서는 인공지능 언어 모형에 초점을 두어 설명하는 것을 볼 수 있습니다. 이는 어느 정도 맥락이 구분되는 지점에서 청크를 분할하고 있음을 파악할 수 있습니다. 이러한 분할 방법은 구분자를 기준으로 기계적으로 문장을 분리하는 CharacterTextSplitter나 RecursiveCharacterTextSplitter와 다른 모습을 보여줍니다. 더 살펴보면 청크의 길이들을 확인했을 때 더 확연하게 차이가 난다는 것을 알 수 있습니다.

```
print([len(i.page_content) for i in texts])
```

실행 결과

```
[671, 1025, 478, 613, 1094, 303, 165, 1404, 326, 1773, 40, 1308, 676, 1266, 616,
451, 918, 1626, 130, 190, 1184, 382, 815, 487, 559, 295, 1012, 979, 546, 726, 658,
1148, 955, 2082, 15, 333]
```

청크의 길이들을 보면, 15~2,082자까지 다양한 길이를 갖고 있는 것을 볼 수 있습니다. 이를 통해 문장들이 단순히 글자 수가 아니라 맥락을 기반으로 분할된 것을 미루어 짐작할 수 있습니다.

CHAPTER

05

RAG 활용하기

5.1 _ 텍스트를 숫자로 바꾸는 텍스트 임베딩

5.2 _ 문서 벡터 저장소, Vector Stores

5.3 _ RAG의 문서 검색기, Retriever

5.4 _ 랭체인을 표현하는 언어, LCEL

5.5 _ 기본 RAG 시스템 구축하기

5.1 텍스트를 숫자로 바꾸는 텍스트 임베딩

RAG에서 **텍스트 임베딩**은 반복 설명할 필요가 있을 정도로 꽤 중요한 역할을 합니다. 그런 의미에서 초심으로 돌아가 RAG의 기본 원리에 대해 다시 살펴보겠습니다.

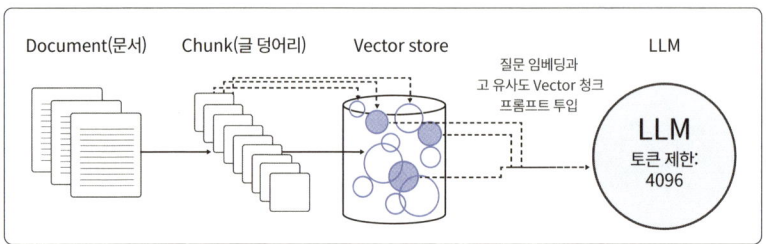

그림 5-1 RAG의 기본 작동 과정

먼저 Document Loader를 통해 문서를 Document 객체 형태로 로드합니다. 그리고 Text Splitter를 통해 여러 청크로 분할한 뒤 벡터 DB에 저장합니다. 마지막으로 사용자 질문에 답할 근거를 벡터 DB에서 검색하고 이를 LLM에 전달하여 답변을 얻습니다.

앞서 설명한 RAG의 작동 단계에서 임베딩은 두 차례 활용됩니다.

1. 문서 청크를 벡터 DB에 저장할 때
2. 사용자의 질문에 답할 근거를 벡터 DB에서 검색할 때

RAG의 가장 핵심이 되는 부분에 임베딩이 활용되는 것입니다. 특히 두 번째 '벡터 DB 검색 단계'에서는 사용자의 질문을 임베딩으로 변환하고 벡터 DB상에서 가장 유사도가 높은 청크를 추출하는데, 이는 임베딩 과정 없이 수행할 수 없는 작업입니다.

그렇다면 여기서 의문이 생길 수 있습니다. '사용자 질문에 대한 근거를 문서에서 찾는 것이라면, 문서 내 키워드 검색을 통해서도 수행 가능한 것이 아닐까?'라는 거죠. 이에 대한 대답으로는 둘 다 가능합니다. 사용자 질문에 대한 근거를 찾기 위해서는 주어진 문서의 텍스트에서 질문의 키워드를 검색하여 해당 페이지 혹은 문장을 LLM에게 전달할 수도 있습니다. 그러나 동시에 이러한 방식은 많은 제약을 가집니다. '사용자 질문의 키워드는 무엇인지?', '사용자의 질문이 키워드 몇 개로 대표될 수 있는지?', '사용자의 질문은 근거를 찾기 위한 키워드를 포함하

고 있는지?'와 같은 제한된 사항들이 생깁니다. 이처럼 키워드 검색을 통해 RAG를 구축하기 위해서는 ①사용자 질문에 적절한 키워드가 포함되어야 하고, ②사용자 질문이 N개의 키워드로 대표되어야 하며, ③문서 내에 해당 키워드를 정확히 포함하는 여러 근거가 존재해야 합니다.

이를 타개하기 위해 RAG 시스템을 구축할 때는 임베딩 검색이라는 방법론을 기본적으로 활용합니다. 구체적으로 RAG에서는 문서를 분할한 각각의 청크가 모두 임베딩으로 변환되어 벡터 DB에 저장되고, 사용자 질문을 임베딩하여 벡터 DB 내 높은 유사도를 지닌 청크를 찾아내는 작업이 이뤄집니다. 그렇다면 여기서 임베딩이 무엇이길래 키워드 검색보다 낫고, 또 임베딩 검색에서 유사도 비교가 가능한 것일까요?

임베딩 모델이란?

임베딩은 텍스트를 수치로 변환하는 작업을 말합니다. 텍스트를 수치로 바꾸기 위해서는 대량의 텍스트로 사전 학습된 모델이 활용되는데 대표 모델로 BERT가 있습니다.

BERT(Bidirectional Encoder Representations from Transformers)는 2018년에 구글에서 공개한 사전 학습 모델로, 트랜스포머의 인코더만을 활용하여 구축되었습니다. 위키피디아(25억 개의 단어)와 BooksCorpus(8억 개의 단어)와 같은 레이블이 없는 텍스트 데이터로 사전 훈련된 언어 모델입니다. BERT는 어떠한 레이블링 없이 비지도 학습(Unsupervised Learning)을 통해 사전 학습되었는데, 이 과정에서 단어와 문장의 의미 및 맥락에 대해 학습하였다고 볼 수 있습니다. 사실 BERT의 세부적인 원리는 꽤 복잡한 개념을 포함하지만, BERT가 어떤 식으로 텍스트를 수치로 변환하는지에 초점을 맞춰 조금 더 살펴보겠습니다.

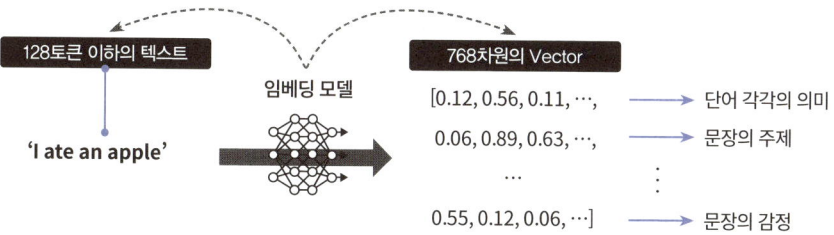

그림 5-2 임베딩 모델의 작동 과정

문장을 임베딩하기 위해서는 문장 임베딩에 특화하여 BERT를 파인튜닝한 Sentence-BERT를 활용합니다. Sentence-BERT는 학습 과정에서 단어들의 의미, 문장 내 단어의 역할, 문장의 맥락, 감정 등 다양한 정보를 학습합니다. 이를 통해 Sentence-BERT는 문장을 수치화하는 것에 특화됩니다. BERT-base로 예를 들면, Sentence-BERT는 문장을 입력으로 받아 768차원의 고정된 벡터로 출력합니다. 'I ate an apple'이라는 문장이 입력 값으로 주어졌을 때, 이 문장은 Sentence-BERT를 거치면서 768개의 원소를 가진 하나의 벡터로 변환됩니다. 이때 768개의 원소는 Sentence-BERT가 사전 학습하면서 습득한 언어적 지식(문장 내 단어의 의미, 문장의 맥락, 문장 내 단어 간 관계)을 기반으로 출력됩니다. 또한 사전 학습 시에 모델에 입력된 텍스트의 길이를 제한하는 max_token 값을 지정합니다. 따라서 해당 모델이 임베딩할 수 있는 문장의 길이가 제한되며, 이 길이를 벗어나는 문장을 임베딩시킬 경우 초과된 단어들에 대해 임베딩을 수행하지 않습니다.

여기서 중요한 건, Sentence-BERT가 사전 학습하면서 배운 언어 지식을 기반으로 문장을 수치로 변환한다는 점입니다. BERT는 레이블링되지 않은 대량의 텍스트 문서를 학습했기 때문에, 단어나 문장의 맥락 정보를 세부적으로 파악하는 능력을 갖추고 있습니다. 예를 들어, 'I ate an apple'이라는 문장에서 사람은 'apple'은 스마트폰이 아닌 사과라는 것을 단번에 이해합니다. 같은 단어라도 어떤 문장에서 활용되냐에 따라서 다른 의미를 지닐 수 있다는 사실을 알고 있기 때문입니다. 즉, 동음이의어 문제는 언어적 지식이 필요한 문제라고도 할 수 있습니다. BERT도 사전 학습 과정에서 이러한 언어적 지식을 습득했기 때문에 동음이의어와 같은 맥락적 정보를 수치로 표현할 수 있습니다. 결국 'I ate an apple' 문장을 그대로 이해하는 것에 그치지 않고, 이러한 문장이 다른 문장과 어떻게 비슷한지, 문장에서 사용된 단어가 어떤 맥락으로 쓰인 것인지 수치로 나타낼 수 있습니다.

Open source와 Closed source

문장을 임베딩하기 위해서는 임베딩 모델이 필요하다는 것을 알았습니다. 이러한 임베딩 모델은 LLM과 마찬가지로 Open source와 Closed source가 존재합니다. Open source 임베딩 모델의 경우, 대부분의 모델을 허깅페이스에서 로드하여 손쉽게 무료로 사용할 수 있습니다. Closed source는 여러 기업에서 API 형태로 모델을 제공하고, 이를 활용하기 위해서는 사용 요금을 지불해야 합니다.

표 5-1 Open source와 Closed source 모델 비교

구분	기업명	모델명	장단점
Open source 임베딩 모델	허깅페이스 (Huggingface)	• bge-small-en-v1.5 • multilingual-e5-large • ko-sbert-nli • ko-sroberta-multitask	• 무료지만 다소 어려운 사용 • 로컬 실행 가능하여 보안 우수 • 모델마다 지원 언어가 다름 • GPU 없을 시 느린 임베딩
Closed source 임베딩 모델	• OpenAI • Cohere • Amazon	• Text-embedding-ada-002 • Embed-multilingual-v2.0 • Titan-embed-text-v1	• 사용 편리하나 비용 발생 • API 통신으로 인한 보안 우려 • 다국어 임베딩 지원 • GPU 없이도 빠른 임베딩

각 특징에 대해 구체적으로 살펴보겠습니다. 먼저 **Closed source 임베딩 모델**은 기업의 서버를 통해서 구동되기 때문에, 사용자의 AI 인프라 상황과 관계없이 임베딩을 매우 빠르게 수행할 수 있습니다. 또한 대부분의 API 제공 업체는 다국어 임베딩을 지원하여, 임베딩 대상인 문장 언어에 구애받지 않고 높은 품질의 임베딩 결과물을 얻을 수 있습니다. 이는 사용자가 API 통신을 통해 결과물을 기업의 서버로부터 받기 때문에 가능합니다. 하지만 이 점 때문에 기업에서 활용하기에 다소 꺼리는 경우가 있습니다. 기업 내부 문서를 임베딩하고자 할 때, 텍스트가 통신을 통해 API 제공 업체의 서버로 송신되기 때문입니다. 또한 기업 내부망을 통해서 RAG를 구축할 경우, API 통신 자체가 불가한 경우가 있기 때문에 Closed source 임베딩 모델을 활용하는 것이 제한될 수 있습니다.

Open source 임베딩 모델의 경우, AI 개발자 커뮤니티인 허깅페이스를 통해 직접 로컬에서 호출하여 임베딩을 수행할 수 있습니다. Closed source 임베딩 모델처럼 API 호출을 통하여 모델을 활용하는 것이 아니기 때문에 다소 어렵다고 느낄 수도 있지만, 허깅페이스에서 지원하는 Pipeline API와 같은 편의 기능들을 잘 활용하면 쉽게 쓸 수 있습니다. Open source 임베딩 모델은 로컬 하드웨어를 통해 실행되기 때문에 하드웨어 성능에 따라 실행 속도가 크게 차이 날 수 있습니다. GPU 없이 CPU로도 대부분의 임베딩 모델이 실행 가능하지만, GPU가 없을 경우 실행 속도가 크게 저하됩니다. 또한 기업에서 제공하는 Closed source 임베딩 모델은 대부분의 언어를 지원하는 다국어 임베딩 모델이지만, Open source 모델은 모델마다 학습된 언어가 무엇인지 잘 확인하고 활용해야 올바른 임베딩이 가능합니다.

지금부터 Closed source와 Open source 임베딩 모델을 어떻게 활용하는지 코드를 통해 살펴보겠습니다. Closed source 임베딩 모델로는 가장 대표적인 OpenAI의 text-embedding-3-small, Open source 임베딩 모델로는 bge-small-en과 ko-sroberta-multitask를 활용합니다.

01. OpenAI의 text-embedding-3-small 모델 활용

5장/Text Embedding.ipynb

```
import os
from langchain_openai import OpenAIEmbeddings
os.environ["OPENAI_API_KEY"] = "YOUR_OPENAI_API_KEY"


embeddings_model = OpenAIEmbeddings(model = 'text-embedding-3-small')
embeddings = embeddings_model.embed_documents(
    [
        "Hi there!",
        "Oh, hello!",
        "What's your name?",
        "My friends call me World",
        "Hello World!"
    ]
)
len(embeddings), len(embeddings[0])
```

실행 결과

```
(5, 1536)
```

위 코드에서는 5개의 문장을 리스트로 담아 embed_documents() 함수의 인자로 전달하여 5개의 임베딩 값을 얻습니다. 이 중 임베딩 값 하나에 대해 길이를 측정하면 1536이라는 숫자를 얻을 수 있습니다. 한 문장에 대한 임베딩 값이 1,536개의 숫자를 지닌 벡터로 변환된 것입니다. 이는 OpenAI에서 제공하는 text-embedding-3-small 모델이 텍스트를 1,536차원으로 변환하기 때문입니다. OpenAI의 임베딩 모델 중 최고 성능인 text-embedding-3-large의 경우 3,072차원으로 변환하는데, 여기서 차원의 의미는 무엇일까요? 임베딩 모델의 차원이 크다는 것은 그만큼 문장을 더 많은 숫자로 표현할 수 있다는 뜻입니다. 쉽게 말해 임베딩 차원이 늘어나면 그만큼 문장의 세세한 뉘앙스를 더 잘 파악합니다. 그러나 무작정 임베딩 차원을 늘리는 것은 정답이 아니라는 연구도 있어서 적당한 차원의 임베딩 모델을 활용하는 것이 좋습니다.

이번에는 PDF 문서를 PDFLoader 통해 Document 객체로 불러오고 이를 Text splitter로 분할한 후에 각청크를 임베딩하는 연습을 해보겠습니다.

5장/Text Embedding.ipynb
```python
from langchain_community.document_loaders import PyPDFium2Loader
from langchain_text_splitters import RecursiveCharacterTextSplitter

#임베딩 모델 API 호출
embeddings_model = OpenAIEmbeddings(model = 'text-embedding-3-small')

#PDF 문서 로드
loader = PyPDFium2Loader(r"../data/[이슈리포트 2022-2호] 혁신성장 정책금융 동향.pdf")
pages = loader.load()

#PDF 문서를 여러 청크로 분할
text_splitter = RecursiveCharacterTextSplitter(
    chunk_size=500,
    chunk_overlap=100
)

texts = text_splitter.split_documents(pages)

#OpenAI 임베딩 모델로 청크들을 임베딩 변환하기
embeddings = embeddings_model.embed_documents([i.page_content for i in texts])
len(embeddings), len(embeddings[0])
```

실행 결과

(53,1536)

이렇게 임베딩 모델을 거쳐 문장을 수치로 표현하는 임베딩은 여러 장점을 가집니다. 특히 RAG에서 중요한 검색을 더욱 적합하게 수행할 수 있는 근간을 제공합니다. RAG에서는 사용자 질문에 답할 근거를 벡터 DB에서 검색하기 위해 임베딩 유사도를 활용한다고 설명한 적이 있습니다. 임베딩은 말그대로 문장을 수치화한 벡터이기 때문에, 벡터 간 거리를 측정함으로써 서로 다른 벡터 간에 얼마나 유사한지 알 수 있습니다.

$$similarity = \cos(\Theta) = \frac{A \cdot B}{\|A\| \|B\|} = \frac{\sum_{i=1}^{n} A_i \times B_i}{\sqrt{\sum_{i=1}^{n}(A_i)^2} \times \sqrt{\sum_{i=1}^{n}(B_i)^2}}$$

- $similarity$: 두 벡터 간의 코사인 유사도
- $\cos(\Theta)$: 두 벡터 사이의 각도(Θ)의 코사인 값
- A, B : 비교하는 두 벡터
- $A \cdot B$: 벡터 A와 B의 내적(dot product)
- $\|A\| \|B\|$: 각각 벡터 A와 B의 크기(magnitude)
- A_i, B_i : 각각 벡터 A와 B의 i번째 요소
- $\sum_{i=1}^{n}$: 모든 i에 대한 합계

주로 텍스트를 숫자로 변환한 텍스트 임베딩 간의 거리를 구할 때는 코사인 유사도를 활용합니다. 여기에서 첫 번째 등식은 코사인 유사도가 두 벡터 사이 각도의 코사인임을 나타냅니다. 두 번째 등식은 코사인 유사도를 벡터의 내적과 크기를 이용해 표현합니다. 세 번째 등식은 실제 계산에 사용되는 형태로, 각 요소별 곱의 합과 각 벡터 요소 제곱의 합의 제곱근을 이용합니다. 이 수식은 두 벡터의 방향 유사성을 -1에서 1 사이의 값으로 나타내며, 1에 가까울수록 유사도가 높음을 의미합니다.

그럼 실제 코드를 통해서 텍스트들의 임베딩 벡터 간 유사도를 측정해보고, RAG 구축 시 유의할 점도 알아보겠습니다.

5장/Text Embedding.ipynb

```
examples= embeddings_model.embed_documents(
    [
        "안녕하세요",
        "제 이름은 홍두깨입니다.",
        "이름이 무엇인가요?",
        "랭체인은 유용합니다.",
    ]
)

#예시 질문과 답변 임베딩
embedded_query_q = embeddings_model.embed_query("이 대화에서 언급된 이름은 무엇입니까?")
embedded_query_a = embeddings_model.embed_query("이 대화에서 언급된 이름은 홍길동입니다.")
```

이 코드는 '대화에서 언급된 이름'에 대한 질문에 가장 적절한 답을 찾아야 하는 상황을 가정했습니다. 예시 답변으로 주어진 "이 대화에서 언급된 이름은 홍길동입니다."라는 문장과 질문 유사도가 가장 높은 문장은 "제 이름은 홍두깨입니다.", "이름이 무엇인가요?" 순으로 유사도가 높게 나올 것입니다.

이를 위해 코사인 유사도 함수를 작성하고, 각 문장 간의 유사도를 측정하여 결과를 살펴보겠습니다.

5장/Text Embedding.ipynb

```python
from numpy import dot
from numpy.linalg import norm
import numpy as np

def cos_sim(A, B):
    return dot(A, B)/(norm(A)*norm(B))

print(cos_sim(embedded_query_q, embedded_query_a))
print(cos_sim(embedded_query_a, examples [1]))
print(cos_sim(embedded_query_a, examples [3]))
```

실행 결과

```
0.6490727590094498
0.47019079309112854
0.14843950996648805
```

유사도 측정 결과, "이 대화에서 언급된 이름은 무엇입니까"라는 질문과 가장 유사도가 높은 문장은 "이 대화에서 언급된 이름은 홍길동입니다."로 잘 계산된 것을 볼 수 있습니다. 또한 "제 이름은 홍두깨입니다." 문장의 수치는 0.47이며, "랭체인은 유용합니다." 문장의 수치는 0.14로 올바르게 계산되어 적절한 임베딩이 이뤄졌음을 알 수 있습니다.

그럼 Open source 임베딩 모델로도 유사도 측정이 잘 이뤄지는지 확인해보겠습니다. 이번에는 Open source 임베딩 모델로 jhgan/ko-sroberta-multitask와 바이두의 bge-small-en로 테스트하여 결과를 비교해보겠습니다.

02. jhgan/ko-sroberta-multitask 임베딩 모델 활용

5장/Text Embedding.ipynb

```
#Open source 임베딩 모델 활용을 위한 sentence-transformer 라이브러리 설치
#!pip install sentence-transformers

from langchain_community.embeddings import HuggingFaceEmbeddings

#HuggingfaceEmbedding 함수로 Open source 임베딩 모델 로드
model_name = "jhgan/ko-sroberta-multitask"
ko_embedding= HuggingFaceEmbeddings(
    model_name=model_name
)

examples = ko_embedding.embed_documents(
    [
        "안녕하세요",
        "제 이름은 홍두깨입니다.",
        "이름이 무엇인가요?",
        "랭체인은 유용합니다.",
    ]
)

embedded_query_q = ko_embedding.embed_query("이 대화에서 언급된 이름은 무엇입니까?")
embedded_query_a = ko_embedding.embed_query("이 대화에서 언급된 이름은 홍길동입니다.")

print(cos_sim(embedded_query_q, embedded_query_a))
print(cos_sim(embedded_query_q, examples[1]))
print(cos_sim(embedded_query_q, examples[3]))
```

실행 결과

```
0.6070005931015114
0.2947340681140601
0.2757840550754497
```

결과를 보면, 앞서 예상한 유사도 순위대로 측정되었습니다. 가장 적절한 답변 문장에 대해서는 0.60이라는 가장 높은 수치를 매겼고, 오답인 문장에 대해서는 0.29로 낮은 수치를 매겼습니다. 즉, 예시 질문과 가장 유사한 문장이 무엇인지, 그리고 다른 문장과의 뉘앙스 차이가 얼마나 큰지 잘 이해하고 임베딩한 것을 알 수 있습니다.

03. BAAI/bge-small-en 임베딩 모델 활용

5장/Text Embedding.ipynb

```python
from langchain_community.embeddings import HuggingFaceEmbeddings

model_name = "BAAI/bge-small-en"
bge_embedding= HuggingFaceEmbeddings(
    model_name=model_name
)

examples = bge_embedding.embed_documents(
    [
        "안녕하세요",
        "제 이름은 홍두깨입니다.",
        "이름이 무엇인가요?",
        "랭체인은 유용합니다.",
    ]
)

embedded_query_q = bge_embedding.embed_query("이 대화에서 언급된 이름은 무엇입니까?")
embedded_query_a = bge_embedding.embed_query("이 대화에서 언급된 이름은 홍길동입니다.")

print(cos_sim(embedded_query_q, embedded_query_a))
print(cos_sim(embedded_query_q, examples[1]))
print(cos_sim(embedded_query_q, examples[3]))
```

실행 결과

```
0.9554541500614862
0.9431682818945583
0.8853417252441457
```

유사도 측정 결과를 보면 앞서 측정한 두 임베딩 모델의 결과와 사뭇 다르다는 것을 알 수 있습니다. 문장들의 유사도 순위는 올바르게 책정된 것처럼 보이지만, 각 유사도 수치 값에는 큰 차이가 없고 세 문장 모두 비교적 높은 결과 값으로 책정되었습니다.

그 이유는 해당 임베딩 모델은 사전 학습 시 영어와 중국어에 대해서만 학습되었기 때문입니다. 앞서 다룬 text-embedding-3-small는 다국어, ko-sroberta-multitask는 한국어와 영어로 사전 학습되어 bge-small-en 대비 한글 문장 임베딩 성능이 좋았던 것입니다. 이처럼 임베딩 모델은 사전 학습 시 어떤 언어 데이터셋으로 학습되었는지에 따라 특정 언어의 문장 임베딩 성능이 결정됩니다. 따라서 RAG의 청크 임베딩 과정에서 어떤 언어를 사용할 것인지 고려하여 적절한 임베딩 모델을 활용해야 좋은 품질의 답변을 받을 수 있습니다.

5.2 문서 벡터 저장소, Vector Stores

앞서 텍스트 임베딩으로 RAG의 검색 과정에 대한 원리를 살펴보았다면, 지금부터는 여러 문서를 벡터 형태로 저장하는 **벡터 DB**에 대해 살펴보겠습니다. 벡터 DB는 말 그대로 여러 문서의 청크를 임베딩하여 얻어낸 임베딩 벡터의 데이터베이스입니다. 그렇다면 벡터 DB는 기존의 전통적인 관계형 데이터베이스(Relational Database, RDB)와는 어떤 차이점이 있을까요?

첫 번째, 벡터 DB는 기존의 RDB와 달리 비정형 데이터를 저장하는 데 특화된 데이터베이스입니다. 정형 데이터를 저장하는 RDB는 기본적으로 문자와 숫자 정보를 그 특성에 따라 열과 행의 테이블 형태로 적재합니다. 그러나 텍스트나 이미지와 같은 비정형 데이터는 데이터마다 갖고 있는 의미가 완전히 다르기 때문에 테이블 형태로 적재하기에 적절치 않습니다.

따라서 비정형 데이터를 저장하고 검색하기 위한 특수한 데이터베이스가 필요한데, 그것이 바로 벡터 DB입니다. 벡터 DB는 고차원의 벡터 데이터를 효율적으로 저장하고 검색할 수 있도록 설계되었습니다. 텍스트나 이미지와 같은 비정형 데이터를 임베딩 벡터로 변환하여 벡터 DB에 저장하면 앞서 살펴본 유사도 검색을 통해 쉽게 정보를 조회할 수 있습니다.

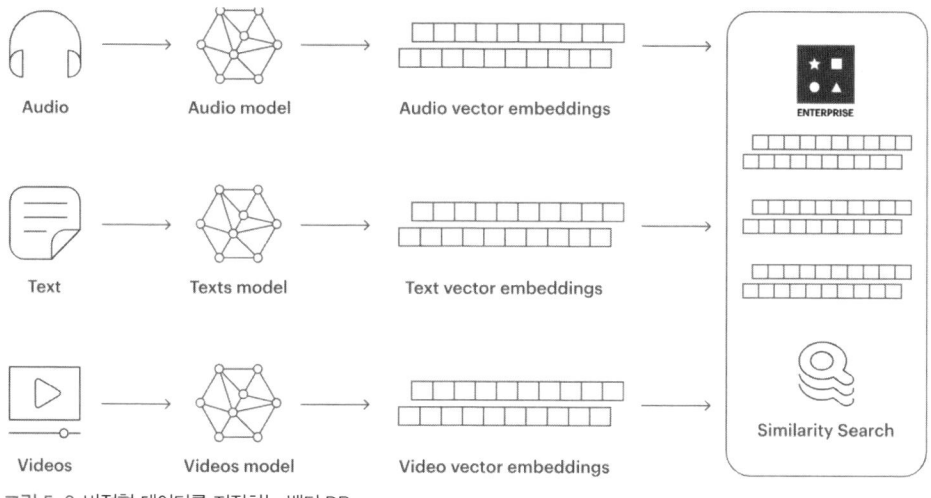

그림 5-3 비정형 데이터를 저장하는 벡터 DB

두 번째, 벡터 DB는 RDB와 데이터 조회 방식이 다릅니다. RDB는 SQL 쿼리를 기반으로 사용자가 찾으려는 정형 데이터의 정확한 행과 열을 추출하여 정보를 조회합니다. 이러한 조회 방식은 비정형 데이터를 다루기에 적절하지 않습니다. 텍스트나 이미지를 검색할 때, 사람들은 보통 '정확히 일치하는 것'보다는 '비슷한 것'을 찾고 싶어 합니다. 예를 들어, '강아지' 사진을 찾을 때 꼭 특정 강아지가 아니라 비슷한 모든 강아지 사진을 보고 싶어 하는 것처럼요. 텍스트나 이미지의 경우, 사용자가 검색하는 목적이 특정 텍스트를 정확하게 찾아내는 것이 아니라, 유사한 것을 찾아내는 것인 경우가 많기 때문입니다. 따라서 벡터 DB는 벡터 유사도 계산을 통해 데이터를 조회합니다. 벡터 DB에 쌓인 수많은 임베딩 벡터와 사용자가 찾고자 하는 임베딩 벡터 간의 유사도 계산을 통해 가장 높은 유사도를 가진 K개의 벡터를 찾습니다. 이를 위해 벡터 DB에서는 ANN(Approximate Nearest Neighbor) 알고리즘을 바탕으로 임베딩 벡터 간 유사도를 계산하여 검색에 활용합니다.

ANN 알고리즘 중 가장 널리 사용되는 것으로 HNSW(Hierarchical Navigable Small World)와 SPTAG(Space Partition Tree And Graph)를 들 수 있습니다. **HNSW**는 계층적 구조를 이용해 빠른 검색을 가능하게 합니다. 이는 마치 도시의 도로 체계와 비슷한데, 고속도로(상위 계층)에서 시작해 점차 좁은 길(하위 계층)로 이동하며 목적지에 도달하는 방식입니다. 이러한 접근 방식은 대규모 데이터셋에서도 매우 **빠른 검색 속도**를 제공합니다.

한편 **SPTAG**는 공간 분할 트리와 그래프를 결합한 방식으로, 먼저 데이터를 트리 구조로 분류한 후 그래프를 통해 세부 검색을 수행합니다. 이는 도서관에서 책을 찾는 과정과 유사한데, 먼저 대략적인 위치(분류)를 찾고 그 주변에서 원하는 책을 찾아가는 방식입니다. SPTAG는 특히 Microsoft의 Bing 검색 엔진에서 사용되어 그 효율성이 입증되었습니다. 두 알고리즘 모두 대용량 데이터에서 빠르고 정확한 유사도 검색을 가능하게 하여, 현대의 복잡한 검색 요구를 효과적으로 처리할 수 있습니다.

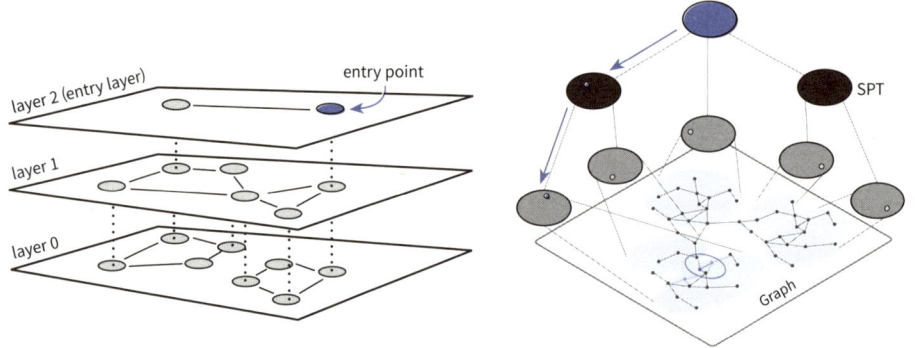

그림 5-4 HNSW의 계층적 탐색 구조(왼쪽)와 SPTAAG의 트리+그래프 탐색 구조(오른쪽)

벡터 DB의 종류

LLM이 급부상하면서 벡터 DB의 선택지도 크게 늘어났습니다. 벡터 DB의 종류는 크게 5가지로 나눌 수 있습니다. 지금부터 하나씩 살펴보겠습니다.

1. 순수 벡터 데이터베이스

순수 벡터 데이터베이스에는 무료 Open source로 활용 가능한 Chroma, Weaviate, Qdrant 등이 있고, 유료 Closed source로 활용 가능한 Pinecone, ziliz가 있습니다. 순수 벡터 데이터베이스는 설계 시점부터 임베딩 벡터를 저장하고 검색하는 것에 초점을 뒀기 때문에, 벡터 DB로써 갖춰야 할 기본적인 기능들이 가장 많이 발달해 있습니다.

임베딩 벡터를 인덱싱하는 기술이 발전하여 효율적인 유사성 검색이 가능하며, 대규모 데이터셋을 위한 확장성도 뛰어납니다. 기본적으로 코사인 유사도를 포함한 벡터 연산도 지원하기 때문에, 다양한 유형의 비정형 데이터를 쉽게 저장하고 검색하는 데 활용될 수 있습니다.

그러나 이러한 점들이 단점으로 작용하기도 합니다. 우선 벡터 검색에 특화되어 있기 때문에, SQL을 기반으로 정보를 조회하는 기존 DB와 결합이 어렵습니다. 또한 DB의 기본 특성인 CRUD(Create, Replace, Update, Delete)와 같은 기능이 기존 전통적인 DB 시스템에 비해 부실하기 때문에 시스템 유지보수가 원활하지 않을 수 있습니다. 또 벡터 데이터를 인덱싱하는 계산 과정이 무겁기 때문에 새로운 데이터를 추가하고 이를 활용하는 것이 타 DB 대비 느리거나 비용이 많이 들 수 있다는 단점도 있습니다.

2. 텍스트 전용 데이터베이스

텍스트 전용 데이터베이스에는 검색에 가장 많이 활용되는 Elasticsearch와 OpenSearch, Apache Lucene, Solr 등이 있습니다. 텍스트 전용 DB는 최근 벡터 DB가 텍스트 데이터를 위한 데이터베이스로 각광받기 이전에 가장 대중적인 솔루션이었습니다. 특히 Elasticsearch의 경우, 오픈 소스 데이터베이스로써 수많은 검색 소프트웨어 시스템에 결합되어 있습니다. 그만큼 텍스트 데이터를 저장하고 이를 조회하기 위한 기능이 크게 발전했다고 볼 수 있습니다. 다국어 검색 지원, 커스터마이징 가능한 토크나이저, Stemmer, 불용어 목록, N-gram이 대표적인 기능들입니다.

그러나 텍스트 전용 DB는 기존 DB와 마찬가지로 벡터 검색을 위한 유사도 계산에 최적화되지 않았습니다. 즉, 텍스트 데이터를 조회할 때 기존 정형 DB와 마찬가지로 정확히 일치하는 정보를 검색하는 방식이기 때문에 맥락이 유사한 문장을 찾아내야 하는 RAG 시스템에 최적의 솔루션은 아닌 셈입니다. 따라서 텍스트 전용 DB를 활용하기 위해서는 벡터 검색을 위한 추가적인 모듈 결합이 필요합니다.

3. 벡터 라이브러리

벡터 라이브러리는 벡터의 유사도 계산이나 클러스터링을 위한 라이브러리입니다. 대표적으로 페이스북에서 개발한 FAISS(Faicebook AI Similarity Search), Annoy, Hnswlib가 존재합니다. 벡터 라이브러리는 벡터 유사도를 계산하기 위해 개발된 라이브러리인만큼, 기본적으로 코사인 유사도와 같은 알고리즘뿐만 아니라, 벡터 압축을 통한 빠른 검색 등의 부가적인 기능들도 보유하고 있습니다. 이러한 알고리즘들은 텍스트 임베딩이나 이미지 임베딩과 같은 고차원 데이터를 효율적으로 검색할 수 있기 때문에 AI 영역에서 자주 활용됩니다.

그러나 벡터 라이브러리는 DB로써의 기능은 꽤 부실한 편입니다. 벡터 DB의 경우 데이터를 조회하는 방법으로 벡터 유사도 외에 메타데이터 필터링이 중요한데, FAISS는 필터링 기능을 지원하지 않아 수동으로 이를 보충해야 합니다. 무엇보다도 DB의 핵심이라 할 수 있는 CRUD 작업이 제한되거나 지원하지 않는 경우가 다수 존재합니다. RAG 시스템을 유지보수하기에는 매우 치명적인 단점일 수 있습니다. 다만 라이브러리가 가볍고 활용하기 쉬워 파일럿 프로젝트 개발 시 RAG 시스템에 결합되기도 합니다.

4. 벡터 기능이 추가된 NoSQL

NoSQL은 기존 정형 데이터베이스에서 수행하기 어려운 비정형, 반정형 데이터의 저장과 검색을 용이하게 하기 위해 설계된 데이터베이스입니다. 대표적으로 MongoDB, neo4j, redis 등이 있습니다. NoSQL도 순수 벡터 DB와 마찬가지로 텍스트나 이미지 데이터를 저장하거나 조회하기 위해 설계되었습니다. 하지만 벡터 검색을 위한 유사성 계산과 같은 벡터 전용 기능이 비교적 최근에 추가되기 시작한 만큼, 아직은 테스트를 위한 기간이 더 필요할 것으로 보입니다.

5. 벡터 저장 및 검색 가능한 SQL DB

기존 SQL DB도 벡터 저장 및 검색이 가능합니다. 대표적으로 PostgreSQL의 경우 pgvector라는 형태의 벡터 데이터베이스를 지원하며, Clickhouse, Kinetica라는 DB도 벡터 데이터베이스 기능을 지원하고 있습니다. 이 DB들은 기본적으로 SQL 쿼리를 기반으로 데이터를 조회하기 때문에, 벡터 검색 기능과 결합한 하이브리드 검색이 가능합니다. 또한 대부분의 클라우드에서 활용 가능한 DB인 만큼 빠르게 기존 서비스와 결합할 수 있습니다.

그러나 SQL DB는 정형 데이터 전용으로 설계되었기 때문에 벡터 저장 및 데이터 조회가 최적화되지 않았습니다. 특히 ANN과 같이 벡터 검색을 위한 알고리즘 추가 단계에 있는 DB가 많기 때문에, 이 기능이 안정적으로 시스템에 결합할 때까지는 순수 벡터 데이터베이스 대비 성능이 다소 떨어질 수 있습니다.

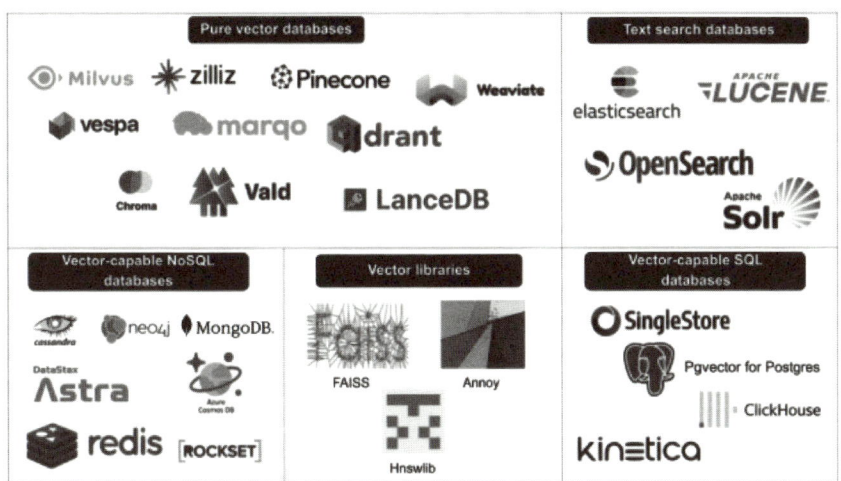

그림 5-5 벡터 DB의 종류

Chroma DB란?

Chroma DB는 RAG 구축 시 가장 많이 활용되는 오픈 소스 벡터 DB입니다. Chroma는 순수 벡터 DB인만큼, 벡터 임베딩을 다루기 위해 필요한 다양한 기능을 제공합니다. 대표적으로 임베딩과 메타데이터 저장, 문서 및 질문 임베딩, 임베딩 검색 등이 가능합니다. Chroma DB의 특장점으로는 다른 DB 대비 단순한 사용성, 유사도 순위를 제공한다는 점, 빠르다는 점이 있습니다.

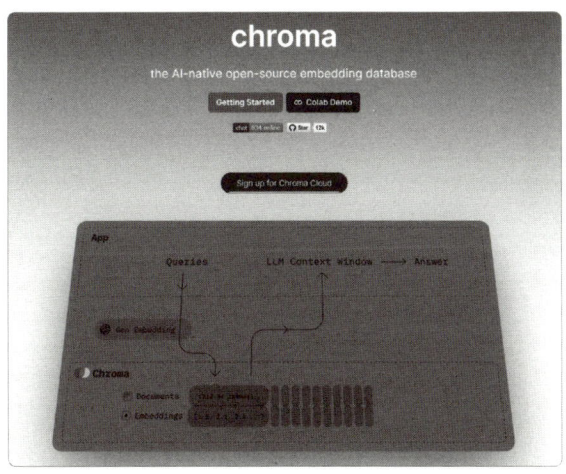

그림 5-6 Chroma DB

Chroma DB 문서 저장 및 유사 문서 검색

Chroma DB를 활용해 문서를 저장하는 가장 기본적인 방법을 살펴보겠습니다. 다음의 코드에서 사용한 실습 파일은 '대한민국 헌법' PDF 파일입니다. Chroma DB는 `from_docu`

ments() 함수를 활용하여 Document 객체를 저장하고, from_texts() 함수를 활용하여 텍스트를 저장할 수 있습니다. 이때 매개변수로 임베딩 모델을 전달하여 문서를 임베딩 변환 후 저장합니다.

5장/Vector Stores.ipynb

```python
import os
from langchain.document_loaders import PyPDFLoader
from langchain_text_splitters import RecursiveCharacterTextSplitter
from langchain_openai import OpenAIEmbeddings
from langchain.vectorstores import Chroma
os.environ["OPENAI_API_KEY"] = "YOUR_OPENAI_API_KEY"

openai_embedding=OpenAIEmbeddings(model = 'text-embedding-3-small')

loader = PyPDFLoader(r"../data/대한민국헌법(헌법)(제00010호)(19880225).pdf")
pages = loader.load_and_split()

text_splitter = RecursiveCharacterTextSplitter(chunk_size=500, chunk_overlap=0)
docs = text_splitter.split_documents(pages)

db = Chroma.from_documents(docs, openai_embedding)
```

- 실습에서 활용하는 대한민국 헌법 PDF 파일은 저자의 깃허브(github.com/Kane0002/Langchain-RAG)에서 예제 소스와 함께 제공합니다.

 / ChromaDB 설치 도중 Window C++ Build Tools 에러가 나는 경우

!pip install chromadb 혹은 langchain-chroma를 실행하는 과정에서 Window C++ Build Tools 에러가 발생하는 경우, 안내에 따라 Visual Studio Build Tools를 다운로드해야 합니다.

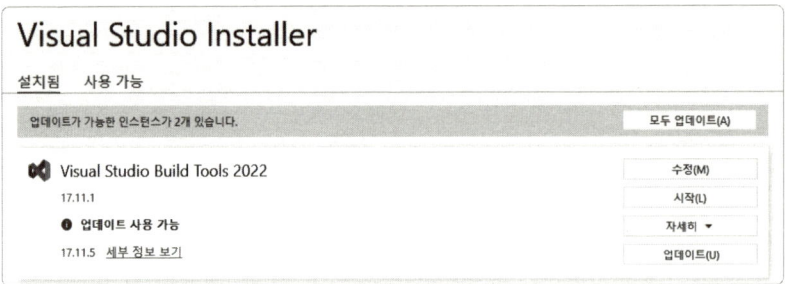

다운로드받은 VisualStudioSetup.exe 파일을 실행한 후 C++ Buildtools를 체크하고 다음 단계를 진행하면 됩니다.

먼저 `PyPDFLoader`로 대한민국 헌법 PDF 파일을 Document 객체로 불러온 다음 `Recursive CharacterTextSplitter`를 통해 글자 수가 500자 이내의 청크들로 분할합니다. 그리고 랭체인의 `vectorstore` 모듈에서 로드한 `Chroma`를 통해 저장하는데, 이때 분할한 청크들과 임베딩 함수를 함께 넣어 문서의 임베딩 변환과 저장을 동시에 합니다.

`Chroma`는 질문과 유사한 청크를 검색할 수 있는 기능을 제공합니다. 이는 `similarity_search()` 함수를 통해 수행하며, 벡터 간 거리(낮을수록 유사)를 계산하여 함께 제공하는 `similarity_search_with_score()`도 자주 쓰는 기능입니다.

5장/Vector Stores.ipynb

```
query = "대통령의 임기는?"
#유사 문서 검색
docs = db.similarity_search(query)
print(docs[0])

#유사 문서 검색 및 유사도 출력
#db.similarity_search_with_score(query)
```

실행 결과

```
page_content='제70조 대통령의 임기는 5년으로 하며, 중임할 수 없다.\n \n제71조
대통령이 궐위되거나 사고로 인하여 직무를 수행할 수 없을 때에는 국무총리, 법률이
정한 국무위원의 순서로\n그 권한을 대행한다.\n \n제72조 대통령은 필요하다고
인정할 때에는 외교·국방·통일 기타 국가안위에 관한 중요정책을 국민투표에 붙일
수\n있다.\n \n제73조 대통령은 조약을 체결·비준하고, 외교사절을 신임·접수 또는
파견하며, 선전포고와 강화를 한다.\n \n제74조 ①대통령은 헌법과 법률이 정하는
바에 의하여 국군을 통수한다.\n②국군의 조직과 편성은 법률로 정한다.\n \n제75조
대통령은 법률에서 구체적으로 범위를 정하여 위임받은 사항과 법률을 집행하기
위하여 필요한 사항에 관하여\n대통령령을 발할 수 있다.\n \n제76조 ①대통령은
내우·외환·천재·지변 또는 중대한 재정·경제상의 위기에 있어서 국가의 안전보장
또는 공공의' metadata={'page': 6, 'source': '..//data//대한민국헌법(헌법)(제00010호
)(19880225).pdf'}
```

대통령의 임기를 묻는 질문과 가장 유사한 청크는 PDF 파일 6쪽의 70조부터 76조까지의 문장인 것을 알 수 있습니다. `similarity_search_with_score`를 활용하면 질문과 유사한 문장들이 어느 정도의 유사성을 가졌는지 확인할 수도 있습니다.

이런 방식으로 Chroma를 활용하면 RAG의 파일럿 테스트를 빠르게 실행에 옮길 수 있습니다. 그런데 만약 RAG를 실제 서비스로 구축하려면 기존 데이터베이스와 같이 Chroma를 디스크에 저장하고, 필요할 때 불러와 유사 문서 검색에 활용할 수 있어야 합니다.

Chroma는 디스크에 벡터 DB를 저장하고 이를 로드할 수 있는 기능을 제공합니다. 앞서 살펴본 방식과 크게 다르지 않으며, `persist_directory`에 저장 경로 및 로드 경로를 입력하면 됩니다.

5장/Vector Stores.ipynb

```
#save to disk
db2 = Chroma.from_documents(docs, hf, persist_directory="./chroma_db")

#load from disk
db3 = Chroma(persist_directory="./chroma_db", embedding_function=hf)
result = db3.similarity_search(query)
print(result[0].page_content)
```

실행 결과

```
page_content='제70조 대통령의 임기는 5년으로 하며, 중임할 수 없다.\n \n제71조 대통령이 궐위되거나 사고로 인하여 직무를 수행할 수 없을 때에는 국무총리, 법률이 정한 국무위원의 순서로\n그 권한을 대행한다.\n \n제72조 대통령은 필요하다고 인정할 때에는 외교·국방·통일 기타 국가안위에 관한 중요정책을 국민투표에 붙일 수\n있다.\n \n제73조 대통령은 조약을 체결·비준하고, 외교사절을 신임·접수 또는 파견하며, 선전포고와 강화를 한다.\n \n제74조 ①대통령은 헌법과 법률이 정하는 바에 의하여 국군을 통수한다.\n②국군의 조직과 편성은 법률로 정한다.\n \n제75조 대통령은 법률에서 구체적으로 범위를 정하여 위임받은 사항과 법률을 집행하기 위하여 필요한 사항에 관하여\n대통령령을 발할 수 있다.\n \n제76조 ①대통령은 내우·외환·천재·지변 또는 중대한 재정·경제상의 위기에 있어서 국가의 안전보장 또는 공공의' metadata={'page': 6, 'source': '..//data//대한민국헌법(헌법)(제00010호)(19880225).pdf'}
```

Chroma DB API를 활용한 문서 관리

Chroma DB는 API를 통해 쉽게 문서를 관리할 수 있도록 여러 기능을 제공합니다. 특히 문서를 임베딩 벡터 형태로 저장하고 이를 쉽게 관리할 수 있도록 Collection 기능을 제공합니다. Collection은 쉽게 말해 텍스트 임베딩을 포함하는 상위 개념의 폴더입니다. Collection을 활용하면 새로운 데이터 추가, 기존 데이터 교체, 삭제와 같은 기본적인 데이터베이스 관리 작업을 수행할 수 있습니다.

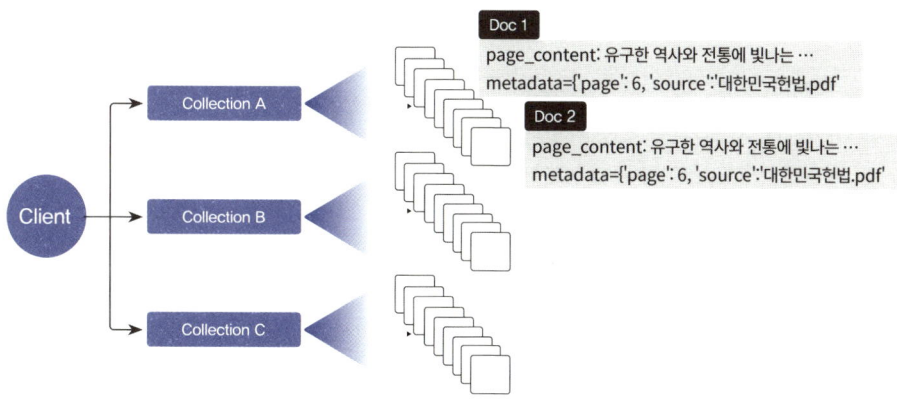

그림 5-7 Collection의 원리

Collection 객체 생성과 문서 저장

Collection을 생성하기 위해서는 Chroma의 클라이언트 객체를 생성해야 합니다. Chroma 의 클라이언트는 정해진 위치에 Collection을 생성하거나 제거하는 등의 관리 작업을 수행할 수 있도록 하는 객체입니다. PersistentClient() 함수를 실행하여 client를 연결하고, heartbeat() 함수를 통해 client의 연결 여부를 확인할 수 있습니다. Heartbeat() 함수를 실행했을 때, 클라이언트가 연결되어 있다면 나노초(ns)를 출력하고, 그렇지 않은 경우는 출력하지 않습니다.

5장/Vector Stores.ipynb

```
import chromadb
#collection을 저장할 경로 지정
client = chromadb.PersistentClient(path="collection_example")
#client가 잘 연결되어 있는지 확인
client.heartbeat()
```

실행 결과

```
1712055303788185100
```

이제 클라이언트를 통해서 collection을 생성하고 로드해보겠습니다. 이를 생성하기 위해서는 embedding_function으로 임베딩 모델을 선언하여 문서를 임베딩 변환할 모델을 정해야 합니다.

5장/Vector Stores.ipynb

```
from chromadb.utils import embedding_functions
from chromadb.utils.embedding_functions import OpenAIEmbeddingFunction
#OpenAI 임베딩 모델 활용
embedding_function = OpenAIEmbeddingFunction(), model_name="text-embedding-3-small")

#Huggingface 오픈 소스 임베딩 모델 활용
embedding_function = embedding_functions.SentenceTransformerEmbeddingFunction(model_name="jhgan/ko-sbert-nli")

collection = client.create_collection(name="korean_law", embedding_function=embedding_function)
```

실행 결과

```
Collection(name=korean_law)
```

collection을 생성하면 client에 지정한 경로에 문서를 저장할 준비가 된 것입니다. 지금은 문서를 collection에 저장하지 않았기 때문에 collection 폴더가 생기지 않았습니다. 그럼 이제 문서를 임베딩으로 변환하여 collection에 저장해보겠습니다.

5장/Vector Stores.ipynb

```python
from langchain_text_splitters import RecursiveCharacterTextSplitter
from langchain.vectorstores import Chroma
from langchain.document_loaders import PyPDFLoader

#load the document and split it into chunks
loader = PyPDFLoader(r"../data/대한민국헌법(헌법)(제00010호)(19880225).pdf")
pages = loader.load_and_split()

#split it into chunks
text_splitter = RecursiveCharacterTextSplitter(chunk_size=500, chunk_overlap=0)
docs = text_splitter.split_documents(pages)

collection.add(
    ids = [str(i) for i in range(len(docs))],
    documents=[i.page_content for i in docs],
    metadatas=[i.metadata for i in docs]
)
```

collection은 add() 함수를 통해 저장할 수 있고, 이때 ids, documents, metadatas를 지정해야 합니다. 예시 코드에서는 대한민국 헌법 PDF 문서를 500자씩 분할하여, 청크를 document로 지정했습니다. id와 메타데이터는 원하는 값으로 설정할 수도 있지만, 간단하게 id는 문서 개수만큼 0부터 순차적으로 부여하고 메타데이터는 document 객체에 저장된 정보를 활용했습니다.

collection을 저장 후 로드하기 위한 방법도 알아보겠습니다. 로드하는 함수는 get_collection()으로, collection의 이름만 넣어주면 실행할 수 있습니다.

```
#name에 collection 이름, embedding_function은 collection 저장 시 지정한 임베딩 모델
collection = client.get_collection(name="korean_law", embedding_function=embedding
s_model)
collection
```

실행 결과
```
Collection(name=korean_law)
```

Collection 내 문서 검색

Collection을 활용하여 원하는 정보를 검색할 수도 있습니다. 이때 query_texts의 값으로 검색하려는 값의 리스트를 지정하면 됩니다. 검색의 결과물은 n_results로 원하는 수만큼 출력할 수 있으며, where에 dictionary 값을 넣어 필터링할 수도 있습니다. 다음은 메타데이터의 필드 중 하나인 page를 통해 1쪽에 있는 정보로 필터링하고, 3개의 유사 문서를 검색하는 코드입니다.

```
#1페이지에서 직업 선택의 자유와 유사한 청크 3개 검색
collection.query(
    query_texts=["직업 선택의 자유"],
    n_results=3,
    where={"page": 1},
)
```

실행 결과
```
{'ids': [['7', '5', '4']],
 'distances': [[395.4745123743129, 492.28089506008763, 501.51856416063924]],
 'metadatas': [[{'page': 1,
    'source': '..//data//대한민국헌법(헌법)(제00010호)(19880225).pdf'},
   {'page': 1,
    'source': '..//data//대한민국헌법(헌법)(제00010호)(19880225).pdf'},
   {'page': 1,
    'source': '..//data//대한민국헌법(헌법)(제00010호)(19880225).pdf'}]],
 'embeddings': None,
 'documents': [['제15조 모든 국민은 직업선택의 자유를 가진다.\n \n제16조 모든
```

```
          국민은 주거의 자유를 침해받지 아니한다. 주거에 대한 압수나 수색을 할 때에는 검사의
          신청에 의하여 법\n관이 발부한 영장을 제시하여야 한다.\n \n제17조 모든 국민은
          사생활의 비밀과 자유를 침해받지 아니한다.\n \n제18조 모든 국민은 통신의 비밀을
          침해받지 아니한다.\n \n제19조 모든 국민은 양심의 자유를 가진다.\n \n제20조 ①모든
          국민은 종교의 자유를 가진다.\n②국교는 인정되지 아니하며, 종교와 정치는 분리된다.',
           '제12조 ①모든 국민은 신체의 자유를 가진다. 누구든지 법률에 의하지 아니하고는
          체포·구속·압수·수색 또는 심문\n을 받지 아니하며, 법률과 적법한 절차에 의하지
          아니하고는 처벌·보안처분 또는 강제노역을 받지 아니한다.\n②모든 국민은 고문을 받지
          아니하며, 형사상 자기에게 불리한 진술을 강요당하지 아니한다.\n③체포·구속·압수
          또는 수색을 할 때에는 적법한 절차에 따라 검사의 신청에 의하여 법관이 발부한 영장을
          제시\n하여야 한다. 다만, 현행범인인 경우와 장기 3년 이상의 형에 해당하는 죄를
          범하고 도피 또는 증거인멸의 염려가\n있을 때에는 사후에 영장을 청구할 수 있다.\
          n④누구든지 체포 또는 구속을 당한 때에는 즉시 변호인의 조력을 받을 권리를 가진다.
          다만, 형사피고인이 스스로\n변호인을 구할 수 없을 때에는 법률이 정하는 바에 의하여
          국가가 변호인을 붙인다.\n⑤누구든지 체포 또는 구속의 이유와 변호인의 조력을 받을
          권리가 있음을 고지받지 아니하고는 체포 또는 구속을',
             '법제처                                                  2
          국가법령정보센터\n대한민국헌법 \n \n       제2장 국민의 권리와 의무\n \n제10조
          모든 국민은 인간으로서의 존엄과 가치를 가지며, 행복을 추구할 권리를 가진다. 국가는
          개인이 가지는 불가침\n의 기본적 인권을 확인하고 이를 보장할 의무를 진다.\n \n제11조
          ①모든 국민은 법 앞에 평등하다. 누구든지 성별·종교 또는 사회적 신분에 의하여
          정치적·경제적·사회적·\n문화적 생활의 모든 영역에 있어서 차별을 받지 아니한다.\
          n②사회적 특수계급의 제도는 인정되지 아니하며, 어떠한 형태로도 이를 창설할 수
          없다.\n③훈장등의 영전은 이를 받은 자에게만 효력이 있고, 어떠한 특권도 이에 따르지
          아니한다.']],
           'uris': None,
           'data': None}
```

결과를 보면, id가 7, 5, 4에 해당하는 청크가 유사도 내림차순으로 출력되었으며, 검색 대상과 가장 유사한 문서로 직업 선택의 자유를 언급하는 제15조를 잘 출력했습니다. 만약 메타데이터를 기반으로 더 상세한 필터링을 수행하고 싶다면, 다음의 형식으로 작성할 수 있습니다.

5장/Vector Stores.ipynb

```
# 5페이지 이후의 청크 중에서 직업 선택의 자유와 관련한 문서 3개 검색
# $eq - 일치(string, int, float)
# $ne - 불일치(string, int, float)
```

```
# $gt - 초과(int, float)
# $gte - 이상(int, float)
# $lt - 미만(int, float)
# $lte - 이하(int, float)
collection.query(
    query_texts=["직업 선택의 자유"],
    n_results=3,
    where={"page": {"$gte": 5}}
)
```

실행 결과

```
{'ids': [['47', '45', '24']],
 'distances': [[515.1322677199305, 546.3651207658053, 556.7550257231668]],
 'metadatas': [[{'page': 12,
    'source': '..//data//대한민국헌법(헌법)(제00010호)(19880225).pdf'},
   {'page': 11,
    'source': '..//data//대한민국헌법(헌법)(제00010호)(19880225).pdf'},
   {'page': 6,
    'source': '..//data//대한민국헌법(헌법)(제00010호)(19880225).pdf'}]],
 'embeddings': None,
 'documents': [['법제처
13                                              국가법령정보센터\
n대한민국헌법 \n⑤국가는 농·어민과 중소기업의 자조조직을 육성하여야 하며, 그
자율적 활동과 발전을 보장한다.\n \n제124조 국가는 건전한 소비행위를 계도하고
생산품의 품질향상을 촉구하기 위한 소비자보호운동을 법률이 정하는 바\n에 의하여
보장한다.\n \n제125조 국가는 대외무역을 육성하며, 이를 규제·조정할 수 있다.\n
\n제126조 국방상 또는 국민경제상 긴절한 필요로 인하여 법률이 정하는 경우를
제외하고는, 사영기업을 국유 또는 공유\n로 이전하거나 그 경영을 통제 또는 관리할
수 없다.\n \n제127조 ①국가는 과학기술의 혁신과 정보 및 인력의 개발을 통하여
국민경제의 발전에 노력하여야 한다.\n②국가는 국가표준제도를 확립한다.',
   '지하며, 경제주체간의 조화를 통한 경제의 민주화를 위하여 경제에 관한 규제와
조정을 할 수 있다.\n \n제120조 ①광물 기타 중요한 지하자원·수산자원·수력과 경제상
이용할 수 있는 자연력은 법률이 정하는 바에 의하\n여 일정한 기간 그 채취·개발 또는
이용을 특허할 수 있다.\n②국토와 자원은 국가의 보호를 받으며, 국가는 그 균형있는
개발과 이용을 위하여 필요한 계획을 수립한다.\n \n제121조 ①국가는 농지에 관하여
경자유전의 원칙이 달성될 수 있도록 노력하여야 하며, 농지의 소작제도는 금지된다.\
n②농업생산성의 제고와 농지의 합리적인 이용을 위하거나 불가피한 사정으로 발생하는
농지의 임대차와 위탁경영\n은 법률이 정하는 바에 의하여 인정된다.\n \n제122조 국가는
국민 모두의 생산 및 생활의 기반이 되는 국토의 효율적이고 균형있는 이용·개발과
```

```
   보전을 위하여 법\n률이 정하는 바에 의하여 그에 관한 필요한 제한과 의무를 과할 수
   있다.',
     '법제처                                                                 7
   국가법령정보센터\n대한민국헌법 \n있어야 한다.\n③탄핵소추의 의결을 받은 자는
   탄핵심판이 있을 때까지 그 권한행사가 정지된다.\n④탄핵결정은 공직으로부터 파면함에
   그친다. 그러나, 이에 의하여 민사상이나 형사상의 책임이 면제되지는 아니\n다.\n \n
   제4장 정부\n         제1절 대통령\n \n제66조 ①대통령은 국가의 원수이며, 외국에
   대하여 국가를 대표한다.\n②대통령은 국가의 독립·영토의 보전·국가의 계속성과
   헌법을 수호할 책무를 진다.\n③대통령은 조국의 평화적 통일을 위한 성실한 의무를
   진다.\n④행정권은 대통령을 수반으로 하는 정부에 속한다.\n \n제67조 ①대통령은
   국민의 보통·평등·직접·비밀선거에 의하여 선출한다.']],
  'uris': None,
  'data': None}
```

collection은 메타데이터가 아닌 문서의 키워드 포함 여부를 통해서도 필터링이 가능합니다. Where_documents의 매개변수로 포함하려는 키워드를 dictionary로 넣습니다. Where_document를 지정할 때는 dictionary의 key 값으로 수행하려는 필터링 명령어를, value 값으로 필터링을 위한 키워드를 넣어주면 됩니다.

5장/Vector Stores.ipynb

```python
collection.query(
    query_texts=["직업 선택의 자유"],
    n_results=3,
    where={"page": 1},
    where_document={"$contains": "직업"}
)
```

실행 결과

```
{'ids': [['7']],
 'distances': [[395.4745123743129]],
 'metadatas': [[{'page': 1,
    'source': '..///data//대한민국헌법(헌법)(제00010호)(19880225).pdf'}]],
 'embeddings': None,
 'documents': [['제15조 모든 국민은 직업선택의 자유를 가진다.\n \n제16조 모든
국민은 주거의 자유를 침해받지 아니한다. 주거에 대한 압수나 수색을 할 때에는
검사의 신청에 의하여 법\n관이 발부한 영장을 제시하여야 한다.\n \n제17조 모든
```

```
국민은 사생활의 비밀과 자유를 침해받지 아니한다.\n \n제18조 모든 국민은 통신의
비밀을 침해받지 아니한다.\n \n제19조 모든 국민은 양심의 자유를 가진다.\n \n제20조
①모든 국민은 종교의 자유를 가진다.\n②국교는 인정되지 아니하며, 종교와 정치는
분리된다.']],
 'uris': None,
 'data': None},
 'included': ['metadatas', 'documents', 'distances']
```

5.3 RAG의 문서 검색기, Retriever

RAG에 활용할 문서를 저장하고 이를 시스템에 결합 가능한 형태로 가공하는 단계를 거친 후라면 앞으로는 어떻게 사용자의 질문과 근거 문서를 잘 연결할 지에 대한 단계가 남았습니다. 파일럿 테스트를 할 때는 쉽게 알아채지 못할 수 있는데, 이 문제는 실제로 RAG 기반의 서비스를 운영할 때 굉장히 중요한 부분입니다.

사용자의 질문과 답변 근거가 될 문서의 연결이 왜 중요한 문제인지 두 가지 측면에서 살펴보겠습니다.

첫 번째는 '사용자의 질문을 어떻게 해석할 것인가'입니다. RAG 시스템을 구축하면서 가장 먼저 고려해야 하는 것은 사용자 행동 예측입니다. 다시 말해 RAG 시스템을 쓰는 사용자의 입장에서 시스템을 바라봐야 좋은 시스템을 만들 수 있습니다.

이런 상황을 가정해보겠습니다. 어느 기업의 HR 시스템 담당자 A는 임직원들의 인사 규정과 관련된 질문을 AI로 답할 수 있도록 RAG 시스템을 구축하고자 합니다. 이때 참고할 문서는 기업의 사내 규정입니다. 이 상황에서 임직원들은 이 시스템을 어떻게 사용할 것인지를 생각해 보는 것입니다. 만약 사용자가 HR 규정에 언급된 문장과 유사한 질문을 한다면 RAG는 제대로 작동할 것입니다. 반대로 사용자가 HR 규정에 언급되지 않는, 즉 문장 유사도로 근거를 찾아낼 수 없는 질문을 한다면 RAG가 제대로 작동하지 못할 것입니다.

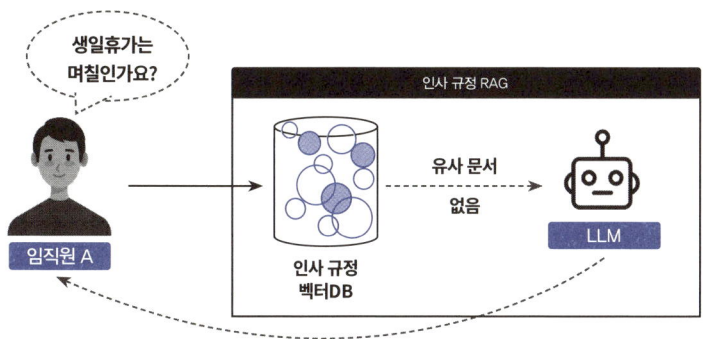

그림 5-8 HR 규정 챗봇의 RAG 구조도

이런 상황은 생각보다 자주 일어날 수 있습니다. 예를 들어 임직원 한 명이 HR 규정에 없는 생일 휴가와 관련된 질문을 했다면, 벡터 DB에 저장한 문서에 생일 휴가와 관련한 내용은 없기 때문에 근거 문장 또한 찾을 수 없을 것이고 LLM은 모른다고 답하거나 엉뚱한 답변을 내놓을 수 있습니다. 실제 인사 담당자라면 생일 휴가에 대한 질문을 경조 휴가에 대한 포괄적인 질문으로 해석하여 답변할 수도 있고, 생일 휴가 대신 결혼 기념일 휴가에 대한 안내를 할 수도 있습니다. RAG를 실제 사람이 답변하는 것처럼 작동하게 하려면, 사용자의 질문을 다양한 방식으로 해석하여 답변하도록 만들어야 합니다.

두 번째는 '답변 근거가 될 문서를 어떻게 얼마나 가져올 것인가'입니다. RAG는 사용자의 질문과 유사한 청크를 벡터 DB 검색으로 찾아냅니다. 그런데 유사 청크를 가져오는 방식에 있어서 고려할 사항들이 있습니다. 한 예로, 사용자의 질문과 유사한 청크가 벡터 DB 내에 100개가 있다면 그중에서 몇 개를 가져올지 정해야 합니다. 100개를 전부 프롬프트에 넣어 LLM에게 전달한다면 컨텍스트 윈도우를 초과할 수 있으며, LLM이 답변을 생성할 때 어떤 부분을 집중적으로 참고해야 할지 몰라 답변의 품질이 떨어질 수 있습니다. 이에 대한 해결책으로 100개 중에 유사도 순위가 높은 기준으로 N개를 지정하여 적절한 답변을 생성하게 만들었다고 가정하겠습니다. 과연 유사도 순위 기준으로 N개를 추출하는 것만이 좋은 답변을 만들어낼 수 있을까요? 오히려 다양한 근거를 포함하도록 N개를 추출하여 사용자 질문에 다각도로 답변하게 만드는 것이 더 좋을 수도 있습니다.

이렇듯 RAG의 검색 단계는 많은 고려 사항을 검토하여 최적의 파라미터를 찾아내야 하는 단계입니다. 랭체인에서는 이 과정을 보조하는 다양한 모듈들을 갖고 있으며, 이를 **Retriever**(검색기)라고 부릅니다.

벡터 DB 기반의 Retriever

Retriever에는 세밀한 검색 결과 조정을 위해 다양한 종류가 존재하는데, 벡터 DB 기반의 Retriever가 가장 기초 형태라고 할 수 있습니다. 기본적으로 벡터 DB는 문장 간 임베딩 유사도 계산 기능을 내장하고 있기 때문에, 랭체인을 결합하지 않더라도 검색 기능을 구축할 수 있습니다. 그러나 랭체인의 Retriever 모듈을 통해 벡터 DB를 결합하면 더 쉽고 세밀한 검색 기능을 만들 수 있습니다. 앞서 순수 벡터 데이터베이스에서 살펴본 Chroma를 예시(대한민국헌법.pdf 파일 사용)로 벡터 DB 기반의 Retriever를 알아보겠습니다.

5장/Retriever.ipynb

```python
from langchain.document_loaders import PyPDFLoader
from langchain_text_splitters import RecursiveCharacterTextSplitter
from langchain_openai import OpenAIEmbeddings
from langchain_chroma import Chroma

import os
Chroma().delete_collection()
os.environ["OPENAI_API_KEY"] = "YOUR_OPENAI_API_KEY"

#헌법 PDF 파일 로드
loader = PyPDFLoader(r"../data/대한민국헌법(헌법)(제00010호)(19880225).pdf")
pages = loader.load_and_split()

#PDF 파일을 500자 청크로 분할
text_splitter = RecursiveCharacterTextSplitter(chunk_size=500, chunk_overlap=0)
docs = text_splitter.split_documents(pages)

#ChromaDB에 청크들을 벡터 임베딩으로 저장(OpenAI 임베딩 모델 활용)
db = Chroma.from_documents(docs, OpenAIEmbeddings(
    model = 'text-embedding-3-small'))

#Chroma를 Retriever로 활용
retriever = db.as_retriever()
retriever. invoke ("국회의원의 의무")
```

실행 결과

[Document(page_content='③국회의원은 그 지위를 남용하여 국가·공공단체 또는 기업체와의 계약이나 그 처분에 의하여 재산상의 권리·이\n익 또는 직위를 취득하거나 타인을 위하여 그 취득을 알선할 수 없다.\n \n제47조 ①국회의 정기회는 법률이 정하는 바에 의하여 매년 1회 집회되며, 국회의 임시회는 대통령 또는 국회재적의원\n4분의 1 이상의 요구에 의하여 집회된다.\n②정기회의 회기는 100일을, 임시회의 회기는 30일을 초과할 수 없다.\n③대통령이 임시회의 집회를 요구할 때에는 기간과 집회요구의 이유를 명시하여야 한다.\n \n제48조 국회는 의장 1인과 부의장 2인을 선출한다.\n \n제49조 국회는 헌법 또는 법률에 특별한 규정이 없는 한 재적의원 과반수의 출석과 출석의원 과반수의 찬성으로 의결\n한다. 가부동수인 때에는 부결된 것으로 본다.\n \n제50조 ①국회의 회의는 공개한다. 다만, 출석의원 과반수의 찬성이 있거나 의장이 국가의 안전보장을 위하여 필요하다\n고 인정할 때에는 공개하지 아니할 수 있다.', metadata={'page': 4, 'source': '..//data//대한민국헌법(헌법)(제00010호)(19880225).pdf'}),
 Document(page_content='법제처 5 국가법령정보센터\n대한민국헌법 \n③국회의원의 선거구와 비례대표제 기타 선거에 관한 사항은 법률로 정한다.\n \n제42조 국회의원의 임기는 4년으로 한다.\n \n제43조 국회의원은 법률이 정하는 직을 겸할 수 없다.\n \n제44조 ①국회의원은 현행범인인 경우를 제외하고는 회기 중 국회의 동의없이 체포 또는 구금되지 아니한다.\n②국회의원이 회기 전에 체포 또는 구금된 때에는 현행범인이 아닌 한 국회의 요구가 있으면 회기 중 석방된다.\n \n제45조 국회의원은 국회에서 직무상 행한 발언과 표결에 관하여 국회 외에서 책임을 지지 아니한다.\n \n제46조 ①국회의원은 청렴의 의무가 있다.\n②국회의원은 국가이익을 우선하여 양심에 따라 직무를 행한다.', metadata={'page': 4, 'source': '..//data//대한민국헌법(헌법)(제00010호)(19880225).pdf'}),
 Document(page_content='②국회는 의원의 자격을 심사하며, 의원을 징계할 수 있다.\n③의원을 제명하려면 국회재적의원 3분의 2 이상의 찬성이 있어야 한다.\n④제2항과 제3항의 처분에 대하여는 법원에 제소할 수 없다.\n \n제65조 ①대통령·국무총리·국무위원·행정각부의 장·헌법재판소 재판관·법관·중앙선거관리위원회 위원·감사\n원장·감사위원 기타 법률이 정한 공무원이 그 직무집행에 있어서 헌법이나 법률을 위배한 때에는 국회는 탄핵의\n소추를 의결할 수 있다.\n②제1항의 탄핵소추는 국회재적의원 3분의 1 이상의 발의가 있어야 하며, 그 의결은 국회재적의원 과반수의 찬성이\n있어야 한다. 다만, 대통령에 대한 탄핵소추는 국회재적의원 과반수의 발의와 국회재적의원 3분의 2 이상의 찬성이', metadata={'page': 5, 'source': '..//data//대한민국헌법(헌법)(제00010호)(19880225).pdf'}),
 Document(page_content='제61조 ①국회는 국정을 감사하거나 특정한 국정사안에 대하여 조사할 수 있으며, 이에 필요한 서류의 제출 또는 증인\n의 출석과 증언이나 의견의 진술을 요구할 수 있다.\n②국정감사 및 조사에 관한 절차 기타 필요한 사항은 법률로 정한다.\n \n제62조 ①국무총리·국무위원 또는 정부위원은 국회나 그 위원회에 출석하여

> 국정처리상황을 보고하거나 의견을 진술\n하고 질문에 응답할 수 있다.\n②국회나 그 위원회의 요구가 있을 때에는 국무총리·국무위원 또는 정부위원은 출석·답변하여야 하며, 국무총리\n또는 국무위원이 출석요구를 받은 때에는 국무위원 또는 정부위원으로 하여금 출석·답변하게 할 수 있다.\n \n제63조 ①국회는 국무총리 또는 국무위원의 해임을 대통령에게 건의할 수 있다.\n②제1항의 해임건의는 국회재적의원 3분의 1 이상의 발의에 의하여 국회재적의원 과반수의 찬성이 있어야 한다.\n \n제64조 ①국회는 법률에 저촉되지 아니하는 범위 안에서 의사와 내부규율에 관한 규칙을 제정할 수 있다.', metadata={'page': 5, 'source': '..//data//대한민국헌법(헌법)(제00010호)(19880225).pdf'})]

as_retriever() 함수를 실행하면 Chroma DB가 Retriever로 변환되고, Chroma DB에 적재한 청크들을 invoke()로 검색할 수 있습니다. 예시 코드에서는 **"국회의원의 의무"**라는 쿼리를 기반으로 검색을 수행했는데, 기본적으로 4개의 유사 청크를 찾아냈습니다.

여기까지만 해도 임베딩 유사도를 기반으로 질문에 답할 수 있는 근거를 잘 찾았다고 볼 수 있지만, Retriever는 더 다양한 조정이 가능합니다. 만약 더 엄밀한 기준으로 유사 청크를 찾아내고 싶다면 어떻게 해야 할까요? 예를 들어 유사도 0.9 이상의 문서만 검색하여 알맞은 근거 문서만 RAG에 활용할 수 있을 것입니다. 이를 위해서는 예시 결과로 볼 수 있는 유사 문서뿐만 아니라 질문과의 유사도 점수를 반환해야 합니다. 이를 위해 Retriever는 유사 문서와 함께 유사도를 반환하는 기능도 제공하고 있습니다.

유사도를 반환하는 함수는 similarity_search_with_score()와 similarity_search_with_relevance_scores()가 존재하는데, 각각 질문-유사 청크 간의 거리와 유사도 점수를 함께 출력합니다. 따라서 similarity_search_with_score()의 경우 값이 낮을수록 질문과 유사도가 높은 것이고, similarity_search_with_relevance_scores()의 경우 값이 높을수록 질문과 유사도가 높은 것이라고 해석할 수 있습니다.

5장/Retriever.ipynb

```
result_score = db.similarity_search_with_score("국회의원의 의무")
result_r_score = db.similarity_search_with_relevance_scores("국회의원의 의무")
print("[유사 청크 1순위]")
print(result_score[0][0].page_content)
print("\n\n[점수]")
print(result_score[0][1])
print(result_r_score[0][1])
```

실행 결과

[유사 청크 1순위]
③국회의원은 그 지위를 남용하여 국가·공공단체 또는 기업체와의 계약이나 그 처분에 의하여 재산상의 권리·이익 또는 직위를 취득하거나 타인을 위하여 그 취득을 알선할 수 없다.

제47조 ①국회의 정기회는 법률이 정하는 바에 의하여 매년 1회 집회되며, 국회의 임시회는 대통령 또는 국회재적의원 4분의 1 이상의 요구에 의하여 집회된다.
②정기회의 회기는 100일을, 임시회의 회기는 30일을 초과할 수 없다.
③대통령이 임시회의 집회를 요구할 때에는 기간과 집회요구의 이유를 명시하여야 한다.

제48조 국회는 의장 1인과 부의장 2인을 선출한다.

제49조 국회는 헌법 또는 법률에 특별한 규정이 없는 한 재적의원 과반수의 출석과 출석의원 과반수의 찬성으로 의결한다. 가부동수인 때에는 부결된 것으로 본다.

제50조 ①국회의 회의는 공개한다. 다만, 출석의원 과반수의 찬성이 있거나 의장이 국가의 안전보장을 위하여 필요하다고 인정할 때에는 공개하지 아니할 수 있다.

[점수]
0.8005110025405884
0.4339532416891084

01. 검색 결과 개수 조정

as_retriever() 함수는 매개변수를 활용하여 더 세밀한 검색을 수행합니다. 기본적으로 검색 문서의 개수를 조절할 수 있으며, 이를 위해서는 search_kwargs 매개변수를 이용할 수 있습니다.

5장/Retriever.ipynb

```
#유사 청크 1개만 반환
retriever = db.as_retriever(search_kwargs={"k": 1})
retriever.get_relevant_documents("국회의원의 의무")
```

실행 결과

[Document(page_content='③국회의원은 그 지위를 남용하여 국가·공공단체 또는 기업체와의 계약이나 그 처분에 의하여 재산상의 권리·이\n익 또는 직위를 취득하거나 타인을 위하여 그 취득을 알선할 수 없다.\n \n제47조 ①국회의 정기회는 법률이 정하는

> 바에 의하여 매년 1회 집회되며, 국회의 임시회는 대통령 또는 국회재적의원\n4분의 1 이상의 요구에 의하여 집회된다.\n②정기회의 회기는 100일을, 임시회의 회기는 30일을 초과할 수 없다.\n③대통령이 임시회의 집회를 요구할 때에는 기간과 집회요구의 이유를 명시하여야 한다.\n \n제48조 국회는 의장 1인과 부의장 2인을 선출한다.\n \n제49조 국회는 헌법 또는 법률에 특별한 규정이 없는 한 재적의원 과반수의 출석과 출석의원 과반수의 찬성으로 의결\n한다. 가부동수인 때에는 부결된 것으로 본다.\n \n제50조 ①국회의 회의는 공개한다. 다만, 출석의원 과반수의 찬성이 있거나 의장이 국가의 안전보장을 위하여 필요하다\n고 인정할 때에는 공개하지 아니할 수 있다.', metadata={'page': 4, 'source': '..//data//대한민국헌법(헌법)(제00010호)(19880225).pdf'})]

매개변수인 search_kwargs의 k를 1로 설정하여 검색한 이전 결과와 다르게 1개의 유사 청크만 반환한 것을 볼 수 있습니다. 이전 예시에서 임베딩 유사도가 높은 4개의 문서를 모두 반환했다면, 이번에는 가장 유사도가 높은 문서 1개만 반환한 것입니다.

02. 검색 방식 변경

이전 예시에서는 유사도를 기준으로 높은 유사도 순의 청크 N개만 추출했습니다. 그런데 RAG의 결과물로 더 풍부한 답변을 얻고 싶은 경우, 이 방법만으로는 한계가 있습니다. 사용자의 질문과 가장 비슷한 청크들만으로 LLM의 올바른 대답을 이끌어낼 수 있지만, 서로 다른 의미를 갖고 있는 다양한 청크들을 바탕으로 더욱 풍부한 답변을 받길 원할 수 있기 때문입니다. Retriever는 이를 위해 MMR이라는 또 다른 검색 유형을 제공합니다.

MMR은 Maximal Marginal Relevance의 약자로, 문서의 유사성과 다양성을 동시에 고려하는 방법입니다. MMR의 공식은 다음과 같습니다.

① 질문과 문서의 유사도 ② 문서 집합 중 가장 유사한 문서와의 유사도

$$\text{MMR} = \lambda \cdot Sim(d, Q) - (1-\lambda) \cdot \max_{d' \in D} Sim(d, d')$$

MMR 공식은 크게 두 부분으로 나누어 볼 수 있습니다. 먼저 ①질문과 문서의 유사도는 가장 기초적인 유사도로, 사용자의 질문과 주어진 청크(d)의 유사도를 계산한 값입니다. 그리고 ②문서 집합 중 가장 유사한 문서와의 유사도는 주어진 문서 집합 중 청크(d)와 가장 유사한 (d') 사이의 유사도입니다. 이를 통해 최종 MMR 점수는 '(질문 - 문서 유사도) - (문서 - 문서 집합 내 가장 유사한 문서 유사도)'로 계산됩니다. 즉, 질문과의 유사도가 높으면서도 문

서 집합 중 가장 유사한 문서와의 유사도가 가장 낮을수록 MMR이 높아지는 것입니다. MMR은 λ값을 통해 두 지표의 중요도를 조절할 수 있습니다. 단적으로 λ=1인 경우, 질문과의 유사도가 가장 높은 문서를 찾아내고, λ=0인 경우, 문서 집합 중 가장 유사한 문서와의 유사도가 매우 낮게끔 문서를 검색합니다.

MMR의 공식과 MMR 점수 산출 원리는 조금 복잡해보이지만, Retriever에서는 λ값을 높게 설정하면 유사도를 중심으로, λ값을 낮게 설정하면 문서 간의 다양성을 중심으로 청크를 검색한다고 이해하면 됩니다. 이제 MMR을 이용하여 다양한 문서를 검색해내는 코드를 살펴보겠습니다.

5장/Retriever.ipynb

```python
from langchain.document_loaders import PyPDFLoader
from langchain_text_splitters import RecursiveCharacterTextSplitter
from langchain_openai import OpenAIEmbeddings
from langchain_chroma import Chroma
#헌법 PDF 파일 로드
loader = PyPDFLoader(r"../data/대한민국헌법(헌법)(제00010호)(19880225).pdf")
pages = loader.load_and_split()

#PDF 파일을 500자 청크로 분할
text_splitter = RecursiveCharacterTextSplitter(chunk_size=500, chunk_overlap=0)
docs = text_splitter.split_documents(pages)

#ChromaDB에 청크들을 벡터 임베딩으로 저장(OpenAI 임베딩 모델 활용)
db = Chroma.from_documents(docs, OpenAIEmbeddings(
    model = 'text-embedding-3-small'))
```

① MMR 검색 방식(다양성만을 고려)

5장/Retriever.ipynb

```python
#Chroma를 Retriever로 활용
retriever = db.as_retriever(
    search_type="mmr",
    search_kwargs "lambda_mult": 0, "fetch_k":10, "k":3}
)
retriever.get_relevant_documents("국회의원의 의무")
```

실행 결과

```
[Document(page_content='③국회의원은 그 지위를 남용하여 국가·공공단체 또는
기업체와의 계약이나 그 처분에 의하여 재산상의 권리·이\n익 또는 직위를 취득하거나
타인을 위하여 그 취득을 알선할 수 없다.\n \n제47조 ①국회의 정기회는 법률이 정하는
바에 의하여 매년 1회 집회되며, 국회의 임시회는 대통령 또는 국회재적의원\n4분의
1 이상의 요구에 의하여 집회된다.\n②정기회의 회기는 100일을, 임시회의 회기는
30일을 초과할 수 없다.\n③대통령이 임시회의 집회를 요구할 때에는 기간과 집회요구의
이유를 명시하여야 한다.\n \n제48조 국회는 의장 1인과 부의장 2인을 선출한다.\n
\n제49조 국회는 헌법 또는 법률에 특별한 규정이 없는 한 재적의원 과반수의 출석과
출석의원 과반수의 찬성으로 의결\n한다. 가부동수인 때에는 부결된 것으로 본다.\n
\n제50조 ①국회의 회의는 공개한다. 다만, 출석의원 과반수의 찬성이 있거나 의장이
국가의 안전보장을 위하여 필요하다\n고 인정할 때에는 공개하지 아니할 수 있다.',
metadata={'page': 4, 'source':
'..//data//대한민국헌법(헌법)(제00010호)(19880225).pdf'
Document(page_content='제40조 입법권은 국회에 속한다.\n \n제41조 ①국회는 국민의
보통·평등·직접·비밀선거에 의하여 선출된 국회의원으로 구성한다.\n②국회의원의
수는 법률로 정하되, 200인 이상으로 한다.', metadata={'page': 3, 'source':
'..//data//대한민국헌법(헌법)(제00010호)(19880225).pdf'
Document(page_content='②원장은 국회의 동의를 얻어 대통령이 임명하고, 그 임기는
4년으로 하며, 1차에 한하여 중임할 수 있다.\n③감사위원은 원장의 제청으로 대통령이
임명하고, 그 임기는 4년으로 하며, 1차에 한하여 중임할 수 있다.\n \n제99조 감사원은
세입·세출의 결산을 매년 검사하여 대통령과 차년도국회에 그 결과를 보고하여야
한다.\n \n제100조 감사원의 조직·직무범위·감사위원의 자격·감사대상공무원의 범위
기타 필요한 사항은 법률로 정한다.\n \n    제5장 법원\n \n제101조 ①사법권은
법관으로 구성된 법원에 속한다.\n②법원은 최고법원인 대법원과 각급법원으로
조직된다.\n③법관의 자격은 법률로 정한다.\n \n제102조 ①대법원에 부를 둘 수 있다.\
n②대법원에 대법관을 둔다. 다만, 법률이 정하는 바에 의하여 대법관이 아닌 법관을 둘
수 있다.\n③대법원과 각급법원의 조직은 법률로 정한다.\n \n제103조 법관은 헌법과
법률에 의하여 그 양심에 따라 독립하여 심판한다.', metadata={'page': 9, 'source':
'..//data//대한민국헌법(헌법)(제00010호)(19880225).pdf'})]
```

② 일반 유사도 검색 방식

5장/Retriever.ipynb

```
#Chroma를 Retriever로 활용
retriever = db.as_retriever(search_kwargs = {"k":3})
retriever.get_relevant_documents("국회의원의 의무")
```

실행 결과

[Document(page_content='③국회의원은 그 지위를 남용하여 국가·공공단체 또는 기업체와의 계약이나 그 처분에 의하여 재산상의 권리·이\n익 또는 직위를 취득하거나 타인을 위하여 그 취득을 알선할 수 없다.\n \n제47조 ①국회의 정기회는 법률이 정하는 바에 의하여 매년 1회 집회되며, 국회의 임시회는 대통령 또는 국회재적의원\n4분의 1 이상의 요구에 의하여 집회된다.\n②정기회의 회기는 100일을, 임시회의 회기는 30일을 초과할 수 없다.\n③대통령이 임시회의 집회를 요구할 때에는 기간과 집회요구의 이유를 명시하여야 한다.\n \n제48조 국회는 의장 1인과 부의장 2인을 선출한다.\n \n제49조 국회는 헌법 또는 법률에 특별한 규정이 없는 한 재적의원 과반수의 출석과 출석의원 과반수의 찬성으로 의결\n한다. 가부동수인 때에는 부결된 것으로 본다.\n \n제50조 ①국회의 회의는 공개한다. 다만, 출석의원 과반수의 찬성이 있거나 의장이 국가의 안전보장을 위하여 필요하다\n고 인정할 때에는 공개하지 아니할 수 있다.', metadata={'page': 4, 'source': '..//data//대한민국헌법(헌법)(제00010호)(19880225).pdf'}

 Document(page_content='법제처   5   국가법령정보센터\n대한민국헌법 \n③국회의원의 선거구와 비례대표제 기타 선거에 관한 사항은 법률로 정한다.\n \n제42조 국회의원의 임기는 4년으로 한다.\n \n제43조 국회의원은 법률이 정하는 직을 겸할 수 없다.\n \n제44조 ①국회의원은 현행범인인 경우를 제외하고는 회기 중 국회의 동의없이 체포 또는 구금되지 아니한다.\n②국회의원이 회기 전에 체포 또는 구금된 때에는 현행범인이 아닌 한 국회의 요구가 있으면 회기 중 석방된다.\n \n제45조 국회의원은 국회에서 직무상 행한 발언과 표결에 관하여 국회 외에서 책임을 지지 아니한다.\n \n제46조 ①국회의원은 청렴의 의무가 있다.\n②국회의원은 국가이익을 우선하여 양심에 따라 직무를 행한다.', metadata={'page': 4, 'source': '..//data//대한민국헌법(헌법)(제00010호)(19880225).pdf'}

 Document(page_content='②국회는 의원의 자격을 심사하며, 의원을 징계할 수 있다.\n③의원을 제명하려면 국회재적의원 3분의 2 이상의 찬성이 있어야 한다.\n④제2항과 제3항의 처분에 대하여는 법원에 제소할 수 없다.\n \n제65조 ①대통령·국무총리·국무위원·행정각부의 장·헌법재판소 재판관·법관·중앙선거관리위원회 위원·감사\n원장·감사위원 기타 법률이 정한 공무원이 그 직무집행에 있어서 헌법이나 법률을 위배한 때에는 국회는 탄핵의\n소추를 의결할 수 있다.\n②제1항의 탄핵소추는 국회재적의원 3분의 1 이상의 발의가 있어야 하며, 그 의결은 국회재적의원 과반수의 찬성이\n있어야 한다. 다만, 대통령에 대한 탄핵소추는 국회재적의원 과반수의 발의와 국회재적의원 3분의 2 이상의 찬성이', metadata={'page': 5, 'source': '..//data//대한민국헌법(헌법)(제00010호)(19880225).pdf'})]

기존 유사도 기반의 검색 방식과 다양성을 고려한 MMR 검색 방식의 차이점을 살펴보기 위해 동일한 질문에 대한 3개의 유사 청크를 검색해보았습니다. 결과를 살펴보면, MMR 방식의 검색은 3, 4, 9쪽의 정보를 유사 청크로 검색해낸 반면, 기존 유사도 기반 검색은 4쪽에서 2개, 5쪽에서 1개를 유사 청크로 검색했습니다. MMR 검색 방식은 기존 검색 방식 대비 확실히 다양한 청크를 유사 청크로 검색해냈다는 것을 알 수 있습니다.

사용자의 쿼리를 재해석해 검색하는 MultiQueryRetriever

RAG는 사용자의 질문과 가장 유사한 청크를 바탕으로 근거 자료를 찾는 것이 핵심입니다. 그런데 바로 이 핵심적인 구동 방식이 RAG의 한계점을 만들어내기도 합니다. 올바른 근거를 찾기 위해 사용자의 질문을 활용하므로, 질문 문장이 벡터 DB 내 청크들과 유사하지 않은 경우 역설적으로 적절한 근거를 찾기 어렵습니다.

이를 해결하기 위한 가장 간단한 방법으로는, 사용자 질문을 여러 버전으로 만들어 벡터 DB 내 검색이 원활하게끔 할 수 있습니다. MultiQueryRetriever는 이러한 아이디어에서 착안한 Retriever입니다. LLM을 활용하여, 사용자 질문의 목적을 다각도로 해석하여 여러 버전의 질문 문장을 만들어내는 것이 핵심입니다. 그리고 이를 바탕으로 유사 청크를 검색하면 사용자 질문 원본으로 찾을 수 없던 근거도 찾을 수 있게 됩니다.

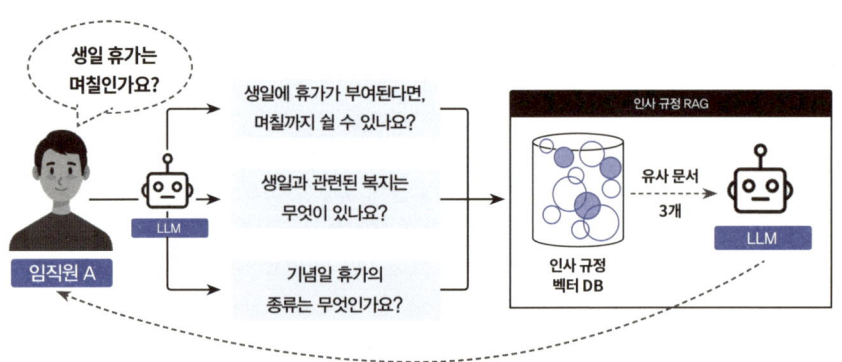

그림 5-9 MultiQueryRetriever의 작동 원리

다음의 코드로 MultiQueryRetriever를 실행해보겠습니다.

5장/Retriever.ipynb

```python
#```Chroma DB에 대한민국 헌법 PDF 임베딩 변환 및 저장하는 과정 생략```
from langchain.retrievers.multi_query import MultiQueryRetriever
from langchain_openai import ChatOpenAI

#질문 문장 question으로 저장
question = "국회의원의 의무는 무엇이 있나요?"
#여러 버전의 질문으로 변환하는 역할을 맡을 LLM 선언
llm = ChatOpenAI(model_name="gpt-4o-mini",
                 temperature = 0)
#MultiQueryRetriever에 벡터 DB 기반 Retriever와 LLM 선언
retriever_from_llm = MultiQueryRetriever.from_llm(
    retriever=db.as_retriever(), llm=llm
)

#여러 버전의 문장 생성 결과를 확인하기 위한 로깅 과정
import logging
logging.basicConfig()
logging.getLogger("langchain.retrievers.multi_query").setLevel(logging.INFO)

#여러 버전 질문 생성 결과와 유사 청크 검색 개수 출력
unique_docs = retriever_from_llm.invoke(input=question)
len(unique_docs)
```

실행 결과

> INFO:langchain.retrievers.multi_query:Generated queries: ['1. 국회의원이 가져야 하는 책임은 어떤 것이 있나요?', '2. 국회의원은 어떤 의무를 부담해야 하나요?', '3. 국회의원이 수행해야 하는 역할은 어떤 것이 있을까요?']
> 3

`MultiQueryRetriever`는 원본 질문에 대한 여러 버전의 질문을 생성하기 위해 LLM을 따로 설정해줘야 하는 특징이 있습니다. LLM은 Retriever에 주어진 질문의 의도를 파악하고, 여러 버전의 질문을 생성하여 검색 결과가 더욱 풍부하도록 촉진시킵니다. 이렇게 생성된 여러 버전의 질문을 확인할 수 있도록 로그 설정을 마치면, `invoke()` 함수를 통해 유사 청크 검색 결과와 함께 생성된 질문들을 확인할 수 있습니다. 결과를 보면 국회의원의 의무에 대한 질문에 대해 책임, 역할과 같이 다각도로 해석한 여러 버전의 질문이 생성되었습니다.

문서를 여러 벡터로 재해석하는 MultiVectorRetriever

앞서 MultiQueryRetriever가 사용자의 질문을 재가공하여 검색 품질을 향상하고자 했다면, MultiVectorRetriever는 문서의 벡터를 재가공하여 검색 품질을 향상시킵니다. 대표적으로 상위 문서 검색기(Parent Document Retriever)가 MultiVectorRetriever의 개념을 바탕으로 만들어진 모듈입니다.

RAG를 구축하다 보면, 청크의 길이를 정하는 것이 답변의 품질을 좌우한다는 것을 알 수 있습니다. 청크의 길이가 너무 길면 LLM이 처리하는 토큰 수가 늘어나 비용이 증가하고, 정확한 답변을 위한 근거가 수많은 텍스트 속에서 가려질 수 있습니다. 반대로 청크의 길이가 너무 짧으면 LLM에게 전달하는 맥락이 완전하지 않아 환각 현상을 일으킬 수 있습니다. 이를 해결하기 위해 랭체인에서는 상위 문서 검색기라는 모듈이 존재합니다.

상위 문서 검색기는 청크를 나누는 기준을 2개로 정의할 수 있습니다. 상위 청크 기준으로 긴 길이의 청크를 만들고, 그 하위 청크 기준으로 짧은 길이의 청크를 만드는 것입니다. 이렇게 하면, 사용자의 질문과 유사한 문서를 검색할 때, 짧은 길이의 하위 청크를 검색하여 더욱 정확하게 추출할 수 있으며, LLM에게 컨텍스트를 전달할 때는 상위 청크를 전달하여 조금 더 완전한 맥락을 주입한 답변을 풍부하게 할 수 있습니다.

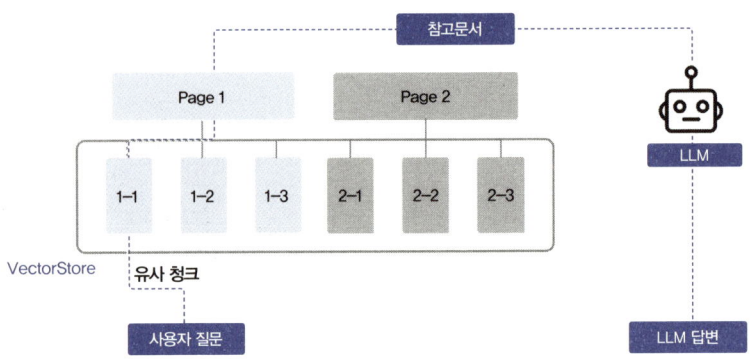

그림 5-10 MultivectorRetriever의 작동 원리

그림 코드를 통해 상위 문서 검색기를 만드는 방법에 대해 살펴보겠습니다.

5장/Retriever.ipynb

```
from langchain.retrievers.multi_vector import MultiVectorRetriever
from langchain.storage import InMemoryByteStore
```

```python
from langchain_chroma import Chroma
from langchain_text_splitters import RecursiveCharacterTextSplitter
from langchain.document_loaders import PyPDFLoader

loaders = PyPDFLoader(r"../data/대한민국헌법(헌법)(제00010호)(19880225).pdf"),
docs = loader.load()
text_splitter = RecursiveCharacterTextSplitter(chunk_size=2000)
docs = text_splitter.split_documents(docs)
```

먼저 상위 검색기를 구축할 수 있는 MultiVectorRetriever, 상위 청크와 하위 청크를 연결하여 저장할 저장소로 InMemoryByteStore를 불러옵니다. 그리고 앞서 예시 문서로 활용했던 대한민국 헌법 PDF 문서를 PyPDFLoader로 로드합니다. 이후 RecursiveCharacter TextSplitter로 상위 청크를 분할할 때, 원하는 길이만큼 청크 길이를 선언해주고 이 기준대로 분할한 청크들을 docs로 저장합니다.

5장/Retriever.ipynb

```python
from langchain_community.embeddings import HuggingFaceEmbeddings

model_name = "jhgan/ko-sbert-nli"
model_kwargs = {'device': 'cpu'}
encode_kwargs = {'normalize_embeddings': True}
embedding = HuggingFaceEmbeddings(
    model_name=model_name,
    model_kwargs=model_kwargs,
    encode_kwargs=encode_kwargs
)                           ---①

vectorstore = Chroma(
    collection_name="full_documents", embedding_function=embedding
)
#상위 문서 저장 위한 레이어 선언
store = InMemoryByteStore()   ---②
id_key = "doc_id"
#상위 문서와 하위 문서를 연결할 키값으로 doc_id 사용
retriever = MultiVectorRetriever(
    vectorstore=vectorstore,
    byte_store=store,
```

```
        id_key=id_key,
)

#문서 id로 고유한 값을 지정하기 위해 uuid 라이브러리 호출
import uuid
doc_ids = [str(uuid.uuid4()) for _ in docs]
```

다른 원하는 임베딩 모델을 사용해도 되지만, 예시 코드에서는 허깅페이스의 ①"jhgan/ko-sbert-nli"를 로드했습니다. ②InMemoryByteStore는 상위 청크를 저장하고 이를 하위 청크와 연결할 수 있도록 보조하는 역할을 합니다. 연결하는 방법으로는 상위 청크의 문서 id를 키 값으로 지정하고, 상위 청크 내 하위 청크들에 대해 같은 id 값을 배정합니다.

5장/Retriever.ipynb

```
#하위 청크로 쪼개기 위한 child_text_splitter 지정
child_text_splitter = RecursiveCharacterTextSplitter(chunk_size=400)
#상위 청크들을 순회하며 하위 청크로 분할한 후 상위 청크 id 상속
sub_docs = []
for i, doc in enumerate(docs):
    _id = doc_ids[i]
    _sub_docs = child_text_splitter.split_documents([doc])
    for _doc in _sub_docs:
        _doc.metadata[id_key] = _id
    sub_docs.extend(_sub_docs)
#vectorstore에 하위 청크 추가
retriever.vectorstore.add_documents(sub_docs)
#docstore에 상위 청크 저장할 때, doc_ids 지정
retriever.docstore.mset(list(zip(doc_ids, docs)))
```

앞서 설명한 대로, 상위 청크를 하위 청크로 400자씩 분할하는 과정을 거칩니다. 그럼 각 상위 청크마다 400자씩 쪼개진 하위 청크들이 생성되며, 상위 청크의 문서 id를 그대로 상속받아 하위 청크 검색 시 문서 id로 상위 청크를 불러올 수 있도록 만듭니다. 여기까지 코드를 실행하면 PDF 문서를 상위 청크로 분할하고, 각 상위 청크마다 하위 청크를 분할하여 생성한 것을 Retriever로 활용할 수 있습니다. 이렇게 하면 사용자의 질문과 유사한 문서를 찾을 때 하위 청크를 검색하고 이를 기반으로 상위 청크를 호출하여 LLM에게 더 완전한 맥락의 정보를 전달할 수 있습니다.

그럼 실제로 상위, 하위 청크가 어떻게 검색되는지 살펴보겠습니다.

5장/Retriever.ipynb
```
#Vectorstore alone retrieves the small chunks
print("[하위 청크] \n")
print(retriever.vectorstore.similarity_search("국민의 권리")[0].page_content)
print("-"*50)
print("[상위 청크] \n")
print(retriever.get_relevant_documents("국민의 의무")[0].page_content)
```

실행 결과

[하위 청크]
③공공필요에 의한 재산권의 수용·사용 또는 제한 및 그에 대한 보상은 법률로써 하되, 정당한 보상을 지급하여야한다.

제24조 모든 국민은 법률이 정하는 바에 의하여 선거권을 가진다.

제25조 모든 국민은 법률이 정하는 바에 의하여 공무담임권을 가진다.

제26조 ①모든 국민은 법률이 정하는 바에 의하여 국가기관에 문서로 청원할 권리를 가진다.
②국가는 청원에 대하여 심사할 의무를 진다.

제27조 ①모든 국민은 헌법과 법률이 정한 법관에 의하여 법률에 의한 재판을 받을 권리를 가진다.
②군인 또는 군무원이 아닌 국민은 대한민국의 영역 안에서는 중대한 군사상
기밀·초병·초소·유독음식물공급
·포로·군용물에 관한 죄중 법률이 정한 경우와 비상계엄이 선포된 경우를 제외하고는 군사법원의 재판을 받지

[상위 청크]
법제처   4
국가법령정보센터
대한민국헌법
제32조 ①모든 국민은 근로의 권리를 가진다. 국가는 사회적·경제적 방법으로 근로자의 고용의 증진과 적정임금의 보장에 노력하여야 하며, 법률이 정하는 바에 의하여 최저임금제를 시행하여야 한다.

> ②모든 국민은 근로의 의무를 진다. 국가는 근로의 의무의 내용과 조건을 민주주의원칙에 따라 법률로 정한다.
> ③근로조건의 기준은 인간의 존엄성을 보장하도록 법률로 정한다.
> ④여자의 근로는 특별한 보호를 받으며, 고용·임금 및 근로조건에 있어서 부당한 차별을 받지 아니한다.
> ⑤연소자의 근로는 특별한 보호를 받는다.
> ⑥국가유공자·상이군경 및 전몰군경의 유가족은 법률이 정하는 바에 의하여 우선적으로 근로의 기회를 부여받는다.
> (... 중략 ...)
>   제3장 국회
>
> 제40조 입법권은 국회에 속한다.
>
> 제41조 ①국회는 국민의 보통·평등·직접·비밀선거에 의하여 선출된 국회의원으로 구성한다.
> ②국회의원의 수는 법률로 정하되, 200인 이상으로 한다.

retriever.vectorstore의 similarity_search() 함수 실행 결과는 하위 청크 검색 결과를 반환하며, retriever의 get_relevant_documents() 함수 실행 결과는 상위 청크 검색 결과를 반환하고 있습니다. 즉, retriever.vectorstore라는 벡터 DB를 기반으로 하위 유사 청크를 검색하고, retriever에서는 해당 청크들의 문서 id를 타고 올라가 상위 청크를 반환하는 것을 볼 수 있습니다. 이를 통해 작은 청크 기반의 더욱 정확한 유사 청크 검색이 가능하며, 상위 청크를 LLM에게 전달하여 더욱 완전한 맥락 전달이 가능합니다.

컨텍스트를 재정렬하는 Long-Context Reorder

최근 출시되는 LLM들은 기존 LLM 대비 훨씬 큰 컨텍스트 윈도우를 제공하고 있습니다. GPT-4 모델의 컨텍스트 윈도우는 128,000토큰, Claude-3는 200,000토큰을 지원하면서 대량의 컨텍스트를 주입할 수 있게 되었습니다. 더 많은 컨텍스트를 주입할수록 LLM을 기반으로 할 수 있는 작업이 많아집니다. 예를 들어 컨텍스트 윈도우 200,000토큰을 지원하는 Claude-3의 Opus 모델은 150,000개의 단어를 컨텍스트로 주입할 수 있고, 이는 웬만큼 긴 길이의 도서를 컨텍스트로 활용할 수 있다는 뜻입니다.

이렇게 점점 컨텍스트 윈도우가 늘어남에 따라, 'Needle in a haystack'이라는 새로운 평가 지표가 주목받고 있습니다. 3.9절에서도 살펴본 것처럼 'Needle in a haystack'이란 '건초더미에서 바늘 찾기'라는 뜻으로, LLM이 주어진 컨텍스트(건초더미)에서 필요한 정보(바늘)를 얼마나 잘 찾는가에 대한 평가를 일컫는 말입니다. 이는 점차 늘어나는 추세의 컨텍스트 윈도우가 제대로 작동하고 있는지 알아보기 위해 종종 활용됩니다.

대표적으로 GPT-4와 Claude-2.1의 컨텍스트 윈도우 이해력을 평가하기 위해 실시한 'Needle in a haystack' 결과를 살펴보겠습니다.

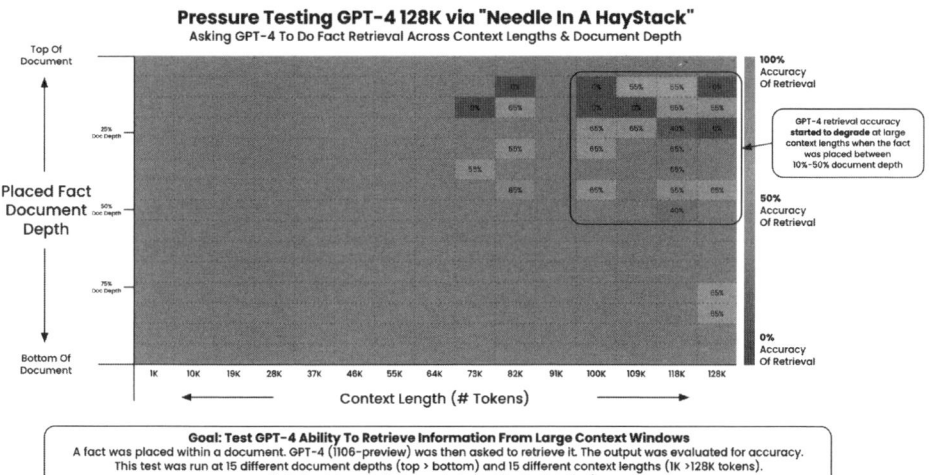

그림 5-11 GPT-4와 Claude-2.1의 Needle in a haystack 평가 결과

그림 5-11에서 가로축은 주어진 컨텍스트 길이, 세로축은 정보가 숨어있는 문서상 위치를 의미합니다. 즉, 오른쪽으로 갈수록 긴 길이에서의 컨텍스트 상에서 정보 추출을 시도한 것이고, 아래로 내려갈수록 정보의 위치가 문서 끝 쪽에 위치합니다. GPT-4의 'Needle in a haystack' 결과를 해석해보면, 컨텍스트 길이가 길어질수록 점차 정보 추출에 실패하는 확률이 높아지는 것을 볼 수 있습니다. 특히 컨텍스트의 초반 10%~50%에 정보가 존재하는 경우 그 정확도가 더욱 낮은 것을 알 수 있습니다. Claude-2.1의 평가 결과는 더욱 심각한데, 컨텍스트가 조금만 길어져도 정보 추출 정확도가 크게 낮아지고 있습니다. 즉, 컨텍스트가 길어지더라도 진짜 해당 컨텍스트를 정확히 이해하고 사용자가 질문하는 것에 대한 올바른 답을 내놓을 수 없다는 뜻입니다.

하지만 해당 평가 결과를 보고 한가지 희망을 엿볼 수 있는데, 바로 컨텍스트가 아무리 길어져도 정보가 매우 앞쪽(0%~10%)이나 매우 뒤쪽(90%~100%)에 위치한다면 이를 100%의 정확도로 이해하고 추출할 수 있다는 것입니다.

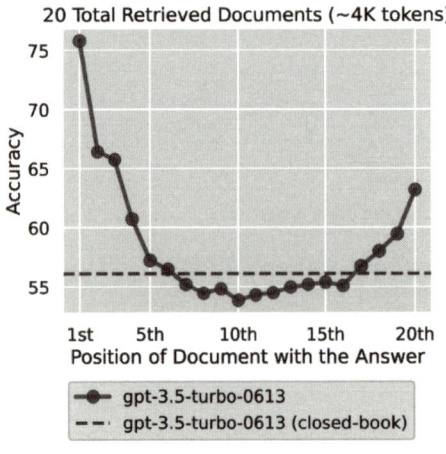

그림 5-12 길이가 긴 문서에 대한 구간별 LLM의 답변 정확도

실제로 GPT-3.5 모델로 유사한 실험을 진행했을 때에도 동일한 결과를 얻을 수 있었습니다. 답변에 근거가 되는 문서가 컨텍스트 내에서 몇 번째에 위치하는가에 따라서 정확도에 큰 차이가 있었습니다. 첫 번째와 두 번째에 근거 문서가 위치할 때는 65% 이상의 정확도를 보였지만, 그 이후부터는 급격히 떨어져 20번째 문서에 이르러서야 60% 이상의 정확도로 회복되는 것을 볼 수 있습니다.

랭체인에서는 바로 이러한 점에 착안하여 컨텍스트 내 문장들의 순서를 재정렬하여 RAG가 더 잘 작동할 수 있도록 하는 Long-Context Reorder 기능을 제공합니다. 사용자의 질문과 유사한 근거 문서를 여러 개 추출한 후, 중요한 순서대로 컨텍스트의 맨 앞쪽과 맨 뒤쪽에 배치하여 답변의 정확도를 향상하는 것이 그 원리입니다. 코드를 통해 더 자세히 알아보겠습니다.

01. Long-Context Reorder 없이 유사 문서 출력

5장/Retriever.ipynb

```python
from langchain.chains import LLMChain, StuffDocumentsChain
from langchain.prompts import PromptTemplate
from langchain.document_transformers import (
    LongContextReorder,
)
from langchain_community.embeddings import HuggingFaceEmbeddings
from langchain_chroma import Chroma
from langchain_openai import OpenAI

#한글 임베딩 모델 선언
model_name = "jhgan/ko-sbert-nli"
model_kwargs = {'device': 'cpu'}
encode_kwargs = {'normalize_embeddings': True}
embedding = HuggingFaceEmbeddings(
    model_name=model_name,
    model_kwargs=model_kwargs,
    encode_kwargs=encode_kwargs
)

texts = [
    "바스켓볼은 훌륭한 스포츠입니다.",
    "플라이 미 투 더 문은 제가 가장 좋아하는 노래 중 하나입니다.",
    "셀틱스는 제가 가장 좋아하는 팀입니다.",
    "이것은 보스턴 셀틱스에 관한 문서입니다."
    "저는 단순히 영화 보러 가는 것을 좋아합니다",
    "보스턴 셀틱스가 20점차로 이겼어요",
    "이것은 그냥 임의의 텍스트입니다.",
    "엘든 링은 지난 15년 동안 최고의 게임 중 하나입니다.",
```

```
    "L. 코넷은 최고의 셀틱스 선수 중 한 명입니다.",
    "래리 버드는 상징적인 NBA 선수였습니다.",
]
#Chroma Retriever 선언(10개의 유사 문서 출력)
retriever = Chroma.from_texts(texts, embedding=embedding).as_retriever(
    search_kwargs={"k": 10}
)
query = "셀틱에 대해 설명해줘"

#유사도 기준으로 검색 결과 출력
docs = retriever.get_relevant_documents(query)
docs
```

실행 결과

```
[Document(page_content='L. 코넷은 최고의 셀틱스 선수 중 한 명입니다.'),
 Document(page_content='셀틱스는 제가 가장 좋아하는 팀입니다.'),
 Document(page_content='이것은 그냥 임의의 텍스트입니다.'),
 Document(page_content='이것은 보스턴 셀틱스에 관한 문서입니다. 저는 단순히 영화 보러 가는 것을 좋아합니다'),
 Document(page_content='바스켓볼은 훌륭한 스포츠입니다.'),
 Document(page_content='보스턴 셀틱스가 20점차로 이겼어요'),
 Document(page_content='플라이 미 투 더 문은 제가 가장 좋아하는 노래 중 하나입니다.'),
 Document(page_content='엘든 링은 지난 15년 동안 최고의 게임 중 하나입니다.'),
 Document(page_content='래리 버드는 상징적인 NBA 선수였습니다.')]
```

먼저 Long-Context Reorder가 없이 유사 문서 10개를 출력한 결과, '셀틱스'에 관한 내용이 유사도 기준으로 높은 순으로 정렬되어 출력됩니다. 컨텍스트 내의 첫 번째부터 여섯 번째까지 대략 유사한 문서가 모두 앞쪽에 배치된 것을 알 수 있습니다.

02. Long-Context Reorder를 활용한 유사 문서 출력

이번에는 Long-Context Reorder 기능을 활용하여 유사도가 높은 문서가 재정렬되도록 만들어보겠습니다.

```
#Reorder the documents:
#LongContextReorder 선언
reordering = LongContextReorder()
#검색된 유사 문서 중 관련도가 높은 문서를 맨 앞과 맨 뒤에 재배치
reordered_docs = reordering.transform_documents(docs)
reordered_docs
```

실행 결과

```
[Document(page_content='L. 코넷은 최고의 셀틱스 선수 중 한 명입니다.'),
 Document(page_content='이것은 그냥 임의의 텍스트입니다.'),
 Document(page_content='바스켓볼은 훌륭한 스포츠입니다.'),
 Document(page_content='플라이 미 투 더 문은 제가 가장 좋아하는 노래 중 하나입니다.'),
 Document(page_content='래리 버드는 상징적인 NBA 선수였습니다.'),
 Document(page_content='엘든 링은 지난 15 년 동안 최고의 게임 중 하나입니다.'),
 Document(page_content='보스턴 셀틱스가 20점차로 이겼어요'),
 Document(page_content='이것은 보스턴 셀틱스에 관한 문서입니다.저는 단순히 영화 보러 가는 것을 좋아합니다'),
 Document(page_content='셀틱스는 제가 가장 좋아하는 팀입니다.')]
```

재정렬한 결과를 보면, 이전 다르게 '셀틱스'와 관련된 내용이 앞쪽과 중앙에 위치하는 것이 아니라, 맨 앞과 맨 뒤에 재배치된 것을 볼 수 있습니다. 지금은 짧은 문장을 위주로 적은 컨텍스트 기반의 실험이었지만, 만약 컨텍스트가 훨씬 길어진다면 이러한 재배치의 효과는 더욱 커집니다. 만약 컨텍스트로 많은 정보를 주입하거나, 긴 길이로 청크를 구성하였다면 해당 기능을 통해 RAG의 답변 품질을 손쉽게 향상시킬 수 있습니다.

5.4 랭체인을 표현하는 언어, LCEL

랭체인의 많은 모듈들을 잘 활용하면, 원하는 LLM 애플리케이션을 쉽게 구축할 수 있습니다. 그러나 때로는 랭체인의 다양한 모듈을 결합하는 과정에서 번거롭다거나, 유지보수 측면에서 더 간단하게 만들 방법을 고민하게 됩니다. 랭체인에서는 이러한 문제를 해결하기 위해 랭체인 표현 형식인 **LCEL**(LangChain Expression Language)를 제안합니다. 왜 LCEL이 중요한지, 어떻게 활용하는지 간단한 예시들과 함께 차근차근 알아보겠습니다.

쉬운 코드 작성과 효과적인 모듈 관리

랭체인에서는 여러 모듈을 엮어 하나의 파이프라인, 즉 체인(chain)을 만드는 것이 핵심인데 LCEL은 이 과정을 간단하게 만들어줍니다. 또한 모듈을 각각 구성한 후 파이프 오퍼레이터를 기반으로 체인을 빠르게 만들 수 있습니다.

가장 기본적인 형태의 체인을 기반으로 LCEL에 대해 살펴보겠습니다. 기본적으로 체인은 '프롬프트 템플릿-LLM(모델)-출력 파서' 구성의 3단 결합이 일반적입니다.

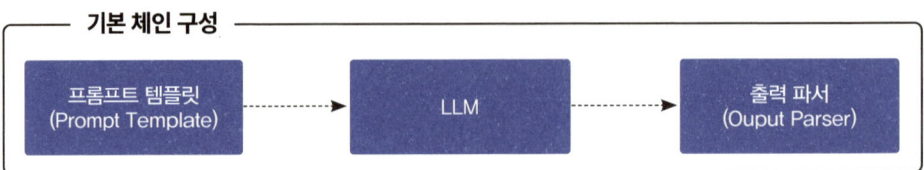

그림 5-13 LCEL 기반 기본 체인 구성

프롬프트 템플릿으로 사용자의 프롬프트를 원하는 형태로 가공한 후 LLM에게 넘겨주고, LLM이 출력한 값을 출력 파서를 통해 원하는 형태로 다듬는 과정입니다. 그렇다면 이러한 체인을 구성할 때 LCEL을 활용하면 무엇이 편리해질까요? LCEL의 편리함은 코드에서 더 잘 드러납니다. 위와 같은 3단 결합을 LCEL로 구성한 코드로 살펴보겠습니다.

LCEL로 기본 체인 구성

```
5장/LCEL.ipynb
```

```python
#필수 라이브러리 설치
#!pip install --upgrade --quiet langchain openai langchain-core langchain-openai

from langchain_core.output_parsers import StrOutputParser
from langchain_core.prompts import ChatPromptTemplate
from langchain_openai import ChatOpenAI

#프롬프트 템플릿 설정
prompt = ChatPromptTemplate.from_template("tell me a short joke about {topic}")
---①

#LLM 호출
model = ChatOpenAI(model="gpt-4o-mini")    ---②
```

```
#출력 파서 설정
output_parser = StrOutputParser()          ---③

#LCEL로 프롬프트 템플릿-LLM-출력 파서 연결하기
chain = prompt | model | output_parser    ---④

#invoke함수로 chain 실행하기
chain.invoke({"topic": "ice cream"})
```

실행 결과

> 'Why did the ice cream go to school?\n\nBecause it wanted to be a "cool" student! ♠😀'

라이브러리 호출을 제외한 단 5줄로 ①프롬프트 템플릿, ②LLM, ③출력 파서 3단 결합이 가능한 것을 볼 수 있습니다. LCEL을 통해 이렇게 관리할 경우, 각 모듈의 변경 사항이 생길 때마다 모듈만 수정하면 되기 때문에 모듈 간의 의존성이 줄어듭니다. 또한 ④'|(파이프 오퍼레이터)' 기호를 통해 모듈을 연결함으로써 구문의 복잡성을 최대한 제거했습니다. 랭체인에서 개발한 LCEL 코드를 뜯어보면, 실제로 파이프 오퍼레이터는 파이프 이전의 결과물을 오른쪽의 모듈로 전달하는 역할을 합니다. 이렇듯 LCEL은 효율적인 코드 관리와 쉬운 코드 작성이 가능하도록 돕습니다.

스트리밍 기능을 쉽게 추가하는 stream()

OpenAI나 Anthropic의 LLM API를 통해 LLM의 답변을 출력할 때, 사람이 타이핑하듯이 답변을 차례차례 출력하도록 만드는 스트리밍 기능을 LCEL로 손쉽게 구현할 수 있습니다. LCEL을 활용하면 Chain에 대한 스트리밍 기능도 LLM API의 스트리밍 기능을 수행하듯이 간단한 코드로 작성할 수 있습니다.

5장/LCEL.ipynb

```
from langchain_core.prompts import ChatPromptTemplate
from langchain_openai import ChatOpenAI

#Chain 선언
model = ChatOpenAI(model="gpt-4o-mini")
```

```
prompt = ChatPromptTemplate.from_template("tell me a joke about {topic}")
chain = prompt | model

#Chain의 stream()함수를 통해 스트리밍 기능 추가
for s in chain.stream({"topic": "bears"}):
    print(s.content, end="", flush=True)
```

실행 결과

```
Why don't bears wear shoes?

Because they have bear feet!
```

chain에 스트리밍 기능을 추가하고자 하면, LCEL로 선언한 chain에 stream() 함수를 실행하고, 이를 for문으로 순회하면서 답변을 출력하도록 만들면 됩니다.

여러 개 API를 요청하고 받는 batch()

랭체인은 RAG 외에도 다양한 서비스에 접목하거나, 자연어 처리를 위해 사용될 수 있습니다. 예를 들어 번역 작업을 위해 랭체인을 이용하고자 할 때, 여러 입력 값과 출력 값을 한 번에 얻고 싶을 수 있습니다. 이때 병렬 실행 기능이 필요한데, LCEL의 batch()를 활용하면 쉽게 구현할 수 있습니다.

여러 개의 한글 문장을 불어 문장으로 번역하는 작업을 batch()로 한꺼번에 수행할 수 있게 만들어보겠습니다. 그리고 1개의 문장만 번역하는 작업과 5개의 문장을 한꺼번에 번역하는 작업의 수행 시간을 비교하여 실제 같은 시간이 걸리는지 확인해보세요.

01. 5개 문장 번역 batch() 수행

5장/LCEL.ipynb

```
%%time
model = ChatOpenAI(model="gpt-4o-mini")
prompt = ChatPromptTemplate.from_template("다음 한글 문장을 프랑스어로 번역해줘 {sentence}")
chain = prompt | model

chain.batch([
    {"sentence": "그녀는 매일 아침 책을 읽습니다."},
```

```
    {"sentence": "오늘 날씨가 참 좋네요."},
    {"sentence": "저녁에 친구들과 영화를 볼 거예요."},
    {"sentence": "그 학생은 매우 성실하게 공부합니다."},
    {"sentence": "커피 한 잔이 지금 딱 필요해요."}
])
```

실행 결과

```
CPU times: total: 641 ms
Wall time: 2.43 s
[76]:
[AIMessage(content='Elle lit un livre chaque matin.',
response_metadata={'token_usage': {'completion_tokens': 9, 'prompt_tokens':
44, 'total_tokens': 53}, 'model_name': 'gpt-4o-mini', 'system_fingerprint':
'fp_d9767fc5b9', 'finish_reason': 'stop', 'logprobs': None}),
 AIMessage(content="Il fait vraiment beau aujourd'hui.",
response_metadata={'token_usage': {'completion_tokens': 7, 'prompt_tokens':
43, 'total_tokens': 50}, 'model_name': 'gpt-4o-mini', 'system_fingerprint':
'fp_d9767fc5b9', 'finish_reason': 'stop', 'logprobs': None}),
 AIMessage(content='Je vais regarder un film avec des amis ce soir.',
response_metadata={'token_usage': {'completion_tokens': 12, 'prompt_tokens':
48, 'total_tokens': 60}, 'model_name': 'gpt-4o-mini', 'system_fingerprint':
'fp_d9767fc5b9', 'finish_reason': 'stop', 'logprobs': None}),
 AIMessage(content='Cet étudiant étudie très sérieusement.',
response_metadata={'token_usage': {'completion_tokens': 11, 'prompt_tokens':
45, 'total_tokens': 56}, 'model_name': 'gpt-4o-mini', 'system_fingerprint':
'fp_d9767fc5b9', 'finish_reason': 'stop', 'logprobs': None}),
 AIMessage(content="J'ai besoin d'une tasse de café maintenant.",
response_metadata={'token_usage': {'completion_tokens': 11, 'prompt_tokens':
44, 'total_tokens': 55}, 'model_name': 'gpt-4o-mini', 'system_fingerprint':
'fp_d9767fc5b9', 'finish_reason': 'stop', 'logprobs': None})]
```

02. 1개 문장 번역 invoke() 수행

5장/LCEL.ipynb

```
%%time
model = ChatOpenAI(model="gpt-4o-mini")
prompt = ChatPromptTemplate.from_template("다음 한글 문장을 프랑스어로 번역해줘
```

```
    {sentence}")
chain = prompt | model

chain.invoke({"sentence": "그녀는 매일 아침 책을 읽습니다."})
```

실행 결과

```
CPU times: total: 562 ms
Wall time: 2.32 s
[77]:
AIMessage(content='Elle lit un livre tous les matins.',
response_metadata={'token_usage': {'completion_tokens': 10, 'prompt_tokens':
44, 'total_tokens': 54}, 'model_name': 'gpt-4o-mini', 'system_fingerprint':
'fp_d9767fc5b9', 'finish_reason': 'stop', 'logprobs': None})
```

실행 결과를 보면, 5개의 문장을 한꺼번에 번역한 경우 2.43초, 1개 문장만 번역한 경우도 2.32초가 소요되어 두 작업 모두 동일한 시간이 걸린 것을 알 수 있습니다. 만약 여러 대상에 대해서 같은 작업을 여러 번 수행해야 한다면 batch()를 통해 API 요청 결과를 훨씬 빠르게 받아볼 수 있습니다. 다만 LLM API를 제공하는 업체들은 서버 과부하를 우려해 한꺼번에 요청할 수 있는 API 요청 건수, 토큰 수를 제한하기 때문에 이 제한 값만 유의하면 됩니다.

5.5 기본 RAG 시스템 구축하기

지금까지 RAG 시스템을 구성하는 필수 요소들의 작동 원리와 실무 적용을 위한 코드를 살펴보았습니다. RAG 시스템은 사용 목적에 따라서 다양한 형태로 구성할 수 있는데, 여기에서는 가장 기본적인 형태의 RAG를 구축해보고, 보완할 부분은 무엇인지 생각해보겠습니다.

RAG 시스템 구축하기 1 – 기본적인 QA 체인 구성

대한민국 헌법 PDF 파일을 기반으로 Q&A가 가능한 챗봇을 구축해보려고 합니다. 이를 위해서는 RAG의 필수 구성 요소들에 대해 적절한 모듈을 고려해야 합니다. 그럼 결정해야 할 요소들을 하나씩 살펴보겠습니다.

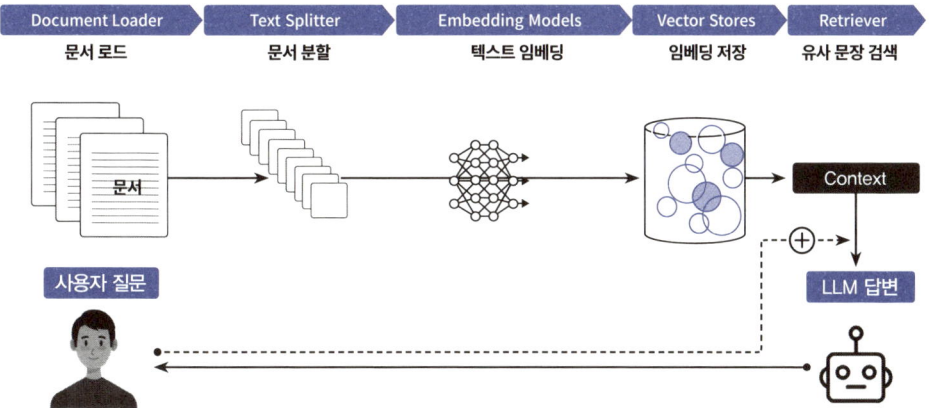

그림 5-14 RAG의 작동 순서도

첫 번째, RAG 시스템을 구성할 때 가장 먼저 결정해야 할 것은 모델의 종류입니다. RAG는 어떤 LLM을 활용하는지에 따라서 그 품질이 크게 좌우되며, 이를 보완하기 위한 방법도 달라지기 때문입니다. 여러 모델 중에서 API를 통해 Closed source LLM을 활용하는 경우 품질이 안정적이고, 빠르게 구축 가능하기 때문에 가장 기초적인 형태라고 볼 수 있습니다. 따라서 여기에서는 OpenAI의 GPT를 API 형태로 활용해봅니다.

두 번째, LLM을 Closed source LLM으로 결정했다면 그다음은 RAG에 담을 문서에 따라 적합한 Document Loader를 선정해야 합니다. 만약 PDF 형식의 여러 파일을 RAG에 활용하고자 한다면, PDF Loader를 쓸 수도 있고, 다양한 파일을 활용할 경우에는 각 형식을 불러오기 위한 Document Loader를 모두 로드할 수 있습니다. 이번 실습에서는 대한민국 헌법 PDF 파일을 로드하기 위해 PDF Loader를 활용합니다.

세 번째, 문서를 적절한 크기의 텍스트 청크로 분할하기 위해서 Text Splitter를 선언해야 합니다. Text Splitter의 경우 다른 요소들 대비 고려할 요소가 적습니다. Splitter 종류 자체가 많지 않으며, 대부분의 경우에 RecursiveCharacterTextSplitter와 chunk_overlap 파라미터의 설정으로 충분한 성능이 보장됩니다. 따라서 본 실습에서는 이 두 가지 매개변수 설정을 기반으로 문서를 여러 청크로 분할해보겠습니다.

네 번째, 분할된 청크를 임베딩 벡터로 변환하기 위해 알맞은 임베딩 모델을 활용해야 합니다. 이를 위해서는 문서의 언어와 청크의 길이를 고려해야 합니다. 문서의 언어가 대부분 영어라면 영어 데이터로 사전 학습된 임베딩 모델을 활용하고, 한글이라면 한글 데이터가 충분히 사전 학습된 임베딩 모델을 활용합니다. 또한 청크의 길이가 긴 경우, 컨텍스트 윈도우가 충분한 임베딩 모델을 활용해야 합니다. 이 실습에서는 대한민국 헌법 조항들을 임베딩 변환해야 하므로 한글 데이터셋으로 충분히 사전 학습되고, 맥락을 충분히 담을 만큼 긴 길이의 임베딩(max_token = 8,191)이 가능한 OpenAI의 text-embedding-3-small 모델을 활용하겠습니다.

다섯 번째, 임베딩 벡터를 저장할 벡터 스토어를 정해야 합니다. 벡터 스토어를 결정할 때는, 필요한 목적이 무엇인지, 또 어떤 작업의 성능이 중요한지 우선순위를 따져 결정할 수 있습니다. 대부분의 경우 순수 벡터 데이터베이스로 RAG를 구축하는 것이 간단하고 쉬운 편입니다. 그러나 순수 벡터 데이터베이스의 경우 일반 데이터베이스와의 결합이 까다로울 수 있으며, 대규모로 확장할 때 속도나 안정성이 기존 데이터베이스 대비 보장되지 않을 수 있습니다. 따라서 만약 프로덕트에 RAG를 구축할 경우, 기존 데이터베이스에 벡터 형태로 저장할 수 있는 방법을 강구하는 것도 좋은 아이디어입니다. 이번 실습에서는 파일럿 형태의 RAG 시스템을 구축할 것이므로 Chroma를 활용합니다

여섯 번째, 사용자의 질문과 유사한 문장을 검색하기 위한 Retriever를 결정해야 합니다. 다섯 번째 구성 요소로 Chroma로 설정했기 때문에, 벡터 스토어 기반 검색기를 활용할 수 있습니다. 이번 절에서는 이 Retriever를 통해 사용자 질문과 유사한 문장을 검색해봅니다. 만약 RAG의 성능이 충분치 않은 경우에는, Parent Document Retriever나 Long Context Reorder와 같은 기법을 함께 활용할 수 있습니다.

마지막으로, Chain은 LCEL을 기반으로 앞선 구성 요소들을 하나로 묶어 구성합니다. 이제 모든 구성 요소에 대한 결정을 마쳤으니, 본격적으로 RAG를 구축해보겠습니다.

01. 필요한 라이브러리 호출 및 API 키 설정

5장/Basic RAG.ipynb

```python
from langchain import hub
from langchain.document_loaders import PyPDFLoader
from langchain_text_splitters import RecursiveCharacterTextSplitter
from langchain_openai import OpenAIEmbeddings
from langchain_chroma import Chroma
from langchain_openai import ChatOpenAI
```

```
from langchain_core.runnables import RunnablePassthrough
from langchain_core.output_parsers import StrOutputParser
import os

os.environ["OPENAI_API_KEY"] = "YOUR_API_KEY"
```

PDF 문서를 로드하기 위한 `PyPDFLoader`와, 이를 더 작은 단위의 청크로 분할하기 위한 `RecursiveCharacterTextSplitter`를 불러옵니다. 그리고 이를 임베딩 벡터로 변환하기 위해 `OpenAIEmbedding` 모델을, 벡터를 저장하기 위해 `Chroma`를 가져옵니다. 이후 GPT API를 활용하기 위해 Langchain의 `openai` 모듈에서 `ChatOpenAI`를 가져왔습니다. 마지막으로 LLM의 답변을 문자열로 출력하도록 만들기 위한 Output Parser로 `StrOutputParser`를 가져옵니다. 여기에는 처음보는 랭체인의 `hub`와 `RunnablePassthrough`라는 라이브러리도 있습니다.

랭체인 Hub(Langchain Hub)는 2023년 9월 랭체인에서 추가한 플랫폼으로, Langsmith라는 랭체인 관리 플랫폼의 일부입니다. 이 플랫폼의 목적은 프롬프트를 공유하고 관리하는 것으로, 랭체인 활용 시 참고할 만한 프롬프트가 다수 존재합니다. RAG에 필요한 프롬프트도 랭체인 Hub에서 찾을 수 있으며 파이썬 코드로 이 프롬프트를 호출하여 활용할 수도 있습니다. 이번 실습에서도 랭체인 Hub의 RAG 전용 프롬프트를 활용하기 위해 `hub` 라이브러리를 불러온 것입니다.

`RunnablePassthrough`는 LCEL이 잘 구동하도록 랭체인에서 개발한 고유한 객체 Runnable의 일종입니다. Runnable은 LCEL에서 '|'를 기준으로 여러 구성 요소를 Chain으로 묶을 때 더 많은 조정이 가능하도록 돕습니다. 이 실습에서 `RunnablePassthrough`의 역할은 Chain이 받은 input을 수정하지 않고 그대로 다음 요소에 전달하는 것입니다. 따라서 RAG에서는 사용자의 질문을 받아 프롬프트 템플릿에 그대로 넘기는 역할을 담당합니다. Runnable 객체의 종류 더 다양한데, 대표적으로 병렬 처리를 가능하게 해주는 `Runnable Parallel`, 조건에 따라 실행할 브랜치를 선택하는 `RunnableBranch`, 사용자 정의 함수를 Chain에 결합할 수 있도록 하는 `RunnableLambda` 등이 있습니다.

마지막으로 OpenAI의 API 키를 환경변수 값으로 저장하기 위해서 `os.environ` 함수를 실행합니다.

02. 문서 로드/분할 및 벡터 임베딩

5장/Basic RAG.ipynb

```
#헌법 PDF 파일 로드
loader = PyPDFLoader(r"../data/대한민국헌법(헌법)(제00010호)(19880225).pdf")
pages = loader.load_and_split()

#PDF 파일을 1000자 청크로 분할
text_splitter = RecursiveCharacterTextSplitter(chunk_size=1000, chunk_overlap=100)
docs = text_splitter.split_documents(pages)

#ChromaDB에 청크들을 벡터 임베딩으로 저장(OpenAI 임베딩 모델 활용)
vectorstore = Chroma.from_documents(docs, OpenAIEmbeddings(model = 'text-embedding-3-small'))
retriever = vectorstore.as_retriever()
```

대한민국 헌법 PDF 문서를 PC에 저장하였다면, 경로를 `PyPDFLoader`에 넣어 문서를 Document 객체로 불러옵니다. 그리고 `load_and_split()` 함수를 통해 페이지 단위로 잘라 pages에 저장합니다. 그럼 pages에는 PDF 문서의 페이지별로 분할된 Document 객체들이 리스트 형태로 저장됩니다.

pages에 저장된 Document 객체 텍스트의 길이가 1,000자가 넘는 경우, 이를 1,000자 이하의 청크로 분할하기 위해서 `RecursiveCharacterTextSplitter`를 선언합니다. `chunk_size`를 1000으로 설정하여 1,000자를 기준으로 문서를 분할하고, `chunk_overlap`은 100으로 설정하여 chunk의 앞뒤로 100자씩 겹치도록 설정합니다. 그리고 이 청크들을 docs에 저장합니다.

다음으로, docs에 저장한 청크들을 임베딩 벡터 형태로 변환하여 Chroma DB에 저장하는 단계를 거칩니다. 이를 위해 Chroma의 `from_documents()` 함수를 활용하는데, 이때 매개변수로 docs, 임베딩 모델(`OpenAIEmbeddings`)를 선언합니다. 그리고 이 벡터 데이터베이스를 기반으로 Retriever를 만들기 위해 `as_retriever()` 함수를 실행합니다.

03. 프롬프트와 모델 선언

5장/Basic RAG.ipynb

```
#GPT-4o-mini 모델 선언
llm = ChatOpenAI(model="gpt-4o-min")

#Langchain Hub에서 RAG 프롬프트 호출
prompt = hub.pull("rlm/rag-prompt")

#Retriever로 검색한 유사 문서의 내용을 하나의 string으로 결합
def format_docs(docs):
    return "\n\n".join(doc.page_content for doc in docs)
```

다음 단계로 ChatOpenAI 함수로 RAG에 활용할 LLM을 호출합니다. 앞서 API 키를 환경변수로 설정했기 때문에 매개변수로 키 값을 넣어줄 필요 없이 모델명만 설정해주면 됩니다. 다음으로 프롬프트 템플릿을 작성해야 하는데, 본 실습에서는 Langchain Hub에서 RAG 전용 프롬프트로 가장 많이 활용되는 rlm/rag-prompt를 호출합니다. 호출하는 방법은 간단한데, 라이브러리로 불러온 hub 모듈에 pull() 함수를 실행하고, 매개변수로 hub에서 확인 가능한 프롬프트의 이름을 넣어주면 됩니다.

5장/Basic RAG.ipynb

```
prompt
```

실행 결과

```
ChatPromptTemplate(input_variables=['context', 'question'],
metadata={'lc_hub_owner': 'rlm', 'lc_hub_repo': 'rag-prompt', 'lc_hub_commit_hash':
'50442af133e61576e74536c6556cefe1fac147cad032f4377b60c436e6cdcb6e'},
messages=[HumanMessagePromptTemplate(prompt=PromptTemplate(input_variables=
['context', 'question'], template="You are an assistant for question-answering
tasks. Use the following pieces of retrieved context to answer the question. If
you don't know the answer, just say that you don't know. Use three sentences
maximum and keep the answer concise.\nQuestion: {question} \nContext: {context}
\nAnswer:"))])
```

Langchain Hub에서 가져온 RAG 프롬프트를 보면, ChatPromptTemplate 형식으로 올바른 프롬프트를 불러온 것을 알 수 있습니다.

5장/Basic RAG.ipynb

```
prompt.messages
```

실행 결과

```
[HumanMessagePromptTemplate(prompt=PromptTemplate(input_variables=['context', 'question'], template="You are an assistant for question-answering tasks. Use the following pieces of retrieved context to answer the question. If you don't know the answer, just say that you don't know. Use three sentences maximum and keep the answer concise.\nQuestion: {question} \nContext: {context} \nAnswer:"))]
```

프롬프트의 메시지 부분을 따로 출력해보면, context와 question을 매개변수로 갖고 있으며, 주어진 맥락에 대해서만 대답하게 만드는 프롬프트를 확인할 수 있습니다. context 매개변수에는 Retriever를 통해 검색한 사용자 질문과의 유사 문장들이 들어가게 되는데, 이때 Retriever의 출력 결과물로 여러 개의 Document가 출력되므로 이를 곧바로 context에 넣을 경우 불필요한 토큰 소모가 발생합니다. 예를 들어, Document(page_content)와 같이 Document 객체 자체의 텍스트나 metadata 정보는 context에 넣어줄 필요가 없기 때문입니다. 따라서 format_docs() 함수를 Chain에 삽입하여 Retriever의 검색 결과물에서 page_content 부분만 추출하고 하나의 텍스트로 합치는 과정을 수행합니다.

04. Chain 구축

5장/Basic RAG.ipynb

```python
rag_chain = (
    {"context": retriever, "question": RunnablePassthrough()}
    | prompt
    | llm
    | StrOutputParser()
)
```

LCEL을 활용하여 Chain을 구축하는 경우, 앞서 선언한 RAG 구성 요소들을 순서에 맞게 '|' 로 연결합니다. 가장 먼저 Chain으로 사용자의 질문을 입력받으면, 벡터 데이터베이스에서 유사 문장을 검색하기 위해 Retriever에 연결합니다. 그리고 그 결과물을 context의 Value로 지정합니다. 사용자의 질문은 RunnablePassthrough()를 통해 어떤 수정도 거치지 않고 그 대로 question의 Value로 전달됩니다.

이렇게 하나의 Dictionary 객체를 완성하면, 이것을 그대로 사전에 정의한 프롬프트 템플릿에 전달합니다. 사전에 정의한 프롬프트 템플릿은 매개변수로 context와 question을 갖고 있었는데, 앞서 사용자의 질문을 바탕으로 완성한 Dictionary에 이 매개변수들의 값이 저장되어 있으므로 이것이 그대로 프롬프트를 완성하는 것에 활용됩니다.

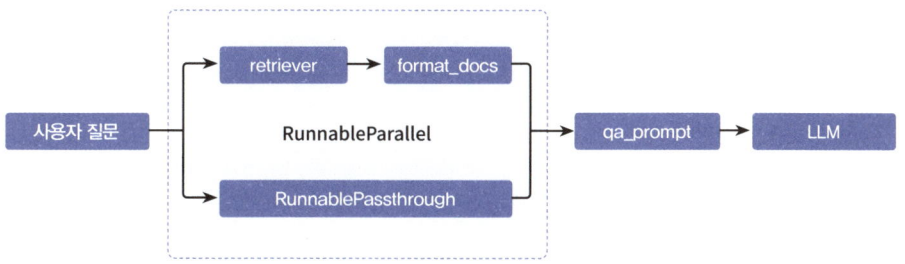

그림 5-15 LCEL로 구성한 RAG 구조도

완성된 프롬프트는 LLM에게 전달되고, 사용자의 질문과 검색 결과물을 종합하여 작성한 LLM 의 답변은 StrOutputParser()를 거쳐 문자열의 형태로 출력됩니다. 실제 rag_chain의 작동 결과를 살펴보겠습니다.

5장/Basic RAG.ipynb
```
answer = rag_chain.invoke("국회의원의 의무는 뭐야?")
print(answer)
```

실행 결과

국회의원의 의무는 청렴하게 직무를 행하고 국가이익을 우선하여 양심에 따라 행동하는 것이며, 국가·공공단체 또는 기업체와의 계약이나 처분으로 재산상의 이익을 취득하거나 타인을 위해 알선하는 것을 금지하는 것이다. 국회의원은 그 지위를 남용하지 않고 국가 및 공공이익을 위해 직무를 성실히 수행해야 한다. 국회의원은 또한 정기회와 임시회를 참석하여 출석과 찬성으로 의결하는 등 국회 업무에 성실히 참여해야 한다.

rag_chain은 ChatGPT에 질문했을 때와 달리, 헌법 조항에 기반하여 답변하는 것을 알 수 있습니다. 이로써 LCEL을 기반으로 Chain을 구성하는 과정을 알아보았습니다. Chain은 '|'로 구성 요소들을 연결해서 코드는 비교적 간단하지만, 모두가 직관적으로 받아들이지는 못할 수 있습니다. 그래서 LCEL에서는 Chain을 시각화할 수 있는 `get_graph().print_ascii()` 함수를 제공합니다. rag_chain의 시각화 결과는 다음과 같습니다.

```
rag_chain.get_graph().print_ascii()
```

실행 결과

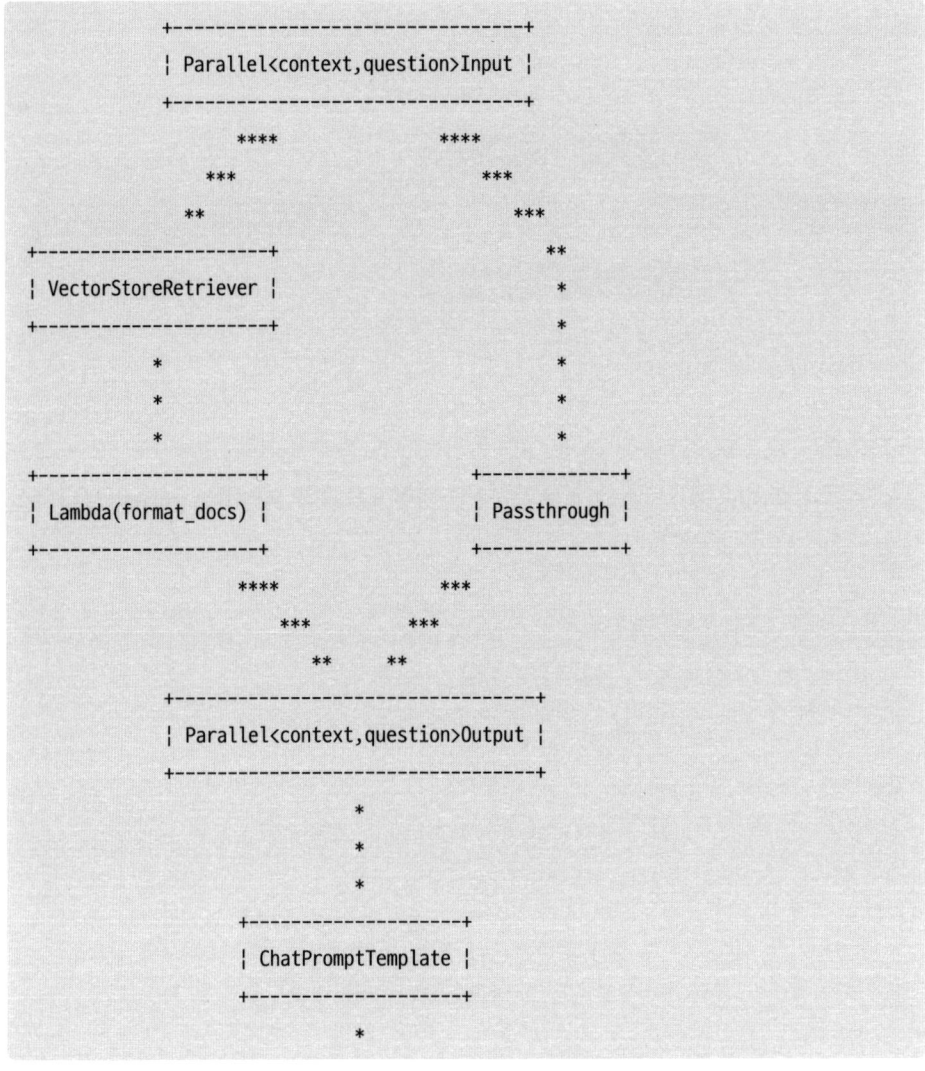

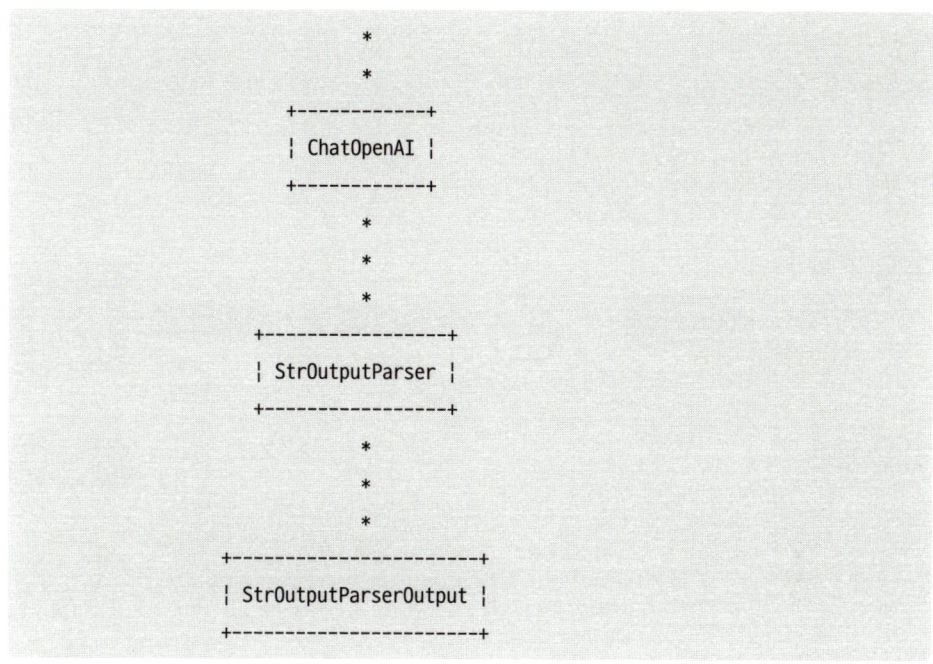

Chain의 구동 순서를 보면 Parallel input으로 context와 question이 구성된 것을 볼 수 있습니다. rag_chain의 가장 첫 요소로 선언한 Dictionary가 Parallel input으로 활용되었다는 뜻입니다. 이것이 바로 Runnable Parallel입니다. Dictionary의 Key – Value 형태로 여러 작업을 병렬적으로 수행하고, 이 결과를 저장하여 다음 단계로 전달합니다. rag_chain에서는 벡터 DB 기반 Retriever를 수행하고 format_docs() 함수로 결과물을 후가공하는 가지와 question이 RunnablePassthrough로 그대로 통과되는 가지가 있는 것을 볼 수 있습니다. 이 두 가지는 Runnable의 Parallel 기능을 통해 병렬적으로 실행됩니다. 그 다음 단계부터는 rag_chain에서 선언한 순서대로 작동하는 것을 볼 수 있습니다. Dictionary로 context와 question의 값을 ChatPromptTemplate에 전달하고, 이 템플릿이 ChatOpenAI로 전달됩니다. ChatOpenAI를 통해 GPT로부터 받은 답변은 StrOuputParser를 통해 문자열로 처리됩니다.

RAG 시스템 구축하기 2 – Memory 기능 구축

챗봇에게 있어서 '기억력'이라는 요소는 매우 핵심적입니다. 예를 들어서, 대한민국 헌법 PDF 파일을 벡터 DB에 저장한 후 RAG를 통해 '대통령의 임기는 몇 년이야?'라는 질문과 그에 알맞은 답변 '대한민국 대통령의 임기는 5년입니다.'을 주고받았다고 가정해봅시다. 이어서 사용자가 '국회의원은?'이라는 추가 질문을 했을 경우, 기억력이 없는 RAG 챗봇은 국회의원에 대한 일반적인 컨텍스트를 찾아와 답변합니다. 사람이라면 앞서 물어봤던 '대통령의 임기' 관련 질문과 엮어서 '국회의원의 임기는 몇 년이야?'라는 질문의 의도를 파악할 수 있지만, 기억력이 없는 LLM은 이를 제대로 처리하지 못하는 것입니다.

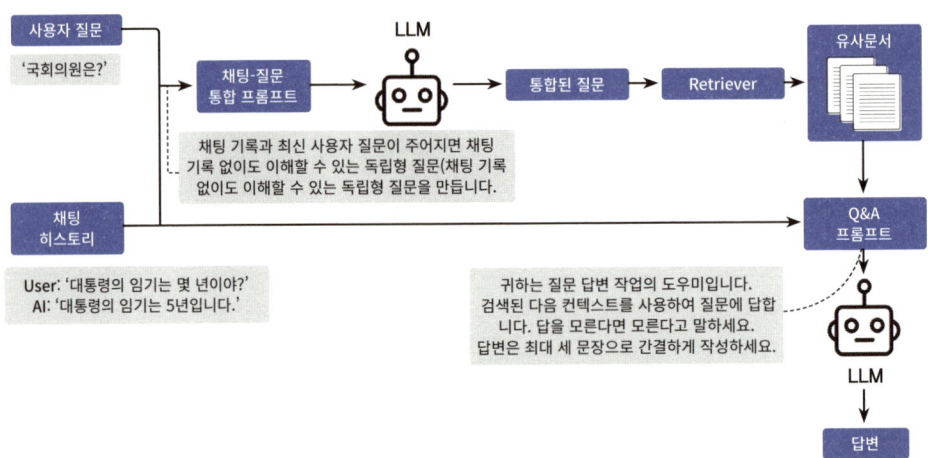

그림 5-16 Memory 모듈이 추가된 RAG 작동 원리

랭체인에서는 ChatPromptTemplate을 변형하여 채팅 히스토리를 저장할 수 있도록 만들고, 이를 기반으로 RAG를 구축할 수 있도록 Retriever와 Chain을 복합 활용합니다. 가장 먼저, 사용자의 질문이 들어오면 그동안 적재한 채팅 히스토리와 통합하는 작업을 거칩니다. 앞서 살펴본 예시와 같이, '대통령의 임기는 몇 년이야?'와 이에 대한 LLM의 답변인 '대통령의 임기는 5년입니다.'가 채팅 히스토리로 적재되었다면, 새로운 사용자 질문인 '국회의원은?'과 통합하는 작업을 LLM이 수행하는 것입니다. 이때 LLM에게 주어지는 프롬프트는 '채팅 기록과 최신 사용자 질문을 통합하여 채팅 기록 없이 이해 가능한 독립형 질문을 만들어라'입니다.

이렇게 채팅 히스토리와 사용자 질문을 통합한 후에는 기존 RAG와 동일한 과정을 거쳐 답변을 생성합니다. Retriever를 통해 통합된 질문과 유사한 문장을 검색해내고, 이를 Q&A 프롬프트 내에 맥락으로 주입하여 LLM에게 답변할 수 있도록 힌트를 제공합니다. 그러면 LLM은 채팅 히스토리와 사용자의 질문, 그리고 답변을 위한 힌트 컨텍스트를 모두 갖춰, 보다 정확한 답변을 할 수 있게 됩니다.

이제 코드를 실행하여 Memory 기능을 갖춘 RAG 구축 방법을 살펴보겠습니다. 첫 번째 코드 셀은 Retriever 생성 단계까지 해당하는 부분으로, 여기까지는 일반 RAG 구축 과정과 동일합니다.

01. 문서 로드–분할–벡터 저장(Retreiver 생성)

5장/Basic RAG.ipynb

```python
from langchain import hub
from langchain.document_loaders import PyPDFLoader
from langchain_text_splitters import RecursiveCharacterTextSplitter
from langchain_openai import OpenAIEmbeddings, ChatOpenAI
from langchain_chroma import Chroma
from langchain_core.runnables import RunnablePassthrough, RunnableParallel
from langchain_core.output_parsers import StrOutputParser
from langchain_core.runnables.history import BaseChatMessageHistory, RunnableWithMessageHistory
import os

#환경 설정
os.environ["OPENAI_API_KEY"] = "YOUR_API_KEY"

#PDF 파일 로드 및 처리
loader = PyPDFLoader(r"../data/대한민국헌법(헌법)(제00010호)(19880225).pdf")

#1,000자씩 분할하여 Document 객체 형태로 docs에 저장
pages = loader.load_and_split()
text_splitter = RecursiveCharacterTextSplitter(chunk_size=1000, chunk_overlap=0)
docs = text_splitter.split_documents(pages)

#Chroma 벡터 저장소 설정 및 retriever 생성
vectorstore = Chroma.from_documents(docs, OpenAIEmbeddings(model='text-embedding-3-small'))
retriever = vectorstore.as_retriever()
```

02. 채팅 히스토리와 사용자 질문 통합

5장/Basic RAG.ipynb

```
from langchain.chains.combine_documents import create_stuff_documents_chain
from langchain.chains import create_history_aware_retriever, create_retrieval_chain
from langchain.prompts import ChatPromptTemplate, MessagesPlaceholder

#Define the contextualize question prompt
contextualize_q_system_prompt = """Given a chat history and the latest user question \
which might reference context in the chat history, formulate a standalone question \
which can be understood without the chat history. Do NOT answer the question, \
just reformulate it if needed and otherwise return it as is."""

contextualize_q_prompt = ChatPromptTemplate.from_messages(
    [
        ("system", contextualize_q_system_prompt),
        MessagesPlaceholder("chat_history"),
        ("human", "{input}"),
    ]
)
history_aware_retriever = create_history_aware_retriever(llm, retriever, contextualize_q_prompt)
```

다음으로 그동안의 채팅 히스토리와 사용자 질문을 하나의 독립형 질문으로 통합하기 위한 작업을 수행하는 단계입니다. 이를 위해 `contextualize_q_system_prompt` 변수에 채팅 히스토리-사용자 질문 통합 작업 지시 프롬프트를 저장합니다. 그리고 `ChatPromptTemplate`을 통해 시스템 프롬프트에 이 프롬프트를 넣고, 사용자 프롬프트(human)에는 `{input}`을 선언하여 `ChatPromptTemplate`에 주입된 문자열을 그대로 저장할 수 있도록 만듭니다. 그 사이에 `MessagesPlaceholder`라는 새로운 변수가 존재하는데, 이 변수는 `chat_history`라는 key값을 기반으로 시스템 프롬프트와 사용자 프롬프트 사이에 채팅 히스토리를 넣을 수 있도록 합니다. 다음의 예시 코드를 통해 자세히 살펴보겠습니다.

```python
from langchain_core.messages import AIMessage, HumanMessage

contextualize_q_prompt = ChatPromptTemplate.from_messages(
    [
        ("system", contextualize_q_system_prompt),
        MessagesPlaceholder("chat_history"),
        ("human", "{input}"),
    ]
)

chat_history = [
    HumanMessage(content='대통령의 임기는 몇 년이야?'),
    AIMessage(content='대통령의 임기는 5년입니다.')
]

contextualize_q_prompt.invoke({"input":"국회의원은?", "chat_history" : chat_history})
```

실행 결과

> ChatPromptValue(messages=[SystemMessage(content='Given a chat history and the latest user question which might reference context in the chat history, formulate a standalone question which can be understood without the chat history. Do NOT answer the question, just reformulate it if needed and otherwise return it as is.'), HumanMessage(content='대통령의 임기는 몇 년이야?'), AIMessage(content='대통령의 임기는 5년입니다.'), HumanMessage(content='국회의원은?')])

이 코드는 앞선 코드와 마찬가지로 '시스템 프롬프트-MessagesPlaceholder-사용자 프롬프트'로 이어지도록 ChatPromptTemplate을 구성하고 있습니다. chat_history 변수에 HumanMessage, AIMessage를 담은 리스트를 저장한 후 이 값을 chat_history 키에 대응하는 값으로 지정합니다. 그리고 새로운 질문을 input 키에 대응하는 값으로 넣어 ChatPromptTemplate을 invoke하면 '시스템 메시지-chat_history-HumanMessage'가 차례로 프롬프트를 구성합니다.

이렇게 완성된 프롬프트를 LLM, retriever와 함께 create_history_aware_retriever로 결합하면 채팅 히스토리와 사용자 질문을 활용해 만들어낸 독립형 질문과 유사한 청크를 벡터 DB에서 검색하는 과정을 거칩니다.

```python
history_aware_retriever = create_history_aware_retriever(llm, retriever,
contextualize_q_prompt)
result = history_aware_retriever.invoke({"input":"국회의원은?", "chat_history" :
chat_history})
for i in range(len(result)):
    print(f"{i+1}번째 유사 청크")
    print(result[i].page_content[:250])
    print("-"*100)
```

실행 결과

```
1번째 유사 청크
법제처                              5
국가법령정보센터
대한민국헌법
③국회의원의 선거구와 비례대표제 기타 선거에 관한 사항은 법률로 정한다.

제42조 국회의원의 임기는 4년으로 한다.

제43조 국회의원은 법률이 정하는 직을 겸할 수 없다.

제44조 ①국회의원은
----------------------------------------------------------------------------------
2번째 유사 청크
④헌법재판소의 장은 국회의 동의를 얻어 재판관 중에서 대통령이 임명한다.

제112조 ①헌법재판소 재판관의 임기는 6년으로 하며, 법률이 정하는 바에 의하여 연임할
수 있다.
②헌법재판소 재판관은 정당에 가입하거나 정치에 관여할 수 없다.
③헌법재판소 재판관은 탄핵 또는 금고 이상의 형의 선고에 의하지 아니하고는 파면되지
아니한다.

제113조 ①헌법재판소에서 법률의 위헌결정, 탄핵의 결정, 정당해산의 결정 또는
헌법소원에 관한 인용결정을
----------------------------------------------------------------------------------
3번째 유사 청크
제61조 ①국회는 국정을 감사하거나 특정한 국정사안에 대하여 조사할 수 있으며, 이에
필요한 서류의 제출 또는 증인의 출석과 증언이나 의견의 진술을 요구할 수 있다.
```

> ②국정감사 및 조사에 관한 절차 기타 필요한 사항은 법률로 정한다.
>
> 제62조 ①국무총리·국무위원 또는 정부위원은 국회나 그 위원회에 출석하여 국정처리상황을 보고하거나 의견을 진술하고 질문에 응답할 수 있다.
> ②국회나 그 위원회의 요구가 있을 때에는 국무총리·국무위원 또는 정
>
> ---
>
> 4번째 유사 청크
> ②공개하지 아니한 회의내용의 공표에 관하여는 법률이 정하는 바에 의한다.
>
> 제51조 국회에 제출된 법률안 기타의 의안은 회기 중에 의결되지 못한 이유로 폐기되지 아니한다. 다만, 국회의원의 임기가 만료된 때에는 그러하지 아니하다.
>
> 제52조 국회의원과 정부는 법률안을 제출할 수 있다.
>
> 제53조 ①국회에서 의결된 법률안은 정부에 이송되어 15일 이내에 대통령이 공포한다.
> ②법률안에 이의가 있을 때에는 대통령은 제1항의 기간내에 이의서를
>
> ---

`history_aware_retriever`의 검색 결과를 보면, '국회의원은?'이라는 사용자 질문에 대해 앞서 주어진 채팅 히스토리를 고려하여 벡터 DB 검색을 수행합니다.

이제 일반적인 RAG를 구현할 차례입니다. 다만 채팅 히스토리를 지속적으로 적재하기 위한 처리가 필요합니다.

03. RAG 체인 구축

```
                                            5장/Basic RAG.ipynb
from langchain.chains import create_retrieval_chain
from langchain.chains.combine_documents import create_stuff_documents_chain

qa_system_prompt = """You are an assistant for question-answering tasks. \
Use the following pieces of retrieved context to answer the question. \
If you don't know the answer, just say that you don't know. \
Use three sentences maximum and keep the answer concise.\

{context}"""
qa_prompt = ChatPromptTemplate.from_messages(
```

```
    [
        ("system", qa_system_prompt),
        MessagesPlaceholder("chat_history"),
        ("human", "{input}"),
    ]
)

question_answer_chain = create_stuff_documents_chain(llm, qa_prompt)

rag_chain = create_retrieval_chain(history_aware_retriever, question_answer_chain)
```

qa_system_prompt는 RAG에서 컨텍스트와 사용자 질문을 함께 다룰 수 있도록 만들어주는 시스템 프롬프트입니다. 이를 ChatPromptTemplate의 시스템 프롬프트로 넣고, HumanMessage 매개변수에 "{input}"를 지정하여 입력 값으로 주어지는 사용자의 질문을 그대로 인식하도록 만듭니다. 앞서 살펴봤듯이 시스템 프롬프트와 HumanMessage 사이에 MessagesPlaceholder는 채팅 히스토리를 담기 위한 매개변수입니다. 이렇게 3개의 매개변수를 올바르게 지정하여 완성한 qa_prompt는 create_stuff_documents_chain으로 결합합니다. create_stuff_documents_chain은 주어진 컨텍스트들(Document 객체들)을 하나의 텍스트로 묶는 역할과 이를 LLM에게 전달하는 역할을 합니다.

지금까지 채팅 히스토리와 사용자 질문을 엮어 하나의 독립형 질문을 만들고 이를 벡터 DB 검색에 활용하는 history_aware_retriever, 이를 통해 찾아낸 유사 청크들을 하나의 컨텍스트로 묶고 LLM에게 전달하는 question_anwer_chain을 구축했습니다. history_aware_retriever와 question_anwer_chain을 하나의 체인으로 묶기 위해 create_retrieval_chain이라는 하나의 RAG 체인으로 결합합니다. 이렇게 구축을 완료한 체인은 다음의 코드로 사용할 수 있습니다.

04. RAG 체인 사용 방법 및 채팅 히스토리 기록

5장/Basic RAG.ipynb

```python
from langchain_core.messages import HumanMessage
#채팅 히스토리를 적재하기 위한 리스트
chat_history = []

question = "대통령의 임기는 몇 년이야?"
#첫 질문에 답변하기 위한 rag_chain 실행
ai_msg_1 = rag_chain.invoke({"input": question, "chat_history": chat_history})
#첫 질문과 답변을 채팅 히스토리로 저장
chat_history.extend([HumanMessage(content=question), ai_msg_1["answer"]])

second_question = "국회의원은?"
#두 번째 질문 입력 시에는 첫번째 질문-답변이 저장된 chat_history가 삽입됨
ai_msg_2 = rag_chain.invoke({"input": second_question, "chat_history": chat_history})

print(ai_msg_2["answer"])
```

실행 결과

> 국회의원은 4년의 임기를 가지며, 현행범인이 아니면 회기 중 국회의 동의 없이 체포 또는 구금되지 않습니다. 국회의원은 국가이익을 우선하여 직무를 행하고, 청렴의 의무를 가지며 지위를 남용하여 재산상의 이익을 취득하거나 알선할 수 없습니다.

rag_chain의 invoke() 함수 내에 input 값으로 사용자 질문, chat_history에 이전 대화 내용을 리스트로 담아 전달합니다. 이렇게 하면 rag_chain은 사용자 질문과 이전 대화 내용을 history_aware_retriever → question_answer_chain 순으로 통과시켜 답변을 생성합니다. 그리고 사용자의 질문을 HumanMessage의 content, LLM 답변의 answer를 AIMessage로 리스트에 담아 chat_history 리스트에 저장합니다. 이는 두 번째 이후부터 질문에 채팅 히스토리를 활용하기 위한 처리입니다. 동일한 방식으로 두 번째 질문도 처리하면, 채팅 히스토리를 고려한 적절한 답변이 생성되는 것을 확인할 수 있습니다.

그런데 매번 사용자가 질문하고 LLM이 답변하는 것을 채팅 히스토리에 일일이 기록해야만 할까요? 물론 이를 자동으로 기록하고 RAG 체인에 활용할 수 있도록 보조하는 방법이 있습니다.

05. 채팅 세션별 기록 자동 저장 RAG 체인 구축

5장/Basic RAG.ipynb

```python
from langchain_community.chat_message_histories import ChatMessageHistory
from langchain_core.chat_history import BaseChatMessageHistory
from langchain_core.runnables.history import RunnableWithMessageHistory

#채팅 세션별 기록 저장 위한 Dictionary 선언
store = {}

#주어진 session_id 값에 매칭되는 채팅 히스토리 가져오는 함수 선언
def get_session_history(session_id: str) -> BaseChatMessageHistory:    ---①
    if session_id not in store:
        store[session_id] = ChatMessageHistory()
    return store[session_id]


#RunnableWithMessageHistory 모듈로 rag_chain에 채팅 기록 세션별로 자동 저장 기능 추가
conversational_rag_chain = RunnableWithMessageHistory(    ---②
    rag_chain,
    get_session_history,
    input_messages_key="input",
    history_messages_key="chat_history",
    output_messages_key="answer",
)
```

이 코드를 활용하면 채팅의 세션별로 서로 다른 채팅 히스토리를 저장하여, ChatGPT와 같이 개별의 대화방을 만들 수 있습니다. 먼저 `store`에 빈 딕셔너리를 저장하여 채팅 세션별로 기록을 저장할 수 있게 합니다. 그리고 ①`get_session_history` 함수를 통해 주어진 `session_id` 값에 매칭되는 채팅 히스토리를 불러와 RAG 체인에 결합할 수 있도록 만듭니다. 마지막으로 ②`RunnableWithMessageHistory` 모듈을 통해 RAG 체인과 `get_session_history` 함수, 입력 값 키, 채팅 히스토리 키, 결과 값 키를 모두 결합하여 `conversational_rag_chain`을 완성합니다. 이 체인은 입력 값과 함께 `config` 매개변수에 `session_id`를 입력해야 실행됩니다.

5장/Basic RAG.ipynb

```
conversational_rag_chain.invoke(
    {"input": "대통령의 임기는 몇 년이야?"},
    config={
        "configurable": {"session_id": "240510101"}
    },  # constructs a key "abc123" in `store`.
)["answer"]
```

실행 결과

'대통령의 임기는 5년으로 정해져 있습니다.'

5장/Basic RAG.ipynb

```
conversational_rag_chain.invoke(
    {"input": "국회의원은?"},
    config={"configurable": {"session_id": "240510101"}},
)["answer"]
```

실행 결과

'국회의원의 임기는 4년으로 정해져 있습니다.'

conversational_rag_chain의 invoke() 함수로 연속하여 질문한 결과, 채팅 히스토리를 기억하고 제대로 된 답변을 생성하는 것을 확인할 수 있습니다.

Open source LLM으로 RAG 구축하기

기업에서 RAG를 구축하게 된다면, Closed source LLM을 활용하여 시스템을 구축하는 것에 부담을 느낄 수 있습니다. 기업 내 정보를 바탕으로 RAG를 구축하게 되면, Q&A를 진행할 때마다 컨텍스트로 기밀 정보가 LLM 제공 업체의 API를 기반으로 전달되게 되고, 이 과정에서 데이터 유출에 대한 우려가 커지기 때문입니다. 물론 OpenAI나 Claude 같이 대표적인 LLM 모델 서비스를 보유한 경우, Azure, AWS, GCP 등에서 API 통신의 보안을 보장해주기 때문에 실질적으로 이러한 우려가 현실로 나타나는 경우는 적지만, RAG 시스템에 축적되는 정보가 기밀일수록 최대한 이러한 위험을 회피하고 싶을 것입니다. 따라서 기업에서 RAG를 구축할 때에는 Open source LLM을 활용하는 경우가 많습니다.

이번에는 Open source LLM을 기반으로 RAG를 구축하는 실습을 진행해보겠습니다. Open source LLM을 실행하는 방법은 다양하지만, **Ollama**라는 도구를 활용하면 매우 간단하게 실행할 수 있습니다. 먼저 Ollama를 설치해보겠습니다.

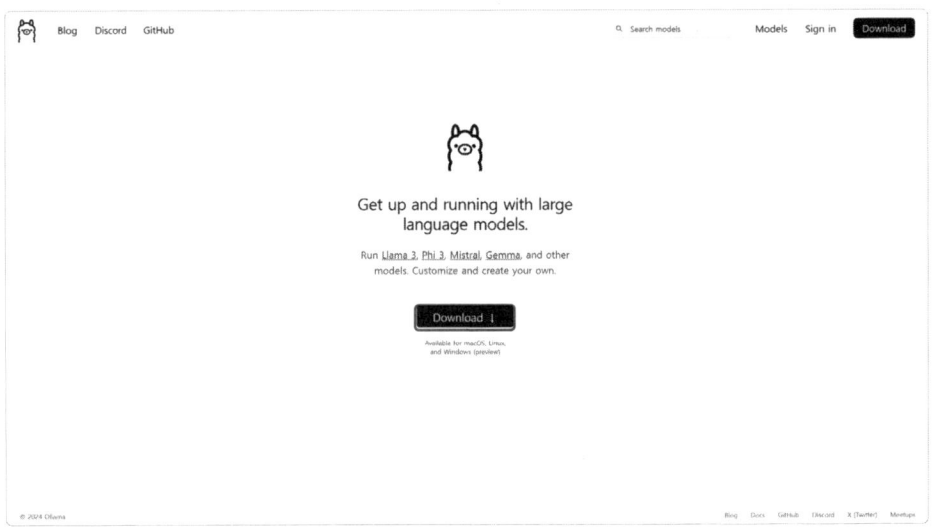

그림 5-17 ollama.com 홈페이지 다운로드 화면(ollama.com)

ollama.com 페이지에 접속하면 보이는 [Download] 버튼을 눌러서 바로 설치할 수 있습니다. 현재 macOS, Linux, Windows와 같은 모든 운영체제에서 활용할 수 있도록 제공합니다. [Download] 버튼 클릭 후, Ollama를 설치할 수 있는 exe 실행 파일이 다운로드되는데, 이를 실행하면 Windows의 명령 프롬프트(cmd) 창이나 아나콘다(Anaconda) 프롬프트에서 Ollama를 사용할 수 있습니다.

이제 Open source LLM을 설치해보겠습니다. 허깅페이스 플랫폼에서 매우 다양한 Open source 모델들을 확인할 수 있는데, 한국어에 능통한 모델을 활용하기 위해 야놀자에서 개발한 EEVE 모델을 활용해보겠습니다.

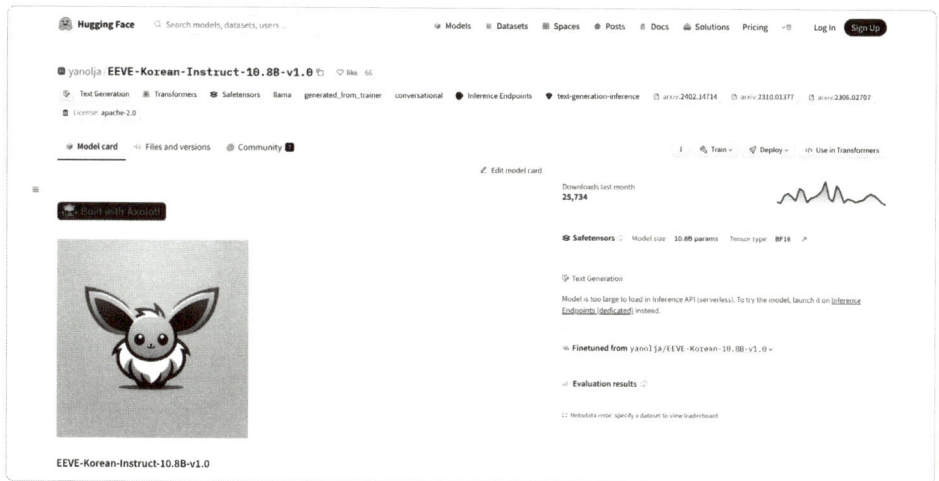

그림 5-18 EEVE 모델

EEVE 모델[4]은 업스테이지에서 개발한 LLM인 SOLAR에 한글 단어를 추가하여 DPO로 강화 학습한 언어 모델입니다. Open-Ko-LLM 리더보드에서의 순위는 꽤 밀린 상태지만, 실제 한글 사용 후기가 가장 좋은 모델입니다. 해당 모델은 매개변수가 10.8B로, 소형 언어 모델에 속하는 작은 크기를 갖고 있지만 워크스테이션이나 AI 서버가 없는 일반 사용자가 그대로 로드하여 활용하기에는 너무 높은 GPU 사양이 요구됩니다. 그래서 일반 사용자의 경우, 기반 LLM을 양자화한 GGUF 버전을 활용해야 합니다. **GGUF**란 딥러닝 모델을 경량화하는 방법론 중 하나로, 모델 로드 및 추론 시 필요한 GPU RAM 사양을 크게 낮춰줍니다.

그림 5-19 EEVE의 GGUF 모델

---

4 EEVE 모델은 허깅페이스 홈페이지에서 검색하거나 다음의 링크에서 다운로드할 수 있습니다.
   https://huggingface.co/yanolja/EEVE-Korean-10.8B-v1.0

GGUF 모델은 tedylee777 님이 만들어둔 모델[5]을 활용합니다. 해당 워크스페이스에는 모델의 설명을 담은 Model card, 모델 파일 목록인 Files and versions라는 탭이 존재하는데, 여기에서 우리가 사용할 모델을 직접 다운로드할 수 있습니다.

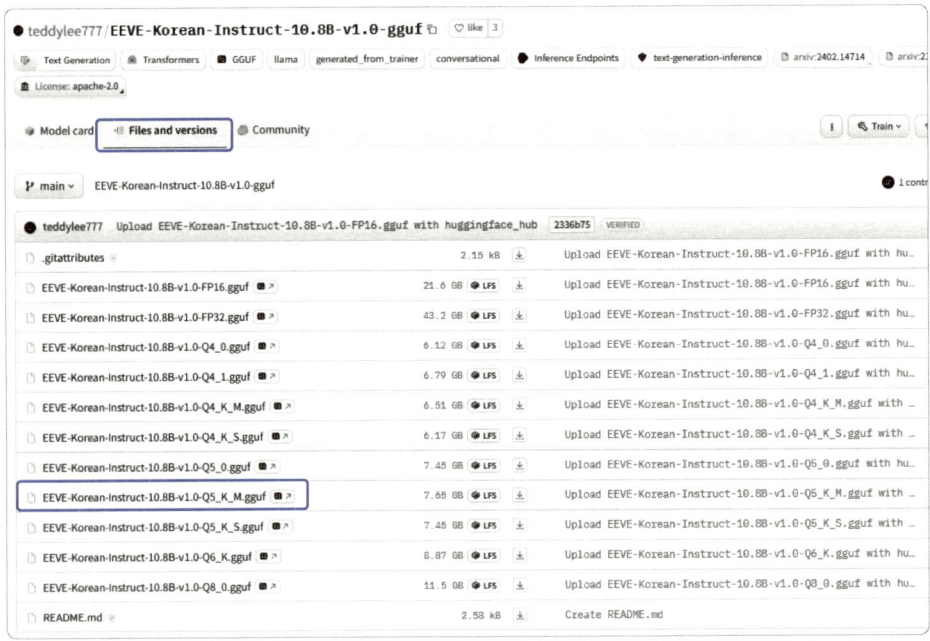

그림 5-20 버전별 파일 목록

모델 버전별 파일 목록을 처음 마주하면 당황하기 쉽습니다. 마지막 숫자 및 알파벳 몇 자리 제외하고 모두 같은 모델명을 보유하기 때문에 어떤 파일을 내려받아야 할지 혼란스러울 수 있습니다. 여기서 Q는 Quantization, 즉 '양자화했다'는 것을 의미하고, 그 다음의 숫자는 '양자화 수준'을 의미합니다. Q5의 경우, 가중치를 5bit로 양자화한 모델이고, Q4는 가중치를 4bit로 양자화한 모델입니다. 즉, 얼마나 많이 경량화된 모델을 사용할지 결정하면 되는 것입니다. 보통 최소 Q4 이상의 모델을 활용해야 활용 가능한 성능이 나온다고 알려져 있기 때문에 여기서는 이보다 한 단계 큰 Q5_K_M.gguf 파일을 다운로드해보겠습니다.

---

5 GGUF 모델은 다음의 링크에서 다운로드받을 수 있습니다.
   https://huggingface.co/teddylee777/EEVE-Korean-Instruct-10.8B-v1.0-gguf

모델을 다운로드하면, 해당 모델 파일을 저장할 새 폴더를 만들고 이 폴더에 Modelfile.txt 파일도 하나 생성해둡니다. 이 파일에는 다음과 같은 내용을 작성합니다.

5장/Modelfile.txt

```
FROM EEVE-Korean-Instruct-10.8B-v1.0-Q5_K_M.gguf

TEMPLATE """{{- if .System }}
<s>{{ .System }}</s>
{{- end }}
<s>Human:
{{ .Prompt }}</s>
<s>Assistant:
"""

SYSTEM """A chat between a curious user and an artificial intelligence assistant. The assistant gives helpful, detailed, and polite answers to the user's questions."""

PARAMETER temperature 0
PARAMETER num_predict 3000
PARAMETER num_ctx 4096
PARAMETER stop <s>
PARAMETER stop </s>
```

Modelfile은 Ollama를 통해 모델을 생성할 때 참고하는 문서로 생각할 수 있습니다. 만약 사용자가 Ollama를 통해 모델을 활용한다면, Ollama는 Modelfile에 기록된 대로 모델을 로드합니다. 또한 GPT 기반 모델들은 학습 시에 특정 템플릿을 기반으로 학습되는데, 이러한 형식을 지켜서 시스템 프롬프트를 적용하면 LLM이 더욱 잘 답변하게 됩니다. 이 Modelfile의 경우에도 EEVE 모델의 훈련 시 사용된 템플릿을 기반으로 시스템 프롬프트를 적용하고 있으며, 추가적으로 **PARAMETER stop <s>**을 통해 문장의 끝맺음을 잘 인식하도록 만들었습니다. 이 템플릿의 적용 여부가 LLM의 답변 품질에 아주 큰 영향을 끼치므로 반드시 저장해두길 바랍니다.

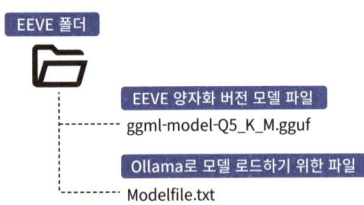

그림 5-21 EEVE 폴더의 구조

그림처럼 EEVE 양자화 버전 파일과 Modelfile을 한 폴더에 담았다면, Ollama 모델을 로드하기 위한 준비가 끝났습니다. 이제 Anaconda prompt를 열어 Ollama로 모델을 로드해보겠습니다.

01. EEVE 폴더로 경로 이동

```
cd [폴더 경로]
```

02. Ollama 모델 이름 설정 및 모델 로드

```
ollama create EEVE-Korean-10.8B -f Modelfile.txt
```

```
transferring model data
using existing layer
sha256:b9e3d1ad5e8aa6db09610d4051820f06a5257b7d7f0b06c00630e376abcfa4c1
using existing layer
sha256:6fe7ed0d1aa9d7d4f3b6397184caf17b9b558739bc00f5abde876ee579fbf51a
using existing layer
sha256:1fa69e2371b762d1882b0bd98d284f312a36c27add732016e12e52586f98a9f5
using existing layer
sha256:fc44d47f7d5a1b793ab68b54cdba0102140bd358739e9d78df4abf18432fb3ea
creating new layer
sha256:c9eed651555d2f63be6e8ae5030f98b710868133818fde1bad0ba1e3a5e238aa
writing manifest
success
```

EEVE 모델이 담긴 폴더로 경로를 이동한 후, `ollama create 모델명 -f Modelfile.txt`를 순서대로 입력하면, Ollama가 Modelfile 텍스트 파일을 통해 지정한 모델명으로 모델을 로드하기 시작합니다. 마지막 줄에 `success`가 나타나면 모델 로드가 완료된 것입니다.

Ollama가 모델을 제대로 로드했는지 확인하기 위해 다음의 커맨드를 실행해보세요.

```
ollama list
```

NAME	ID	SIZE	MODIFIED
EEVE-Korean-10.8B:latest	d1e2e98c46af	7.7 GB	3 minutes ago

`ollama list`를 통해 ollama가 로드한 모델들을 확인할 수 있습니다. EEVE 모델은 7.7GB 만큼 디스크 용량을 차지하고 있는 것을 알 수 있습니다. 여기까지 실행하면 랭체인에서 Ollama를 통해 Open source LLM을 활용할 준비를 모두 마친 것입니다.

랭체인은 ChatOllama라는 모듈을 통해 기존 LLM API와 통합하듯이 Ollama 기반 Open source LLM을 활용할 수 있는 기능을 제공합니다. `ChatOllama`의 매개변수로 모델 이름을 설정해주면 되는데, 앞서 `ollama list`로 살펴본 모델 이름을 그대로 넣어주면 됩니다. 기본적인 체인을 구성하는 코드를 작성해보겠습니다.

5장/Basic RAG.ipynb

```python
from langchain_ollama import ChatOllama
from langchain_core.output_parsers import StrOutputParser
from langchain_core.prompts import ChatPromptTemplate

llm = ChatOllama(model="EEVE-Korean-10.8B:latest")
prompt = ChatPromptTemplate.from_template("{topic}에 대한 짧은 농담을 들려주세요. ")

chain = prompt | llm | StrOutputParser()

print(chain.invoke({"topic": "우주여행"}))
```

실행 결과

하! 우주 여행을 주제로 한 재미있고 통찰력 있는 농담 하나 들어보실래요?

"알고 계셨나요, 우주가 꽤 비쌀 수 있다는 걸요? 실제로 우주에 가려면 아주 거액의 돈이 든답니다. 제가 어떻게 아냐고요? 직접 물어봤거든요! 지난주에 금성이 지나갈 때 '안녕하세요?'라고 인사를 건넸는데, 돌아오는 답변이 없었어요. 가격표가 너무 높아서 그런지, 아니면 그냥 바빴던 걸까요?"

> 재미있으셨나요? 우주 여행에 관한 재미있는 사실도 알게 되셨죠? 우주는 정말 놀라운 곳이고, 우리가 아직 배울 것이 많다는 것을 이 농담을 통해 깨닫게 됩니다. 앞으로 탐험해볼 수 있는 새로운 행성과 천체들이 가득하다는 걸요!

농담을 들려달라는 간단한 프롬프트와 ChatOllama로 로드한 EEVE 모델, 그리고 출력 값을 문자열로 반환하는 StrOutputParser()를 활용하여 농담 작성 체인을 구축했습니다. 지금까지 알아본 것처럼 chain의 invoke 함수를 통해 매개변수 topic 값을 지정해주면 정상적으로 체인이 구동되는 것을 볼 수 있습니다.

03. RAG Chain 구성 및 rag_chain 답변 스트리밍하기

이제 EEVE 모델로 RAG도 잘 수행할 수 있는지 RAG Chain을 구축해보겠습니다. 이번에는 완전히 로컬에서 작동하는 Chain을 구축하기 위해 임베딩 모델도 HuggingfaceEmbeddings를 활용합니다.

5장/Basic RAG.ipynb

```python
from langchain.document_loaders import PyPDFLoader
from langchain_text_splitters import RecursiveCharacterTextSplitter
from langchain_community.embeddings import HuggingFaceEmbeddings
from langchain_chroma import Chroma
from langchain_ollama import ChatOllama
from langchain import hub
from langchain_core.runnables import RunnablePassthrough
from langchain_core.output_parsers import StrOutputParser

loader = PyPDFLoader(r"../data/대한민국헌법(헌법)(제00010호)(19880225).pdf")
pages = loader.load_and_split()          ---①

text_splitter = RecursiveCharacterTextSplitter(chunk_size=500, chunk_overlap=0)
docs = text_splitter.split_documents(pages)    ---②

model_name = "jhgan/ko-sbert-nli"
model_kwargs = {'device': 'cpu'}
encode_kwargs = {'normalize_embeddings': True}

embedding = HuggingFaceEmbeddings(
```

```
        model_name=model_name,
        model_kwargs=model_kwargs,
        encode_kwargs=encode_kwargs
    )

    vectorstore = Chroma.from_documents(docs, embedding)
    retriever = vectorstore.as_retriever()                      ---③

    prompt = hub.pull("rlm/rag-prompt")

    def format_docs(docs):
        return "\n\n".join(doc.page_content for doc in docs)    ---④

    rag_chain = (
        {"context": retriever|format_docs, "question": RunnablePassthrough()}
        | prompt
        | llm
        | StrOutputParser()
    )                                                            ---⑤
```

먼저 헌법 PDF 파일을 ①PyPDFLoader로 로드한 후, `load_and_split()`으로 페이지별 분할을 수행합니다. ②그리고 청크 사이즈를 500으로 지정하여 `RecursiveCharacterTextSplitter`로 텍스트를 재귀적으로 분할합니다. 이렇게 분할하여 생성한 Document 객체들을 모두 ③HuggingfaceEmbedding으로 임베딩하여 Chroma 벡터 DB에 담고 이것을 Retriever로 활용합니다. RAG 프롬프트 템플릿은 랭체인 Hub에서 가져와 `prompt`에 저장합니다. 또한 ④`format_docs` 함수를 통해 사용자 질문과 유사하다 판단되는 청크들을 하나의 텍스트로 묶는 작업을 수행하도록 합니다.

이렇게 만든 모든 요소들을 ⑤`rag_chain`에 묶을 때, `context`, 즉 RAG의 근거 문서로 주어질 문서들을 Retriever 검색을 통해 찾아내고, 이를 하나의 `format_docs`로 텍스트화합니다. 사용자의 질문은 `RunnablePassthrough()`로 그대로 통과되어 Retriever로 검색한 `context`와 함께 `prompt`에 결합됩니다. 이 프롬프트는 다시 LLM에 전달되고 `StrOutputParser`를 통해 문자열 결과 값을 반환합니다.

끝으로 `rag_chain`의 답변을 스트리밍하여 결과를 확인한 결과, 헌법 PDF 파일 내의 정보를 참고하여 올바른 답변을 하는 것을 볼 수 있습니다.

5장/Basic RAG.ipynb

```
for chunk in rag_chain.stream("대통령의 임기는 몇 년이야?"):
    print(chunk, end="", flush=True)
```

실행 결과

```
대통령의 임기는 5년입니다.

이 대답에 대한 확신도: 100%
```

CHAPTER

06

RAG 완전 정복하기

6.1 _ Streamlit으로 RAG 챗봇 만들기

6.2 _ 대화 기능 추가하기

6.3 _ 파일 업로드 기능 구현하기

6.4 _ 고급 기능을 더해 RAG 챗봇 완성하기

6.5 _ Streamlit에서 배포하기

6.6 _ LLM의 한계를 너머, Tool & Agent

6.1 Streamlit으로 RAG 챗봇 만들기

지금까지 책에서 다룬 모든 RAG 코드는 주피터 노트북(Jupyter Notebook), 코랩(Colab) 등의 컴퓨팅 플랫폼에서 실행되며, 이는 코드를 컴파일하고 테스트하기에 최적화된 앱입니다. RAG 코드를 작성하고 테스트하기에 적절하지만, 챗봇 구축을 위해서는 인터랙티브한 GUI가 필요합니다. 이번 장에서는 **스트림릿**(Streamlit)이라는 웹앱을 활용해 RAG 챗봇을 구축해보려고 합니다.

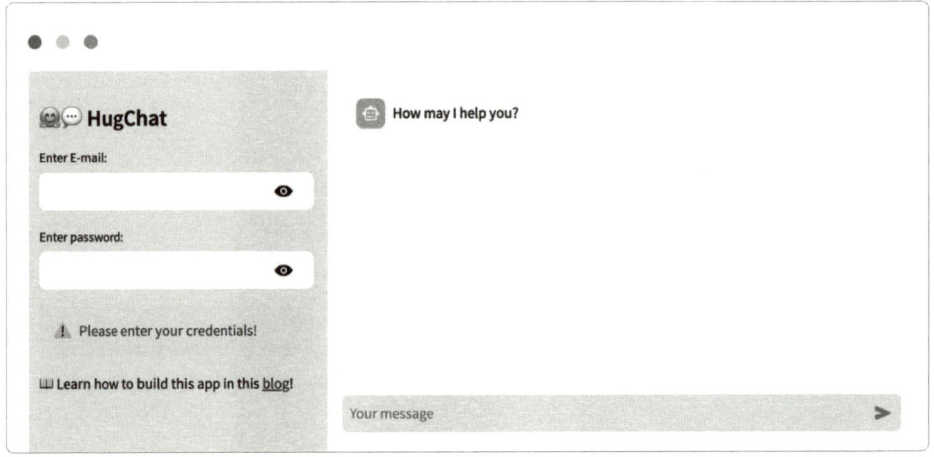

그림 6-1 Streamlit으로 구축한 챗봇 예시

Streamlit이란 데이터 과학자, AI/ML 엔지니어가 간단한 코드만으로 인터랙티브한 데이터 앱을 제공할 수 있도록 돕는 파이썬(Python) 프레임워크입니다. 본래 간단한 인터랙티브 시각화 또는 대시보드를 손쉽게 구축하기 위해 자주 활용되는 프레임워크지만, 최근 LLM을 활용한 챗봇 수요가 크게 늘어나며 Streamlit에서도 챗봇 기능이 탑재되었습니다.

Streamlit 실행하기

Streamlit을 설치하기 위해서는 Anaconda Prompt 터미널에서 다음의 커맨드를 실행합니다.

```
pip install streamlit
```

설치가 완료되었다면, Streamlit에서 제공하는 파이썬 예시 파일을 실행해보겠습니다. 먼저 Python 코드를 담을 수 있는 도구(에디터 등)를 활용해 다음의 코드를 복사 후 붙여넣기 합니다.

6장/streamlit_chat.py

```python
import streamlit as st
from openai import OpenAI

with st.sidebar:
    openai_api_key = st.text_input("OpenAI API Key", key="chatbot_api_key", type="password")
    "[Get an OpenAI API key](https://platform.openai.com/account/api-keys)"
    "[View the source code](https://github.com/streamlit/llm-examples/blob/main/Chatbot.py)"
    "[![Open in GitHub Codespaces](https://github.com/codespaces/badge.svg)](https://codespaces.new/streamlit/llm-examples?quickstart=1)"

st.title("💬 Chatbot")

if "messages" not in st.session_state:
    st.session_state["messages"] = [{"role": "assistant", "content": "How can I help you?"}]

for msg in st.session_state.messages:
    st.chat_message(msg["role"]).write(msg["content"])

if prompt := st.chat_input():
    if not openai_api_key:
        st.info("Please add your OpenAI API key to continue.")
        st.stop()

    client = OpenAI(api_key=openai_api_key)
    st.session_state.messages.append({"role": "user", "content": prompt})
    st.chat_message("user").write(prompt)
    response = client.chat.completions.create(model="gpt-3.5-turbo", messages=st.session_state.messages)
    msg = response.choices[0].message.content
    st.session_state.messages.append({"role": "assistant", "content": msg})
    st.chat_message("assistant").write(msg)
```

일반적으로 코드를 편집하고 저장하기 위한 도구로는 비주얼 스튜디오 코드(VS Code)를 가장 많이 사용합니다. 또는 급한 경우 메모장에 코드를 복사, 붙여넣기를 하고 파일명 마지막에 '.py'를 붙이면 파이썬 파일로 저장할 수 있습니다. 파이썬 파일을 저장했다면, 다음의 커맨드로 Streamlit을 실행해보세요.

```
#파일 경로로 이동
cd [파일 존재하는 경로]

#streamlit run으로 파이썬 파일 실행
streamlit run [파일명.py]
```

이 커맨드를 실행하고 나면 다음 2개의 URL을 얻을 수 있습니다.

그림 6-2 Streamlit 실행 시 Anaconda prompt에 표시되는 커맨드

Local URL은 사용자의 컴퓨터에서만 접속이 가능한 로컬 주소이고, Network URL은 같은 네트워크를 공유하는 사람들이 접속할 수 있는 네트워크 주소입니다. 따라서 사내에서 내 컴퓨터를 서버로 활용하여 Streamlit을 배포한다면 가장 간단한 형태로 Network URL을 공유할 수 있습니다. 그럼 Local URL에 접속해보겠습니다.

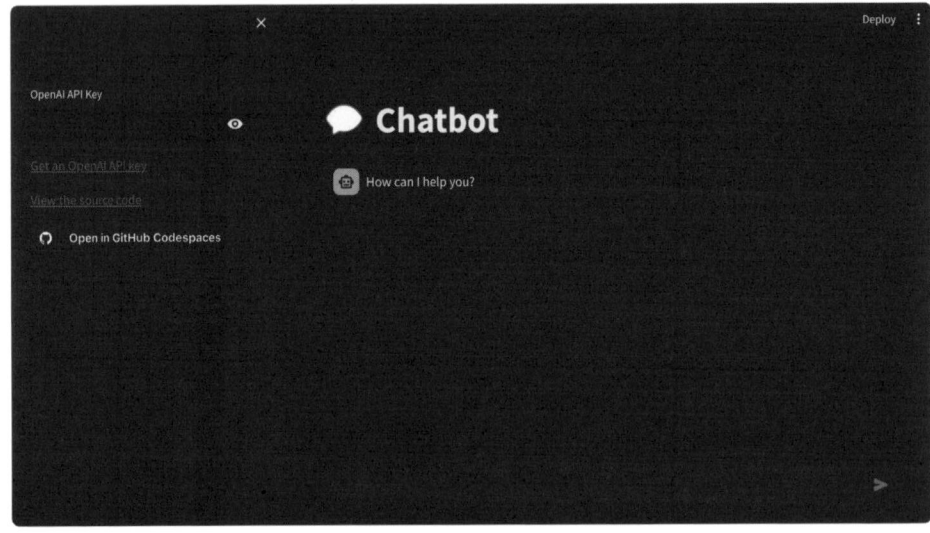

그림 6-3 Streamlit 진입 화면

Local URL을 주소창에 입력하면 그림 6-3과 같은 화면이 나타납니다. 화면은 좌측의 사이드 패널과 메인 화면의 채팅 UI로 이뤄져 있습니다. 사이드 패널에서는 사용자로부터 OpenAI API Key를 입력받는데, 자신의 API Key를 여기에 입력하면 메인 화면에서 바로 OpenAI의 GPT 모델과 대화를 진행할 수 있습니다.

그림 6-4 API Key를 입력한 후 볼 수 있는 Streamlit 채팅 화면 예시

Streamlit의 기본적인 채팅 화면에서는 AI와 사용자가 주고받는 대화가 채팅창에 모두 표시됩니다.

Streamlit chat 기능 설정

Streamlit은 `streamlit_chat()` 함수를 통해 간단한 챗봇을 구현할 수 있습니다. 여기에서는 사용자로부터 OpenAI API를 입력받고 챗봇 엔진으로 OpenAI의 GPT-4o를 활용하는 Streamlit 앱을 구축해보겠습니다. 다음처럼 필요한 라이브러리를 호출하고, OpenAI API Key를 설정합니다.

6장/streamlit_chat.py

```
import os
import streamlit as st
```

```
from langchain_openai import ChatOpenAI

os.environ["OPENAI_API_KEY"] = "YOUR_API_KEY"
```

다음으로 메인 화면에 띄울 제목을 다음처럼 설정할 수 있습니다.

6장/streamlit_chat.py
```
st.title("💬 Chatbot")
```

이제 채팅 기능을 구현하기 위한 코드를 작성해야 합니다. 그 전에 Streamlit에서 사용자와의 상호작용 간에 데이터를 유지하기 위해 사용되는 상태 관리 객체인 session_state를 선언해야 합니다. Streamlit은 사용자가 상호작용을 시도할 때마다 전체 스크립트를 다시 실행하기 때문입니다. session_state는 Streamlit상에서 유저가 버튼을 클릭하거나, 어떤 값을 입력했을 때, 특정한 데이터가 보존될 필요가 있을 경우 사용됩니다. 예를 들어 유저가 챗봇과 대화를 할 때, 사용자의 메시지와 AI의 응답은 계속 기록되어야 합니다. 그래야 사용자와 AI 간의 상호작용 발생 후에도 채팅창에 채팅 기록이 남습니다. 따라서 Streamlit으로 챗봇을 구현할 때는, 사용자와 AI의 메시지를 session_state로 저장해야 합니다.

session_state는 dictionary로 Key 값과 Value를 저장합니다. 만약 새로운 session_state 값을 만들고자 한다면, if문을 통해 새로운 Key 값과 이에 할당될 Value를 직접 지정해줍니다. 만약 챗봇 화면 진입 시, 사용자가 어떤 입력을 하지 않았어도 AI가 첫 마디를 인사로 시작하도록 session_state를 지정할 수 있습니다.

6장/streamlit_chat.py
```
#session_state에 messages Key 값 지정 및 Streamlit 화면 진입 시, AI의 인사말 기록하기
if "messages" not in st.session_state:
    st.session_state["messages"] = [{"role": "assistant", "content": "How can I help you?"}]

#사용자나 AI가 질문/답변을 주고받을 시, 이를 기록하는 session_state
for msg in st.session_state.messages:
    st.chat_message(msg["role"]).write(msg["content"])
```

이 코드는 ①session_state에 messages 변수 지정, ②챗봇 화면 진입 시 AI가 첫 인사말을 하도록 기록, ③사용자와 AI 모두 message 값 발생 시, chat_message() 함수를 실행하는 순서로 수행됩니다.

chat_message() 함수는 사용자 또는 AI의 입력 값을 채팅 컨테이너에 담아 화면에 표시하는 역할을 합니다.

그림 6-5 Streamlit에서 chat_message() 함수가 구현된 모습

예를 들어 그림 6-5와 같이 채팅창에 역할 아이콘과 메시지를 담고자 한다면 다음의 코드를 실행하면 됩니다.

6장/streamlit_chat.py
```
st.chat_message("ai").write("How can I help you?")
```

chat_message()의 매개변수로 역할(사용자: human 또는 user / AI: ai 또는 assistant)을 지정하고, write로 메시지 내용을 기록합니다. chat_message() 함수는 다른 방법으로 같은 기능을 실행할 수도 있습니다.

6장/streamlit_chat.py
```
with chat_message("ai"):
    st.write("How can I help you?")
```

이런 식으로 with 문에 chat_message() 함수의 역할 매개변수를 지정하고, 그 아래에 streamlit 전용 print() 함수인 st.write() 함수를 통해 메시지를 작성합니다. 이는 필요에 따라 적절히 혼용해 사용할 수 있습니다.

AI의 인사말과, 채팅 시스템 구현이 완성되었으니 사용자 질문을 받고 이에 대해 OpenAI의 GPT가 답변할 수 있도록 만들어보겠습니다.

6장/streamlit_chat.py

```python
#챗봇으로 활용할 AI 모델 선언
chat = ChatOpenAI(model="gpt-4o", temperature=0)

#chat_input()에 입력 값이 있는 경우,
if prompt := st.chat_input():
    #messages라는 session_state에 역할은 사용자, 콘텐츠는 프롬프트를 각각 저장
    st.session_state.messages.append({"role": "user", "content": prompt})
    #chat_message()함수로 사용자 채팅 버블에 prompt 메시지를 기록
    st.chat_message("user").write(prompt)


    response = chat.invoke(prompt)
    msg = response.content

    #messages라는 session_state에 역할은 AI, 콘텐츠는 API답변을 각각 저장
    st.session_state.messages.append({"role": "assistant", "content": msg})
    #chat_message()함수로 AI 채팅 버블에 API 답변을 기록
    st.chat_message("assistant").write(msg)
```

챗봇에 활용할 AI로 OpenAI의 GPT-4o 모델을 사용하기 위해 ChatOpenAI 객체를 chat에 저장합니다. 그리고 if prompt := st.chat_input(): 코드는 st.chat_input() 함수에 입력 값이 있는 경우, prompt로 저장하고 조건절을 이어갑니다. 여기서 chat_input()은 다음과 같이 챗봇의 입력창을 만들고 [Enter]를 누르면 입력 값을 저장합니다.

| Your message | > |

그림 6-6 Streamlit에서 chat_input() 함수가 구현된 모습

채팅 입력창에 프롬프트가 입력되면, 미리 선언한 messages라는 session_state에 role과 content를 키 값으로 하는 딕셔너리를 추가합니다. 그리고 chat_message()를 통해 사용자의 메시지를 채팅창에 나타냅니다.

사용자의 프롬프트에 대한 AI의 답변은 ChatOpenAI의 invoke() 함수로 가져와, msg의 답변 부분만 저장합니다. 그리고 사용자의 답변을 session_state에 저장하고 채팅창에 나타내는 방법과 동일하게 AI의 답변도 나타냅니다. 최종 코드를 살펴보겠습니다.

6장/streamlit_chat.py

```python
import os
import streamlit as st
from langchain_openai import ChatOpenAI

os.environ["OPENAI_API_KEY"] = "YOUR_API_KEY"

st.title("💬 Chatbot")

#session_state에 messages Key 값 지정 및 Streamlit 화면 진입 시, AI의 인사말을 기록하기
if "messages" not in st.session_state:
    st.session_state["messages"] = [{"role": "assistant", "content": "How can I help you?"}]

#사용자나 AI가 질문/답변을 주고받을 시, 이를 기록하는 session_state
for msg in st.session_state.messages:
    st.chat_message(msg["role"]).write(msg["content"])

#챗봇으로 활용할 AI 모델 선언
chat = ChatOpenAI(model="gpt-4o", temperature=0)

#chat_input()에 입력 값이 있는 경우,
if prompt := st.chat_input():
    #messages라는 session_state에 역할은 사용자, 콘텐츠는 프롬프트를 각각 저장
    st.session_state.messages.append({"role": "user", "content": prompt})
    #chat_message()함수로 사용자 채팅 버블에 prompt 메시지를 기록
    st.chat_message("user").write(prompt)

    response = chat.invoke(prompt)
    msg = response.content

    #messages라는 session_state에 역할은 AI, 콘텐츠는 API답변을 각각 저장
    st.session_state.messages.append({"role": "assistant", "content": msg})
    #chat_message()함수로 AI 채팅 버블에 API 답변을 기록
    st.chat_message("assistant").write(msg)
```

이제 이 코드를 "streamlit_chat.py" 파일로 저장하고, Anaconda Prompt에서 다음의 커맨드를 입력하면 Streamlit 챗봇을 실행할 수 있습니다.

```
streamlit run streamlit_chat.py
```

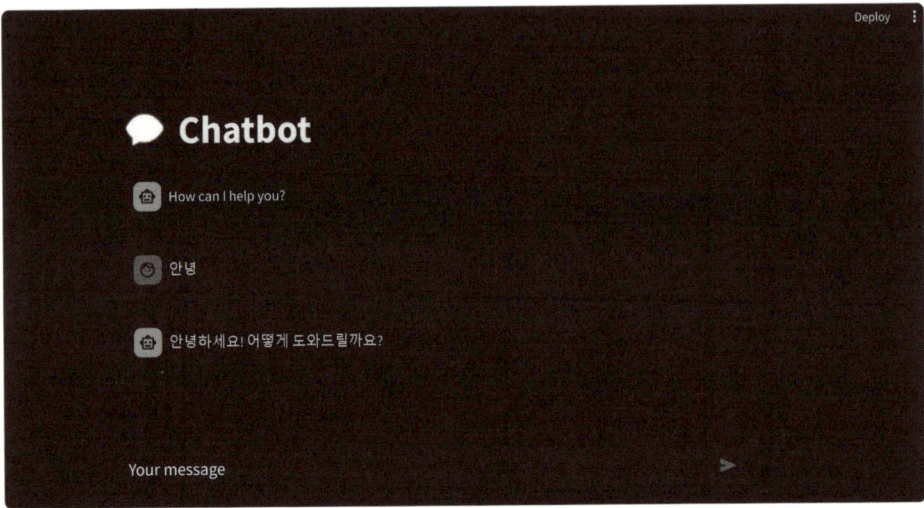

그림 6-7 Streamlit 챗봇 실행 화면

챗봇 링크에 접속하여 입력창에 '안녕'이라고 입력하고 [Enter]를 누르면, AI의 답변이 잘 나온 것을 확인할 수 있습니다.

6.2 대화 기능 추가하기

기본적인 챗봇 구현을 배웠으니, RAG를 활용해 주어진 문서 기반의 대화가 가능하도록 구현해보겠습니다.

01. 필요 라이브러리 호출 및 OpenAI API Key 지정

6장/streamlit_rag_local.py

```python
#OpenAI API Key 저장에 os 활용
import os
#Streamlit 컴포넌트 활용
```

```python
import streamlit as st

from langchain.document_loaders import PyPDFLoader
from langchain_text_splitters import RecursiveCharacterTextSplitter
from langchain_openai import OpenAIEmbeddings, ChatOpenAI
from langchain_chroma import Chroma
from langchain_core.prompts import ChatPromptTemplate
from langchain_core.runnables import RunnablePassthrough
from langchain_core.output_parsers import StrOutputParser

#os 환경변수에 OpenAI API Key 저장 → 이후 코드에서 재지정할 필요 없도록 설정
os.environ["OPENAI_API_KEY"] = "YOUR_API_KEY"
```

Streamlit 상에서 OpenAI API를 활용하기 위해 os 라이브러리를 호출합니다. `streamlit` 라이브러리는 Streamlit에서 제공하는 컴포넌트(예: `st.chat_input`)를 활용하기 위해 호출합니다. 그리고 `os.environ`으로 환경변수에 OpenAI API Key를 저장하여 이후 코드에서 활용할 수 있게 합니다.

02. PDF 문서 로드 및 벡터화 함수

6장/streamlit_rag_local.py

```python
#PDF 파일 로드 및 분할
@st.cache_resource
def load_and_split_pdf(file_path):
    loader = PyPDFLoader(file_path)
    return loader.load_and_split()

#Document 객체를 벡터 DB에 저장
@st.cache_resource
def create_vector_store(_docs):
    text_splitter = RecursiveCharacterTextSplitter(chunk_size=1000, chunk_overlap=0)
    split_docs = text_splitter.split_documents(_docs)
    persist_directory = "./chroma_db"
    vectorstore = Chroma.from_documents(
        split_docs,
        OpenAIEmbeddings(model='text-embedding-3-small'),
```

```
            persist_directory=persist_directory
    )
    return vectorstore

#만약 기존에 저장해둔 ChromaDB가 있는 경우, 이를 로드
@st.cache_resource
def get_vector_store(_docs):
    persist_directory = "./chroma_db"
    if os.path.exists(persist_directory):
        return Chroma(
            persist_directory=persist_directory,
            embedding_function=OpenAIEmbeddings(model='text-embedding-3-small')
        )
    else:
        return create_vector_store(_docs)

#Document 객체의 page_content를 Join
def format_docs(docs):
        return "\n\n".join(doc.page_content for doc in docs)
```

다음으로 RAG 챗봇의 핵심 기능을 수행할 함수 4개를 선언합니다.

- `load_and_split_pdf(file_path)`: file_path로 지정된 파일 경로상의 PDF 파일을 PyPDFLoader로 로드하고, 이를 페이지별로 분할하여 return합니다.

- `create_vector_store(_docs)`: 주어진 Document 객체를 RecursiveCharacterTextSplitter로 분할하고, 이를 Chroma 벡터 DB에 저장합니다. 이때 임베딩 벡터로 변환할 모델을 OpenAI의 text-embedding-3-small 모델을 활용했습니다.

- `get_vector_store(_docs)`: 만약 벡터 DB가 이미 존재하는 경우, 이를 로드합니다. 그렇지 않은 경우에는 create_vector_store(_docs) 함수를 실행하여 새로운 벡터 DB를 생성합니다.

- `format_docs(docs)`: Document 객체들의 page_content를 추출하고 이를 하나로 결합합니다.

각 함수 내 구성 요소는 개발자 선호에 따라 구성하면 됩니다. `load_and_split_pdf(file_path)` 함수는 PyPDFLoader 대신 UnstructuredFileLoader를 활용하거나 PDF가 아닌 파일을 로드하기 위해 다른 로더를 활용할 수도 있습니다. `create_vector_store(_docs)` 함수에서는 chunk_size, chunk_overlap 등의 변수를 필요에 따라 변경하거나 다른 벡터 DB, 임베딩 모델로 변경할 수도 있습니다. 사용자가 원하는 서비스 형태에 따라 최적의 요소를 넣으면 됩니다.

코드에서 한 가지 새로운 요소를 발견할 수 있는데, 바로 **@st.cache_resource**입니다. 이는 Streamlit으로 구현된 웹앱이 한번 구동할 때 생성된 데이터를 캐싱하는 기능입니다. Streamlit은 사용자와 상호작용할 때마다 전체 파이썬 스크립트가 재실행되어 속도가 느려지는 점을 보완해줍니다. 이 캐싱 기능은 함수 위에 데코레이터로 지정해줄 수 있으며, 그렇게 하면 해당 함수 구동 시 발생한 데이터를 캐싱해두었다가, 동일 함수 재실행 시에 캐싱된 데이터를 그대로 가져와 실행 시간을 크게 줄여줍니다. 문서를 로드하거나 벡터화하여 Chroma DB에 저장하는 작업은 구동할 때마다 일정 시간이 소요되므로, 재구동 시 소요 시간을 단축할 수 있도록 @st.cache_resource 데코레이터를 함수 위에 설정했습니다.

03. RAG 체인 구성

6장/streamlit_rag_local.py

```python
@st.cache_resource
def chaining():
    file_path = r"../data/대한민국헌법(헌법)(제00010호)(19880225).pdf"
    pages = load_and_split_pdf(file_path)
    vectorstore = get_vector_store(pages)
    retriever = vectorstore.as_retriever()

    qa_system_prompt = """
    You are an assistant for question-answering tasks. \
    Use the following pieces of retrieved context to answer the question. \
    If you don't know the answer, just say that you don't know. \
    Keep the answer perfect. please use imogi with the answer.
    Please answer in Korean and use respectful language.\
    {context}
    """

    qa_prompt = ChatPromptTemplate.from_messages(
        [
            ("system", qa_system_prompt),
            ("human", "{input}"),
        ]
```

```
    )

    llm = ChatOpenAI(model="gpt-4o")
    rag_chain = (
        {"context": retriever | format_docs, "input": RunnablePassthrough()}
        | qa_prompt
        | llm
        | StrOutputParser()
    )
    return rag_chain

# Streamlit UI
st.header("헌법 Q&A 챗봇 ◯ ▣")
rag_chain = chaining()
```

앞서 함수로 만든 요소들을 모두 가져와 RAG 체인에 하나로 통합하는 함수인 chaining을 선언합니다. chaining 함수 역시 캐싱 기능 활용을 위해 @st.cache_resource 데코레이터를 지정해줍니다.

1. load_and_aplit() 함수 실행: 먼저 파일을 불러올 경로를 설정하고, 이 경로를 load_and_split_pdf() 함수에 매개변수로 지정하여 PDF 파일을 로드합니다.

2. get_vector_store() 함수 실행: 이렇게 만들어진 Document 객체를 get_vector_store() 함수에 넣어 벡터 임베딩으로 변환하고, 이를 Chroma DB에 저장합니다. 이렇게 만들어진 벡터 DB를 기반으로 Retriever로 선언하기 위해 as_retriever() 함수를 실행합니다. 만약 이미 벡터 DB가 있는 경우, 이를 로드합니다.

3. RAG 프롬프트 선언: 다음으로 RAG 프롬프트를 선언하고, 이것을 ChatPromptTemplate의 시스템 프롬프트로 지정합니다. 그리고 HumanMessage에는 {input}을 지정하여, ChatPromptTemplate에 입력되는 값을 Human Message에 매핑합니다. RAG 프롬프트에는 답변의 완결성을 강조하고, 존댓말과 이모지를 붙여 사용자 친화적인 답변을 생성합니다.

4. LLM 지정 및 RAG 체인 결합: LLM으로 OpenAI의 GPT-4o를 활용하기 위해 ChatOpenAI 모듈을 활용합니다. 그리고 rag_chain으로 앞서 저장한 요소들을 하나로 결합합니다. context에는 retriever의 검색 결과가 format_docs로 정리되어 매핑되고, input에는 사용자의 질문이 들어와 그대로 통과됩니다. 그럼 유사 문서 검색 결과와 사용자의 질문이 RAG 프롬프트에 주입되고, 이 프롬프트를 LLM이 전달받아 답변을 생성하게 됩니다. 추가로 StrOutputParser()를 연결하여, LLM의 답변을 문자열로만 출력하도록 형식을 지정했습니다.

이렇게 4단계를 거쳐 chaining 함수는 RAG 체인을 결합하여 return하게 됩니다.

04. Streamlit UI 구성

6장/streamlit_rag_local.py
```python
st.header("헌법 Q&A 챗봇 ○ ▯")
rag_chain = chaining()

if "messages" not in st.session_state:
    st.session_state["messages"] = [{"role": "assistant", "content": "헌법에 대해 무엇이든 물어보세요!"}]

for msg in st.session_state.messages:
    st.chat_message(msg['role']).write(msg['content'])

if prompt_message := st.chat_input("질문을 입력해주세요 :)"):
    st.chat_message("human").write(prompt_message)
    st.session_state.messages.append({"role": "user", "content": prompt_message})
    with st.chat_message("ai"):
        with st.spinner("Thinking..."):
            response = rag_chain.invoke(prompt_message)
            st.session_state.messages.append({"role": "assistant", "content": response})
            st.write(response)
```

이제 Streamlit 웹앱의 화면을 꾸밀 차례입니다. 가장 먼저 `st.header`를 통해 챗봇 사이트의 제목을 입력합니다. 이 예시에서는 대한민국 헌법 PDF 파일을 활용하므로, 간단하게 '헌법 Q&A 챗봇'이라고 붙였습니다.

6장/streamlit_rag_local.py
```python
if "messages" not in st.session_state:
    st.session_state["messages"] = [{"role": "assistant", "content": "헌법에 대해 무엇이든 물어보세요!"}]
```

다음으로 `session_state`에 `messages`가 저장되어 있지 않은 경우, `assistant` 역할의 `content`를 "헌법에 대해 무엇이든 물어보세요!"로 지정하는 코드입니다. 이 코드는 아무런 입력 값이 없는 경우, session_state에 messages라는 Key를 생성하고, 해당 Key 값에 AI의 채팅 버블을 임의로 생성합니다. 이 채팅 버블은 화면에 진입한 사용자에게 인사하는 메시지라고 볼 수 있습니다.

6장/streamlit_rag_local.py
```
for msg in st.session_state.messages:
    st.chat_message(msg['role']).write(msg['content'])
```

다음으로 messages Key에 저장되는 메시지들마다 chat_message 컴포넌트를 만들어내는데, 이때 메세지의 role을 그대로 채팅 버블 생성에 활용하고, write를 통해 content를 기록합니다.

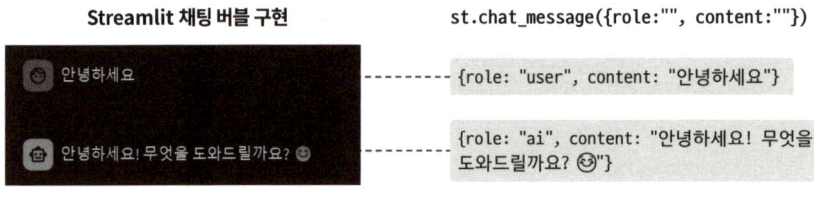

그림 6-8 Streamlit 채팅 버블의 구현 원리

6장/streamlit_rag_local.py
```
if prompt_message := st.chat_input("질문을 입력해주세요 :)"):
    st.chat_message("human").write(prompt_message)
    st.session_state.messages.append({"role": "user", "content": prompt_message})
    with st.chat_message("ai"):
        with st.spinner("Thinking..."):
            response = rag_chain.invoke(prompt_message)
            st.session_state.messages.append({"role": "assistant", "content": response})
            st.write(response)
```

마지막으로 chat_input에 입력되는 사용자의 프롬프트를 prompt_message로 받고, chat_message를 활용해 채팅 버블을 구현합니다. 그리고 message session_state에 사용자의 프롬프트를 저장하여, 이어지는 사용자 질문과 AI 응답들이 모두 쌓이도록 만들어줍니다.

다음으로, AI의 응답은 st.spinner 컴포넌트를 포함하기 위해 with 문으로 구분하여 작성합니다. AI 채팅 버블은 답변이 완성되기 전까지 st.spinner로 "Thinking…" 메시지를 보여줍니다. 이를 통해 사용자가 AI 응답을 정상적으로 대기하고 있음을 알려줍니다. 그리고 앞서 구축한 RAG 체인(rag_chain)에 사용자의 프롬프트를 넣어 RAG 시스템을 구동합니다. 이렇게 받아온 대답을 response에 담고 session_state에 저장합니다. 마지막으로 st.write() 함수로 응답 결과를 출력합니다.

이렇게 파이썬 코드를 저장한 후에 실행하면 다음과 같이 챗봇을 활용할 수 있습니다.

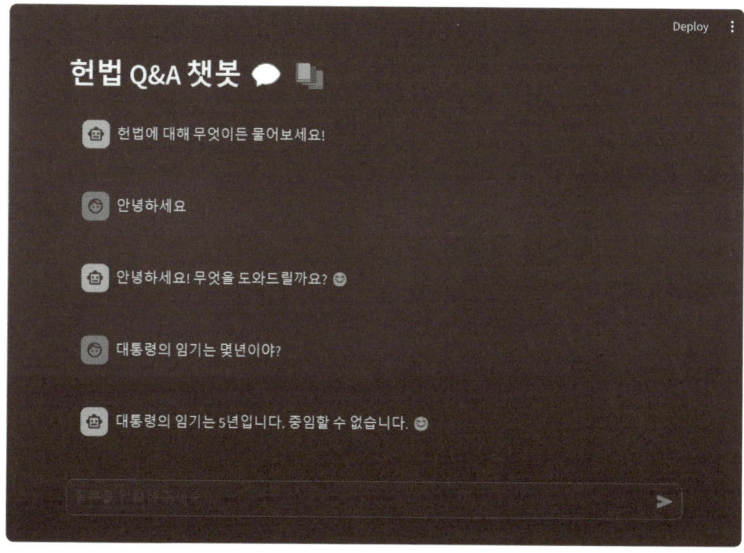

그림 6-9 헌법 Q&A 챗봇 시현 화면

6.3 파일 업로드 기능 구현하기

만약 사용자로 하여금 사용자만의 문서를 업로드하고, 해당 문서를 기반으로 RAG를 수행할 경우, Streamlit의 파일 업로드 기능을 활용할 수 있습니다.

6장/streamlit_rag_upload.py

```
uploaded_file = st.file_uploader("Upload a PDF", type=["pdf"])
```

```
if uploaded_file is not None:
    pages = load_pdf(uploaded_file)
```

그림 6-10 Streamlit에서 file_uploader() 함수가 구현된 모습

`st.file_uploader()` 컴포넌트는 Streamlit상에서 사용자가 로컬 디스크의 파일을 업로드하여 활용할 수 있게 해줍니다. 코드를 작성할 때는, `st.file_uploader("파일 업로더의 제목", type = "원하는 타입")` 형식으로 작성하고, 이를 통해 사용자로부터 받은 파일을 특정 변수에 담습니다. 그리고 해당 변수가 존재하는 경우를 다룬 `if` 절 안에, 해당 파일을 활용하는 코드를 작성하면 됩니다. 예를 들어, 파일이 업로드되었을 때만 챗봇 기능을 구현하는 경우, `if` 절 안에 모든 코드를 작성합니다.

로컬 파일 RAG와 다른 점은, 파일 업로더 기능 구현과 이를 PDF Loader로 로드하는 부분, 그리고 RAG 체인 구축하는 부분입니다. 먼저 업로드된 파일을 PDF Loader로 로드하는 함수를 작성합니다. 이는 앞서 로컬 파일 RAG 예시에서 살펴본 `load_and_split_pdf()` 함수와 동일한 역할을 수행합니다.

01. 업로드된 PDF 문서 처리 함수

6장/streamlit_rag_upload.py

```python
#PDF 파일을 로드하고 페이지를 분할하는 함수
@st.cache_resource
def load_pdf(_file):
    #임시 파일을 생성하여 업로드된 PDF 파일의 데이터를 저장
    with tempfile.NamedTemporaryFile(mode="wb", delete=False) as tmp_file:
        #업로드된 파일의 내용을 임시 파일에 기록
        tmp_file.write(_file.getvalue())
        #임시 파일의 경로를 변수에 저장
        tmp_file_path = tmp_file.name
```

```
#임시 파일의 데이터를 로드하고 페이지를 분할
loader = PyPDFLoader(file_path=tmp_file_path)
pages = loader.load_and_split()

#분할된 페이지들을 반환
return pages
```

Streamlit에서 업로드한 파일은 곧바로 PyPDF Loader의 경로로 입력할 수 없습니다. Streamlit은 업로드된 파일의 경로를 저장하는 것이 아니라, 파일 자체를 저장하기 때문입니다. 따라서 임시 파일을 생성하여 PDF의 내용을 기록하고, 이 파일의 경로를 변수에 저장하는 식의 우회적인 방식으로 접근해야 합니다. 이 과정을 거치면, PyPDFLoader에 매개변수로 입력 가능한 상태가 되고, 이후 과정은 그동안 배웠던 것과 마찬가지로 'Loader 선언 → load_and_split() 함수 실행'을 거칠 수 있습니다.

이전 로컬 파일 RAG 예시의 load_and_split_pdf() 함수에서는 없었던 매개변수 _file이 load_pdf() 함수에 생겼으므로, RAG 체인을 구축하는 chaining() 함수에서 해당 내용을 반영해야 합니다. 단순하게 다음 코드와 같이 chaining의 새로운 매개변수로 _pages를 선언하고, 곧바로 create_vector_store() 함수에 넣어주면 됩니다.

02. RAG 체인 구성

6장/streamlit_rag_upload.py

```python
#Initialize the LangChain components
@st.cache_resource
def chaining(_pages):
    vectorstore = create_vector_store(_pages)
    retriever = vectorstore.as_retriever()

    #Define the answer question prompt
    qa_system_prompt = """
    You are an assistant for question-answering tasks. \
    Use the following pieces of retrieved context to answer the question. \
    If you don't know the answer, just say that you don't know. \
    Keep the answer perfect. please use imogi with the answer. \
    Please answer in Korean and use respectful language.\
```

```
    {context}
    """

    qa_prompt = ChatPromptTemplate.from_messages(
        [
            ("system", qa_system_prompt),
            ("human", "{input}"),
        ]
    )

    llm = ChatOpenAI(model="gpt-4o")
    rag_chain = (
        {"context": retriever | format_docs, "input": RunnablePassthrough()}
        | qa_prompt
        | llm
        | StrOutputParser()
    )
    return rag_chain
```

이제 RAG 체인이 완성되었으니, 파일 업로더 기능을 구현하여 Streamlit UI를 완성시켜보겠습니다.

03. Streamlit UI 수정

6장/streamlit_rag_upload.py

```
st.header("ChatPDF 💬 📄")
uploaded_file = st.file_uploader("Upload a PDF", type=["pdf"])
if uploaded_file is not None:
    pages = load_pdf(uploaded_file)

    rag_chain = chaining(pages)

    if "messages" not in st.session_state:
        st.session_state["messages"] = [{"role": "assistant", "content": "무엇이든 물어보세요!"}]

    for msg in st.session_state.messages:
        st.chat_message(msg['role']).write(msg['content'])
```

```python
if prompt_message := st.chat_input("질문을 입력해주세요 :)"):
    st.chat_message("human").write(prompt_message)
    st.session_state.messages.append({"role": "user", "content": prompt_message})
    with st.chat_message("ai"):
        with st.spinner("Thinking..."):
            response = rag_chain.invoke(prompt_message)
            st.session_state.messages.append({"role": "assistant", "content": response})
            st.write(response)
```

기존 Streamlit UI에서 추가된 부분은 `st.file_uploader`를 선언하는 부분과 업로드된 파일의 존재 여부에 따른 조건절입니다. 이 부분만 추가하면 사용자가 업로드한 파일을 기반으로 RAG 체인을 구축하고 이를 통해 RAG 챗봇을 사용할 수 있습니다. 완성한 챗봇은 다음처럼 잘 작동하는 것을 볼 수 있습니다.

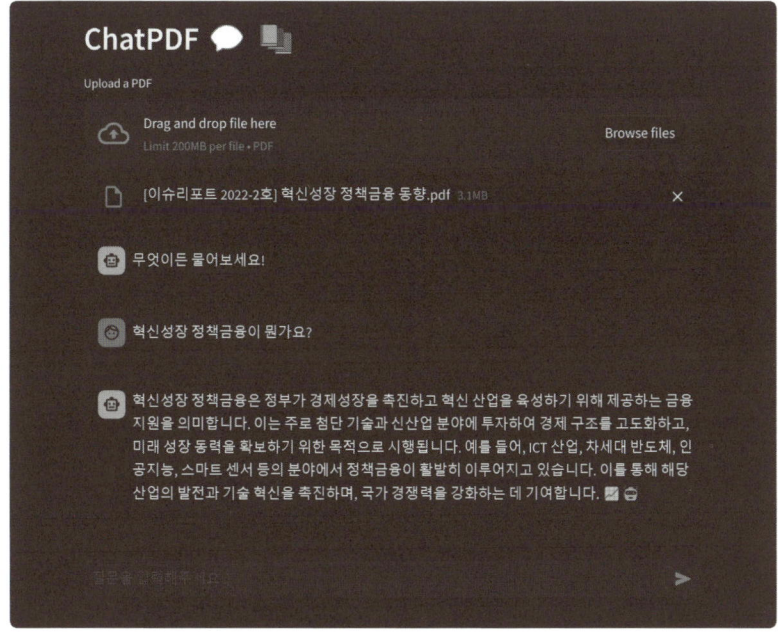

그림 6-11 업로드된 파일로 RAG를 실행하는 Streamlit 챗봇 화면

6.4 고급 기능을 더해 RAG 챗봇 완성하기

이번엔 RAG 챗봇에 메모리 기능이 있다면, AI의 대답에 대한 추가 질문이나 연관 질문을 할 수 있습니다. 그리고 참고 문서 표시 기능이 있다면, AI의 대답에 대한 근거를 직접 확인하여 혹시 모를 환각 현상을 한 번 더 점검할 수 있습니다. 두 기능은 있어도 그만 없어도 그만이지만, 사용자 입장에서는 매우 유용한 기능이 될 수 있습니다. 그럼 이를 포함하여 RAG 챗봇을 구현해보겠습니다.

01. 필요 라이브러리 호출 및 OpenAI API Key 저장

6장/streamlit_rag_memory.py

```python
import os
import uuid
import streamlit as st

from langchain.document_loaders import PyPDFLoader
from langchain_text_splitters import RecursiveCharacterTextSplitter
from langchain_openai import OpenAIEmbeddings, ChatOpenAI
from langchain_chroma import Chroma
from langchain_core.prompts import ChatPromptTemplate, MessagesPlaceholder
from langchain.chains.combine_documents import create_stuff_documents_chain
from langchain.chains import create_history_aware_retriever, create_retrieval_chain
from langchain_core.runnables.history import RunnableWithMessageHistory
from langchain_community.chat_message_histories.streamlit import StreamlitChatMessageHistory

#Set the OpenAI API key from Streamlit secrets
os.environ["OPENAI_API_KEY"] = "YOUR_API_KEY"
```

이번엔 메모리 기능을 위해 `MessagesPlaceholder`, `create_stuff_documents_chain`, `create_history_aware_retriever`, `create_retrieval_chain`, `RunnableWithMessageHistory`, `StreamlitChatMessageHistory` 라이브러리를 추가적으로 호출합니다.

02. PDF 문서 로드 및 벡터화 함수

6장/streamlit_rag_memory.py

```python
@st.cache_resource
def load_and_split_pdf(file_path):
    loader = PyPDFLoader(file_path)
    return loader.load_and_split()


@st.cache_resource
def create_vector_store(_docs):
    text_splitter = RecursiveCharacterTextSplitter(chunk_size=1000, chunk_overlap=0)
    split_docs = text_splitter.split_documents(_docs)
    vectorstore = Chroma.from_documents(split_docs, OpenAIEmbeddings(model='text-embedding-3-small'))
    return vectorstore


@st.cache_resource
def get_vector_store(_docs):
    persist_directory = "./chroma_db"
    if os.path.exists(persist_directory):
        return Chroma(
            persist_directory=persist_directory,
            embedding_function=OpenAIEmbeddings(model='text-embedding-3-small')
        )
    else:
        return create_vector_store(_docs)
```

여기서 작성한 3개의 함수는 기본 구현 과정에서 살펴본 함수들로, 동일하게 선언합니다.

03. 메모리 기능이 추가된 RAG 체인 구성 함수

6장/streamlit_rag_memory.py

```python
@st.cache_resource
def initialize_components(selected_model):
    file_path = r"../data/대한민국헌법(헌법)(제00010호)(19880225).pdf"
    pages = load_and_split_pdf(file_path)
```

```python
    vectorstore = get_vector_store(pages)
    retriever = vectorstore.as_retriever()

    #Define the contextualize question prompt
    contextualize_q_system_prompt = """Given a chat history and the latest user question \
    which might reference context in the chat history, formulate a standalone question \
    which can be understood without the chat history. Do NOT answer the question, \
    just reformulate it if needed and otherwise return it as is."""
    contextualize_q_prompt = ChatPromptTemplate.from_messages(
        [
            ("system", contextualize_q_system_prompt),
            MessagesPlaceholder("chat_history"),
            ("human", "{input}"),
        ]
    )

    #Define the answer question prompt
    qa_system_prompt = """You are an assistant for question-answering tasks. \
    Use the following pieces of retrieved context to answer the question. \
    If you don't know the answer, just say that you don't know. \
    Keep the answer perfect. please use imogi with the answer.
    대답은 한국어로 하고, 존댓말을 써줘.\

    {context}"""
    qa_prompt = ChatPromptTemplate.from_messages(
        [
            ("system", qa_system_prompt),
            MessagesPlaceholder("chat_history"),
            ("human", "{input}"),
        ]
    )

    llm = ChatOpenAI(model=selected_model)
    history_aware_retriever = create_history_aware_retriever(llm, retriever, contextualize_q_prompt)
    question_answer_chain = create_stuff_documents_chain(llm, qa_prompt)
    rag_chain = create_retrieval_chain(history_aware_retriever, question_answer_chain)
    return rag_chain
```

메모리 기능을 RAG 체인에 담기 위해 추가적인 코드가 작성된 것을 볼 수 있습니다. 기초 Retriever를 선언하는 부분까지는 6.2절에서 살펴본 것과 동일합니다.

6장/streamlit_rag_memory.py

```
contextualize_q_system_prompt = """Given a chat history and the latest user question \
    which might reference context in the chat history, formulate a standalone question \
    which can be understood without the chat history. Do NOT answer the question, \
    just reformulate it if needed and otherwise return it as is."""
contextualize_q_prompt = ChatPromptTemplate.from_messages(
    [
        ("system", contextualize_q_system_prompt),
        MessagesPlaceholder("chat_history"),
        ("human", "{input}"),
    ]
)
```

이 코드는 주어진 사용자-AI 간의 대화를 맥락화하도록 명령하는 프롬프트 선언 역할을 합니다. 프롬프트를 보면, 주어진 채팅 히스토리와 사용자의 마지막 질문을 바탕으로 하나의 독립된 질문을 구성하라는 것을 확인할 수 있습니다. 이를 ChatPromptTemplate의 시스템 프롬프트로 주입하고, MessagesPlaceholder에 chat_history를 넣는 것입니다. MessagesPlaceholder는 시스템에 적재된 채팅 히스토리를 받아주는 역할을 합니다. 그리고 ChatPromptTemplate의 input 매개변수로 입력받은 텍스트는 Human Message로 넣어, ChatPromptTemplate을 완성합니다.

6장/streamlit_rag_memory.py

```
qa_system_prompt = """You are an assistant for question-answering tasks. \
Use the following pieces of retrieved context to answer the question. \
If you don't know the answer, just say that you don't know. \
Keep the answer perfect. please use imogi with the answer.
대답은 한국어로 하고, 존댓말을 써줘.\

{context}"""
qa_prompt = ChatPromptTemplate.from_messages(
```

```
    [
        ("system", qa_system_prompt),
        MessagesPlaceholder("chat_history"),
        ("human", "{input}"),
    ]
)
```

다음으로 RAG 프롬프트를 작성합니다. RAG 프롬프트 역시 기본 구현 과정에서 살펴본 것과 동일한 문장을 주입하고, `MessagesPlaceholder`에 채팅 히스토리를 담을 수 있게 합니다.

6장/streamlit_rag_memory.py
```
llm = ChatOpenAI(model=selected_model)
    history_aware_retriever = create_history_aware_retriever(llm, retriever,
contextualize_q_prompt)
    question_answer_chain = create_stuff_documents_chain(llm, qa_prompt)
    rag_chain = create_retrieval_chain(history_aware_retriever, question_answer_chain)
    return rag_chain
```

마지막으로 앞서 선언한 요소들을 하나의 체인에 묶기 위해 아래와 같은 과정을 거치게 됩니다.

1. **LLM 선택**: 이번 코드에서는 사용자가 직접 모델을 선택할 수 있도록 하기 위해 `selected_model`이라는 매개변수를 선언합니다.
2. **`history_aware_retriever`**: LLM이 적재된 채팅 히스토리와 사용자의 마지막 질문을 바탕으로 하나의 독립된 질문을 만들고, 이를 기반으로 유사 문서를 검색합니다.
3. **`question_answer_chain`**: 기본 RAG 체인으로, RAG 프롬프트와 LLM으로 구성됩니다.
4. **`rag_chain`**: `history_aware_retriever`를 통해 채팅 히스토리를 고려한 질문과 유사한 문서를 검색하고, 이 결과를 활용하여 question_answer_chain 기반 RAG를 구동합니다. 두개의 구성 요소를 `create_retrieval_chain`으로 결합하여 RAG 체인을 완성합니다.

이 과정을 모두 거치면, 메모리 기능을 갖춘 RAG 체인이 완성됩니다. 하지만 Streamlit상에서 일어나는 채팅 기록을 적재하고, 이를 `chat_history`에 저장하여 RAG 체인에 활용하려면 몇 가지 과정이 더 남았습니다. 이는 사용자로부터 활용할 모델을 입력 받은 후에 지정해야 하므로, Streamlit UI 구축 과정에서 살펴보겠습니다.

04. Streamlit UI – 모델 선택 Select box 구현

6장/streamlit_rag_memory.py
```python
st.header("헌법 Q&A 챗봇 💬 📚")
option = st.selectbox("Select GPT Model", ("gpt-4o", "gpt-3.5-turbo-0125"))
rag_chain = initialize_components(option)
chat_history = StreamlitChatMessageHistory(key="chat_messages")

conversational_rag_chain = RunnableWithMessageHistory(
    rag_chain,
    lambda session_id: chat_history,
    input_messages_key="input",
    history_messages_key="chat_history",
    output_messages_key="answer",
)
```

Streamlit 챗봇의 제목은 헌법 Q&A 그대로 설정했습니다. 이어서 사용자로부터 활용할 LLM을 선택받기 위해 `st.selectbox` 컴포넌트를 선언합니다. 여기서 옵션은 답변이 빠른 GPT-4o, GPT-3.5-Turbo 모델로 정했습니다. 사용자가 해당 `select_box`에서 선택한 값은 `option`에 저장되고, 이 값을 기반으로 `initialize_components` 함수를 실행하여 RAG 체인을 구축합니다.

다음으로 Streamlit상에서 채팅 기록을 적재하기 위해 `StreamlitChatMessageHistory`의 key로 `chat_messages`를 넣어주었습니다. 이렇게 하면 Streamlit상에서 사용자와 AI가 주고받은 대화가 `chat_messages`라는 Key 값의 value로 저장됩니다.

이제 메모리 기능을 완성할 준비가 되었습니다. 지속적으로 적재되는 채팅 히스토리를 활용하기 위해 `RunnableWithMessageHistory`를 만들고, 그 안에 RAG 체인, 세션 아이디, 입력 키, 채팅 히스토리 키, 결과 키를 모두 설정합니다.

05. Streamlit UI – 채팅 시스템 구현

6장/streamlit_rag_memory.py
```python
if "messages" not in st.session_state:
    st.session_state["messages"] = [{"role": "assistant",
                                     "content": "헌법에 대해 무엇이든 물어보세요!"}]
```

```
        for msg in chat_history.messages:
            st.chat_message(msg.type).write(msg.content)

        if prompt_message := st.chat_input("Your question"):
            st.chat_message("human").write(prompt_message)
            with st.chat_message("ai"):
                with st.spinner("Thinking..."):
                    config = {"configurable": {"session_id": "any"}}
                    response = conversational_rag_chain.invoke(
                        {"input": prompt_message},
                        config)

                    answer = response['answer']
                    st.write(answer)
                    with st.expander("참고 문서 확인"):
                        for doc in response['context']:
                            st.markdown(doc.metadata['source'], help=doc.page_content)
```

사용자가 화면에 진입했을 때, AI의 인사말을 바로 확인할 수 있도록 `session_state`의 messages Key 값에 assistant 역할과 **"헌법에 대해 무엇이든 물어보세요!"**라는 내용을 입력합니다.

다음으로 앞서 `StreamlitChatMessageHistory`로 선언한 `chat_history`의 messages라는 키 값에, 주어지는 사용자의 프롬프트와 AI의 응답을 기록할 수 있도록 `st.chat_message()` 함수를 활용합니다. `StreamlitChatMessageHistory`는 기본적으로 주어진 메시지들을 `chat_history`의 messages라는 Key 값에 차곡차곡 저장하기 때문에 곧바로 이러한 코드를 실행할 수 있습니다.

이제 `RunnableWithMessageHistory`로 선언한 `conversational_rag_chain`을 실행하여 사용자의 프롬프트에 대한 AI의 응답을 Streamlit 챗봇상에 채팅 버블로 구현합니다. 만약 `st.chat_input()` 모듈에 사용자의 입력이 주어지면, 이를 `prompt_message`로 저장하고, `st.chat_message()` 함수를 활용하여 사용자의 입력 내용을 채팅 버블로 표현합니다. 그리고 AI의 응답 영역을 `st.chat_message("ai")`로 구현한 뒤에 `st.spinner()`로 AI 응답 대기 상태를 표현합니다. 그 밑에 임의의 `session_id`를 넣어 `configuration`을 선언해줍니다.

그러면 `conversational_rag_chain`을 실행하기 위한 매개변수가 모두 만들어집니다. 이제 config와 사용자의 프롬프트로 `conversational_rag_chain`을 invoke하여 AI의 응답을 받습니다.

그러면 주어진 AI의 응답으로 `answer`와 `context`가 함께 반환됩니다. 이때 `answer`는 `assistant`의 채팅 버블에 그대로 기록할 수 있도록 `st.write()` 함수를 실행하고, `context`는 하단에서 활용합니다. `context`는 사용자가 주어진 AI 응답에 대한 출처를 확인하고 싶을 때만 열어서 확인할 수 있도록 `st.expander()` 컴포넌트를 활용합니다. 이 컴포넌트는 사용자가 클릭했을 때 드롭다운 형태로 콘텐츠를 보여주는 역할을 합니다. `context`는 Retriever의 실행 결과에 해당하는 부분으로 Document 객체들의 리스트로 구성됩니다. 이 리스트를 순회하면서 `metadata`(문서의 제목 및 경로)를 마크다운하고, `help`(물음표 아이콘으로, 마우스 호버 시 콘텐츠 확인 가능)에 `page_content`(문서의 내용)를 담아 나타냅니다.

이제 GPT-4o 모델을 선택하여 대화를 나눠보겠습니다.

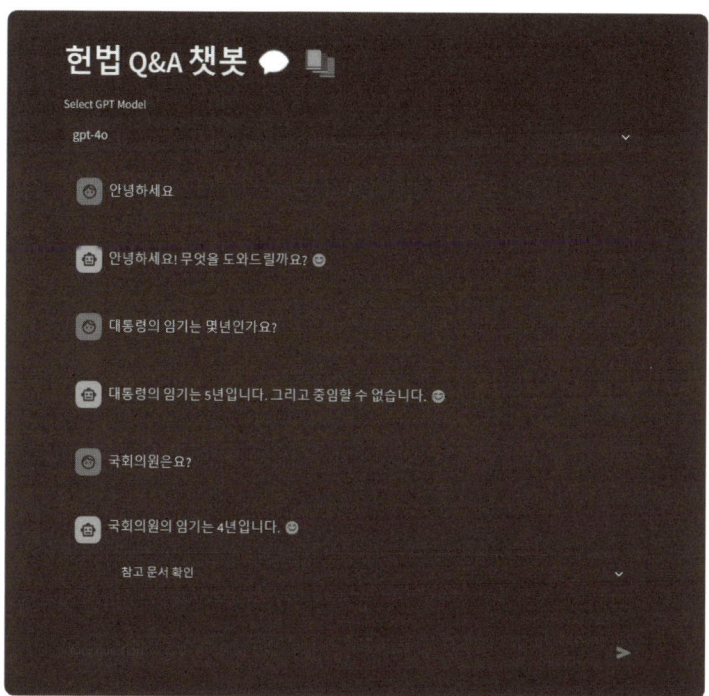

그림 6-12 이전 대화를 기억하는 챗봇

첫 번째 질문으로, 대통령의 임기에 대한 질문에 적절한 답을 생성하는 것에 성공했습니다. 그리고 뒤이어 이전 맥락 없이는 엉뚱한 답을 내놓을 수 있는 질문인 '국회의원은요?'에 대한 응답 역시 적절하게 대답한 것을 보아, 메모리 기능도 잘 작동하는 것을 알 수 있습니다. 그럼 출처는 어떻게 표시될까요?

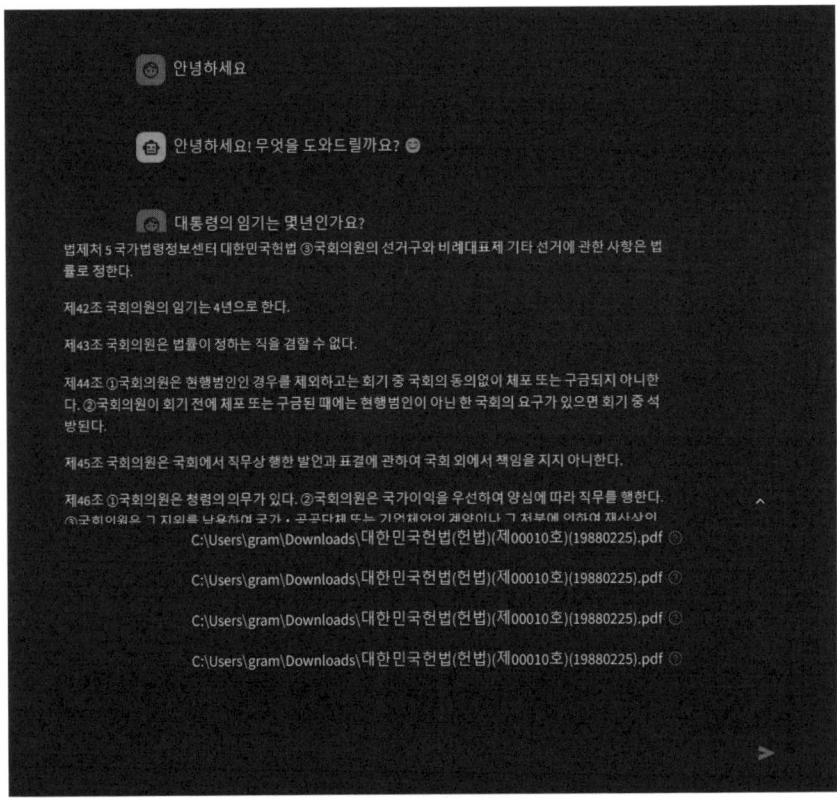

그림 6-13 expander() 함수로 챗봇 답변의 출처를 표시하는 모습

`st.expander()` 컴포넌트를 클릭하여 첫번째 출처를 확인한 결과, 국회의원의 임기와 관련한 내용이 포함된 청크를 확인할 수 있습니다. 그리고 해당 청크가 어떤 경로에 위치한 무슨 파일인지 표시되어, 사용자로 하여금 쉽게 검토할 수 있게 해줍니다.

6.5 Streamlit에서 배포하기

Streamlit은 데이터 애플리케이션을 빠르고 쉽게 구축할 수 있는 프레임워크로, 코드 몇 줄만으로 대화형 웹앱을 만들 수 있게 해줍니다. 하지만 로컬 환경에서 개발한 웹앱을 외부에 공유하려면 배포 과정이 필요합니다. Streamlit은 Streamlit Cloud를 통해 Streamlit 개발자들이 쉽게 웹앱을 배포할 수 있게 도와주는데, 이번 절에서는 이를 활용하여 Streamlit 웹앱을 배포하는 방법에 대해 자세히 다뤄보겠습니다.

애플리케이션 준비

Streamlit을 배포하기 위해서는 두 종류의 파일이 준비되어야 합니다. Streamlit 파이썬 코드를 담고 있는 애플리케이션 파일과 설치 필요 라이브러리 목록을 담은 requirements.txt 파일입니다.

애플리케이션 파일로는 6.3절의 예시 코드를 활용합니다. Streamlit에서는 Chroma의 의존성 문제가 자주 발생하여, 일부 코드를 수정해야 합니다. 코드를 다음과 같이 수정합니다.

6장/streamlit_rag_memory.py
```python
import os
import streamlit as st
import tempfile

from langchain.document_loaders import PyPDFLoader
from langchain_text_splitters import RecursiveCharacterTextSplitter
from langchain_openai import OpenAIEmbeddings, ChatOpenAI
from langchain_core.prompts import ChatPromptTemplate
from langchain_core.runnables import RunnablePassthrough
from langchain_core.output_parsers import StrOutputParser

__import__('pysqlite3')
import sys
sys.modules['sqlite3'] = sys.modules.pop('pysqlite3')

from langchain_chroma import Chroma
os.environ["OPENAI_API_KEY"] = st.secrets['OPENAI_API_KEY']
```

Chroma는 Streamlit 배포 시, `sqlite3` 관련 의존성 문제가 발생하는데 이를 해결하기 위해 `pysqlite3`를 호출하고, 시스템상에서 `sqlite3`를 `pysqlite3` 모듈로 대체하는 코드를 삽입했습니다. 또한 API Key를 포함한 파이썬 파일을 Github에 그대로 업로드할 경우, API Key 탈취 우려가 있으므로 Streamlit의 `st.secrets` 모듈을 활용하여 보안 조치를 해줍니다.

requirements.txt는 해당 파일에 활용된 외부 라이브러리들을 기록하여 저장하면 됩니다. 예를 들어 사용자 업로드 파일 기반 RAG 챗봇은 다음의 라이브러리들을 호출했습니다.

6장/streamlit_rag_memory.py
```python
import os
import streamlit as st
import tempfile

from langchain.document_loaders import PyPDFLoader
from langchain_text_splitters import RecursiveCharacterTextSplitter
from langchain_openai import OpenAIEmbeddings, ChatOpenAI
from langchain_core.prompts import ChatPromptTemplate
from langchain_core.runnables import RunnablePassthrough
from langchain_core.output_parsers import StrOutputParser
```

이러한 라이브러리를 호출하기 위해 필요한 설치 목록과 requirements.txt는 다음과 같습니다.

6장/requirements.txt
```
streamlit
langchain
langchain-community
langchain-openai
langchain-core
langchain-chroma
pysqlite3-binary
pypdf
langchain-text-splitters
```

`pysqlite3-binary`는 Streamlit에서 chromadb를 과정에서 의존성 문제를 해결하기 위해 필요한 라이브러리로, requirements.txt에 포함시켜야 합니다.

두 파일이 준비됐다면, Github Repository를 새롭게 생성하여 파일들을 업로드합니다.

깃허브 세팅하기

Github을 이용하기 위한 방법을 알아보겠습니다. github.com에 접속하면 다음과 같은 화면에서 곧바로 회원가입을 진행할 수 있습니다.

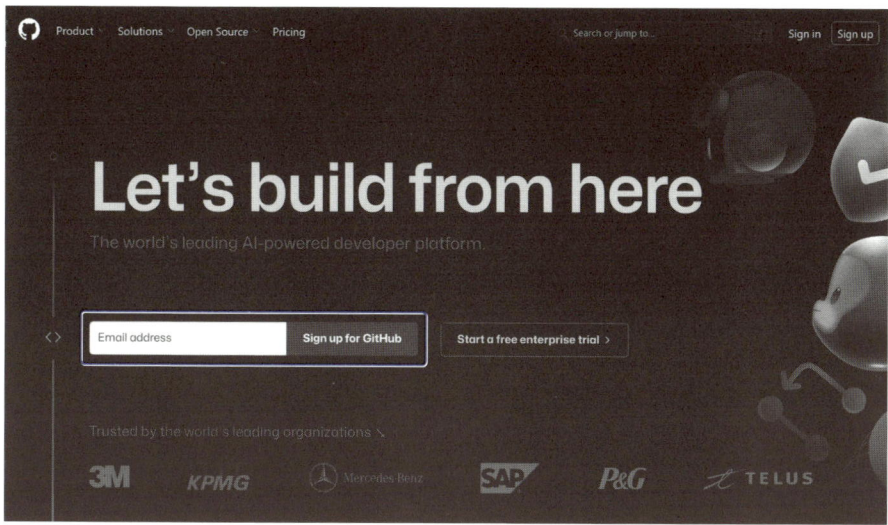

그림 6-14 Github 홈페이지

위 화면에서 자신의 이메일을 입력하고 [Sign up to Github] 버튼을 클릭하면 다음과 화면에서 8~15자의 문자+숫자 패스워드를 설정하고, 사용할 이름을 지정합니다.

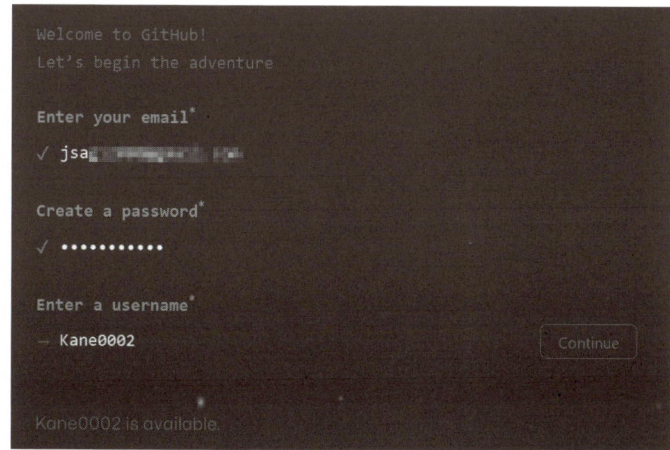

그림 6-15 Github 회원가입 화면

입력을 마치면, 다음과 같이 퍼즐을 풀어 사람인 것을 인증해야 합니다.

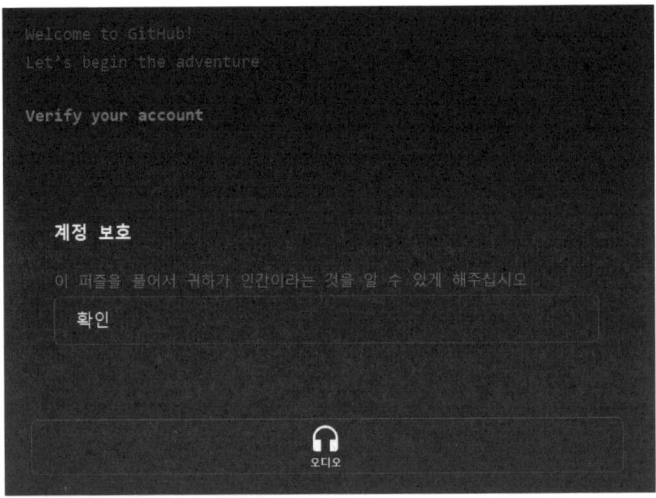

그림 6-16 Github 회원 가입을 위한 인증 화면

퍼즐을 풀고 나면 이메일로 전송된 인증번호를 입력하는 칸이 나타납니다. 회원가입 시에 입력한 이메일에 접속해 Github에서 전송한 인증코드를 입력합니다. 그럼 회원가입이 완료되고, 몇 개의 조사를 마친 후 로그인하면 Github 대시보드로 연결됩니다.

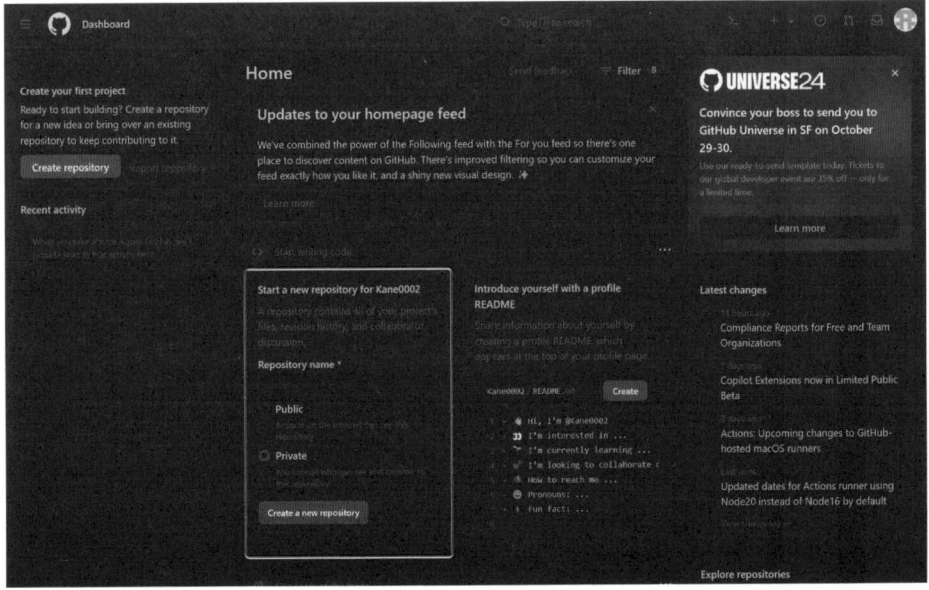

그림 6-17 Github 회원가입 후 진입한 대시보드 화면

이 대시보드 화면에서 Github Repository를 설정할 수 있습니다. Github의 Repository는 일종의 코드 저장소로, 폴더 단위로 코드를 관리해야 할 경우마다 새로운 Repository를 생성할 수 있습니다. Streamlit 코드를 배포하여 외부에서 접속 가능하게 하려면 그림 6-17의 화면에서 [Public]으로 설정해야 합니다. 설정을 마치고 [Create a new repository]를 누르면 간단하게 Repository를 생성할 수 있습니다.

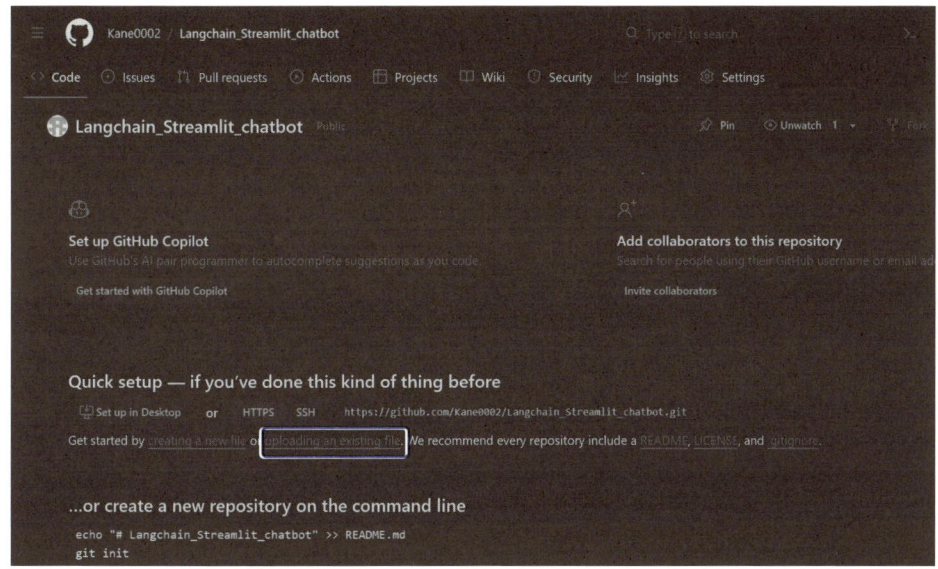

그림 6-18 Github Repository를 생성한 모습

그림 6-18 화면에서 [uploading an existing file] 링크를 클릭해 챗봇 파이썬 코드와 requirements.txt 파일을 업로드하면 Streamlit 웹앱을 배포할 준비가 완료됩니다.

Streamlit Cloud로 배포하기

Streamlit 웹앱은 Streamlit Cloud 사이트(https://share.streamlit.io)에 접속하여 배포할 수 있습니다. 이 링크에 접속하여 Github 가입 시에 사용한 이메일로 로그인합니다. 그러면 인증 코드 입력 창이 나오는데, 이메일로 전송된 인증 코드를 그대로 입력하면 됩니다. 인증 코드를 입력하고 나면 다음과 같은 화면을 볼 수 있습니다.

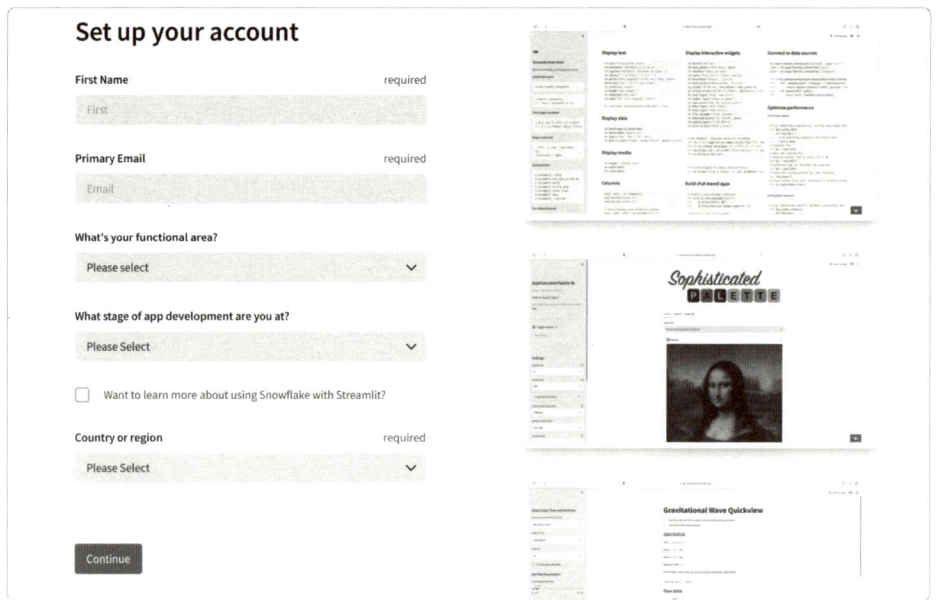

그림 6-19 Streamlit Cloud 홈페이지의 계정 생성 화면

이름과 이메일을 입력하고, 사용자의 전문 영역, 앱 준비 상태를 입력합니다. 나라는 South Korea로 설정하고 [Continue] 버튼을 누릅니다. 그러면 Streamlit Cloud에서 배포 가능한 Workspace를 볼 수 있는 대시보드 화면에 진입합니다.

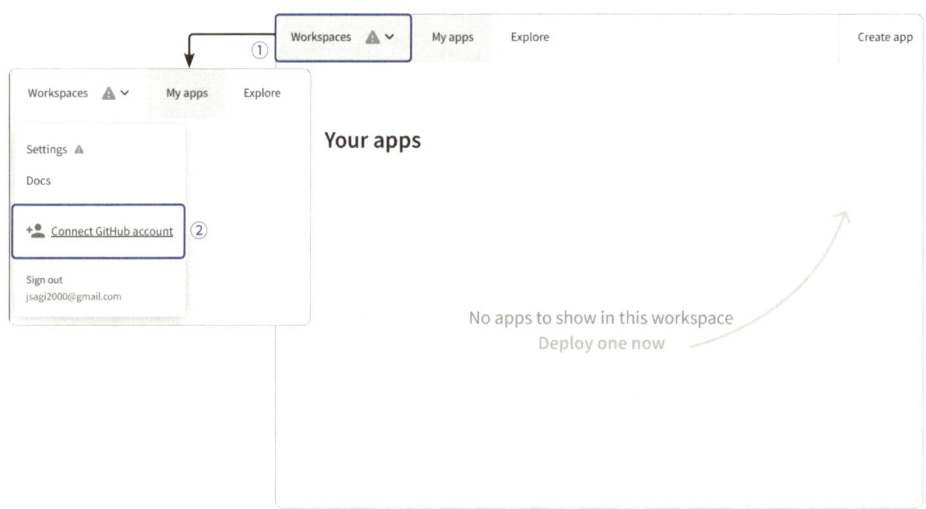

그림 6-20 Streamlit Cloud의 대시보드 화면

그림 6-20과 같이 아직 Github 계정과 연결되지 않아 'No apps to show in this workspace' 라는 문구를 볼 수 있습니다. 이때 왼쪽 상단에 있는 [Workspaces]를 클릭하여 [Connect Github account]를 눌러 Github 계정과 연결합니다. 그리고 [Create app] 버튼을 누르면 다음과 같은 화면이 나타납니다.

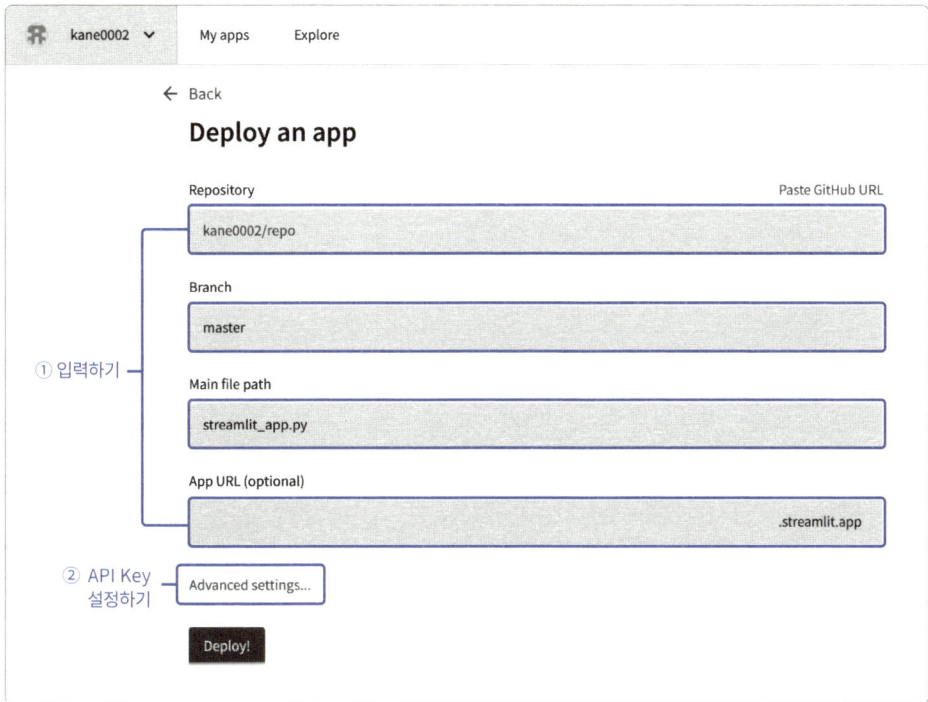

그림 6-21 Streamlit Cloud에서 Github 계정과 연결하여 어플리케이션을 배포하는 화면

여기서 Streamlit 챗봇 파이썬 코드와 requirements.txt 파일을 업로드한 Repository를 선택하고, Branch는 main, Main file path는 챗봇 파이썬 코드를 선택합니다. 그리고 App 배포 시에 외부에 표시할 App URL을 설정해줍니다.

마지막으로 OpenAI API Key를 secret으로 설정하기 위해 [Advanced settings]를 클릭합니다.

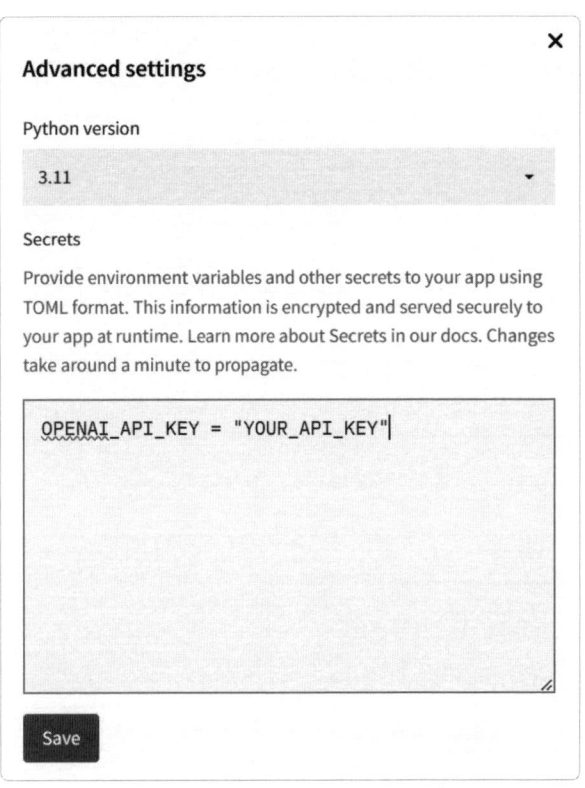

그림 6-22 Advanced settings 화면

위 화면처럼 Advansed settings에서는 TOML 형식으로 비밀 키를 지정할 수 있습니다. Streamlit 챗봇에서 OpenAI API Key를 활용하기 위해 이를 TOML 형식으로 입력합니다. 그러면 Streamlit은 st.secrets의 OPENAI_API_KEY 키 값으로 API Key를 저장하여 코드에서 활용할 수 있도록 만들어줍니다.

여기까지 설정을 마치면 Deploy 버튼을 눌러 앱 배포를 실행할 수 있습니다. 앱 배포 시 그림 6-23처럼 도넛 아이콘이 나오면서 Streamlit Cloud PC에 requirements.txt에서 정의한 라이브러리들이 설치되고 챗봇 파이썬 코드를 실행합니다.

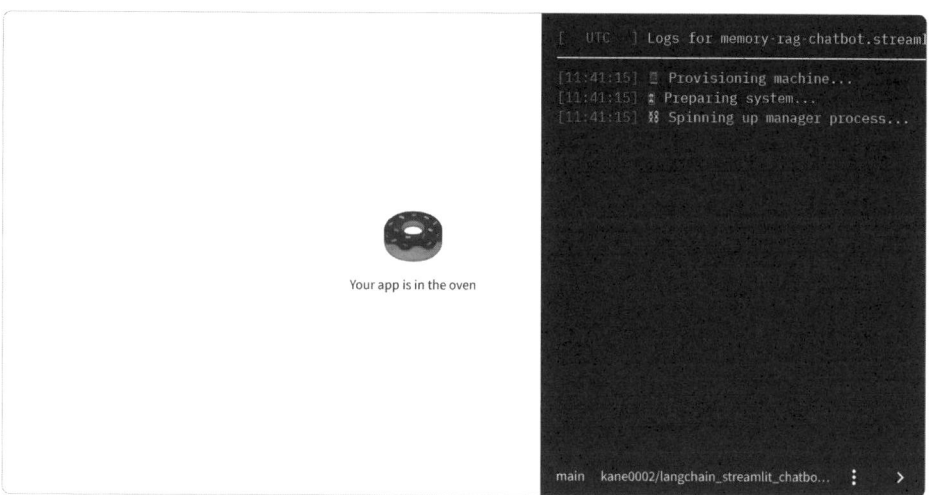

그림 6-23 Streamlit Cloud에 어플리케이션이 배포되는 모습

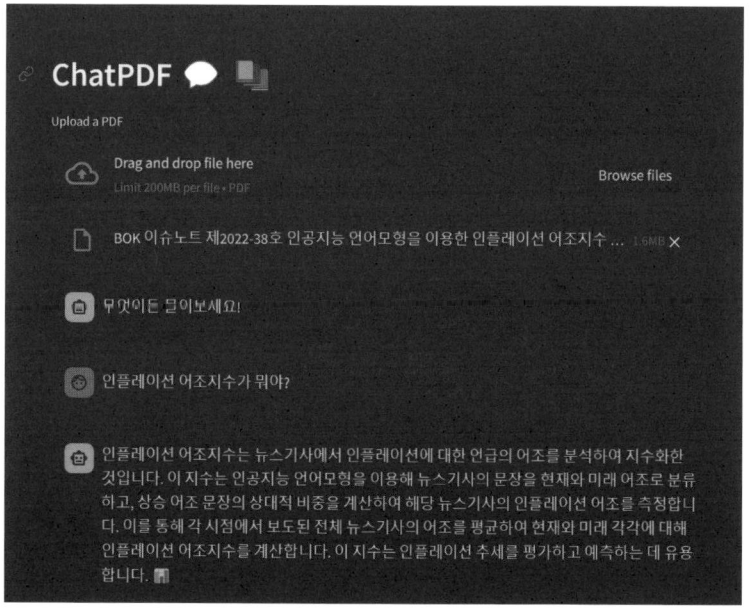

그림 6-24 배포가 완료된 Streamlit 웹페이지

배포가 완료된 Streamlit 웹앱은 위와 같이 로컬로 실행한 것과 동일하게 확인할 수 있습니다. 이제 Streamlit 웹앱이 인터넷 상에 배포되었기 때문에 URL 링크를 통해 타인과 공유할 수 있습니다.

6.6 LLM의 한계를 너머, Tool & Agent

단계별 추론 CoT와 ReAct

랭체인은 RAG를 위한 프레임워크로 널리 알려졌지만, 최근 들어 LLM의 지능이 점점 고도화됨에 따라 AI 에이전트라는 개념이 확산되고 있습니다. **AI 에이전트**(Agent)란, 주어진 명령에 대해 직접 액션 플랜을 세우고 이를 차례로 실행하여 완성도 높은 작업 수행이 가능한 AI 프레임워크를 말합니다.

이 개념을 설명하기에 앞서 ReAct와 함께 활용하면 좋을 기법으로 CoT(Chain of Thought)라는 프롬프팅 기법이 있습니다. **CoT**는 구글 딥마인드가 개발한 기법으로, 복잡한 문제를 해결하기 위해 차례차례 문제를 추론해 나가도록 프롬프트를 제공하여 LLM의 성능을 크게 향상시킵니다. 예를 들어 다음과 같은 간단한 문제에 대해 CoT를 적용한 전과 후의 결과를 비교해 보겠습니다.

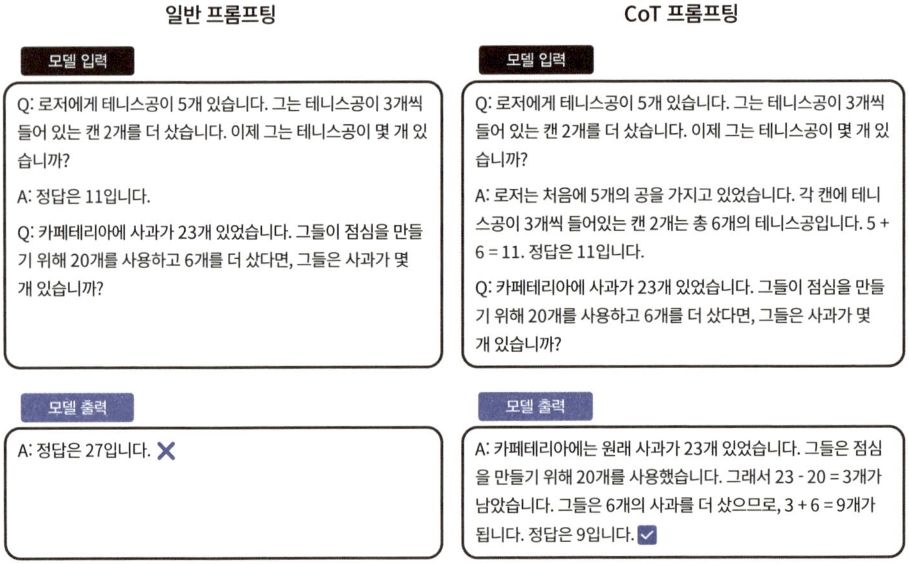

일반 프롬프팅

모델 입력
> Q: 로저에게 테니스공이 5개 있습니다. 그는 테니스공이 3개씩 들어 있는 캔 2개를 더 샀습니다. 이제 그는 테니스공이 몇 개 있습니까?
> A: 정답은 11입니다.
> Q: 카페테리아에 사과가 23개 있었습니다. 그들이 점심을 만들기 위해 20개를 사용하고 6개를 더 샀다면, 그들은 사과가 몇 개 있습니까?

모델 출력
> A: 정답은 27입니다. ✗

CoT 프롬프팅

모델 입력
> Q: 로저에게 테니스공이 5개 있습니다. 그는 테니스공이 3개씩 들어 있는 캔 2개를 더 샀습니다. 이제 그는 테니스공이 몇 개 있습니까?
> A: 로저는 처음에 5개의 공을 가지고 있었습니다. 각 캔에 테니스공이 3개씩 들어있는 캔 2개는 총 6개의 테니스공입니다. 5 + 6 = 11. 정답은 11입니다.
> Q: 카페테리아에 사과가 23개 있었습니다. 그들이 점심을 만들기 위해 20개를 사용하고 6개를 더 샀다면, 그들은 사과가 몇 개 있습니까?

모델 출력
> A: 카페테리아에는 원래 사과가 23개 있었습니다. 그들은 점심을 만들기 위해 20개를 사용했습니다. 그래서 23 - 20 = 3개가 남았습니다. 그들은 6개의 사과를 더 샀으므로, 3 + 6 = 9개가 됩니다. 정답은 9입니다. ✓

그림 6-25 CoT 프롬프팅의 예시

LLM에게 초등학교 수학 문제 수준의 퀴즈를 냈을 때, '문제-단답'의 예시를 컨텍스트로 제공한 일반 프롬프팅으로는 오답을 내놓는 것을 볼 수 있습니다. 반면 CoT 기법에서는 문제 해결

과정 추론 예시를 미리 컨텍스트로 주고, 이를 참고하여 주어진 질문을 해결하도록 만들었더니 정답을 출력합니다. 이와 같이 CoT 기법은 LLM에게 문제 해결 과정을 단계별로 보여주어 추론 과정 자체를 학습합니다. 실제로 이 기법을 PaLM 540B 모델에 적용했을 때, 수학 추론 능력을 측정하는 벤치마크인 GSM8K가 39점 향상된 것을 관찰할 수 있었습니다.

CoT 기법을 통해 LLM의 단계별 추론 과정을 학습시킬 수 있다는 특징은 AI 에이전트의 가능성을 엿볼 수 있게 만듭니다. 구글 브레인팀은 이러한 LLM의 새로운 능력에 기반하여 **ReAct**(Reason + Act)라는 기법을 제안합니다. 이는 2022년 10월 〈ReAct: Synergizing Reasoning and Acting in Language Models〉라는 LLM 활용 방법론 관련 논문에서 처음 소개된 프레임워크로, '생각-행동-관찰'의 반복적인 사이클이 핵심입니다.

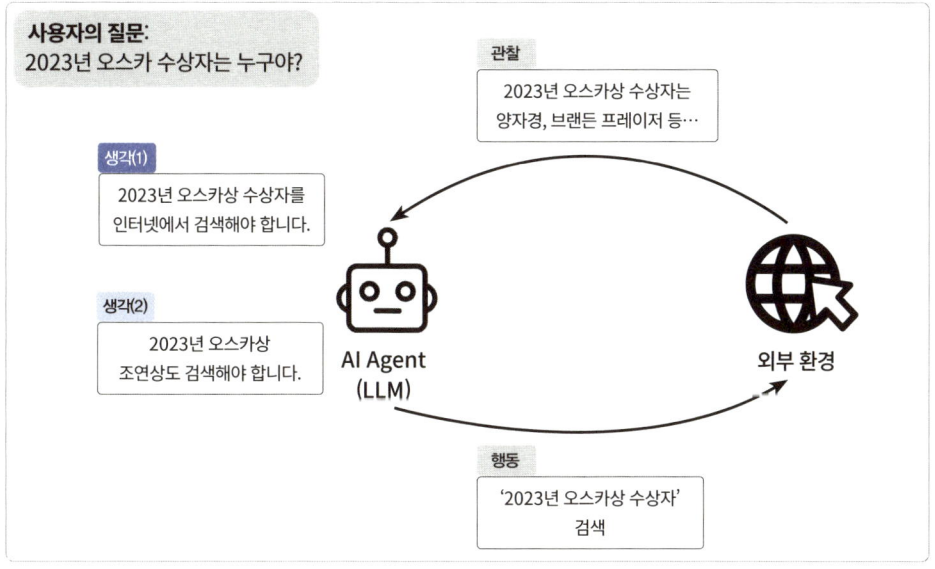

그림 6-26 ReAct 기법의 작동 원리

LLM은 주어진 문제를 해결하기 위해 먼저 어떤 행동이 필요한지 **생각**합니다. 그리고 필요한 **행동**을 순서대로 수행하고 다음으로 해야 할 행동이 무엇인지 **관찰**합니다. 그리고 다시 필요한 행동이 있으면 수행하고, 어떤 행동을 추가적으로 수행해야 하는지 다시 생각합니다. 이렇게 '생각-행동-관찰'로 이뤄진 반복적인 사이클을 수행하여 문제 해결까지 도달하는 것입니다. LLM에게 복잡한 문제를 주어 실제로 이 프롬프팅 기법이 어떤 효과를 가져오는지 확인해보겠습니다.

그림 6-27 ReAct 기법의 예시

실험 문제는 Hotspot QA 문제로, 애플 리모트와 같이 제어 가능한 장치를 알아내는 작업을 요구합니다. 아무런 프롬프팅 기법 없이 LLM에게 곧바로 질문했을 때는 아이팟(iPod)이라고 틀린 답변을 생성합니다. CoT의 경우에도 LLM 학습 시 등장하지 않은 데이터인지 단계별 추론도 효과가 없었습니다. 주어진 문제를 해결하기 위해 어떤 툴을 써야 할지 찾고 이를 수행하는 Act-Only 방법론으로도 답변에 가까이 왔지만 엉뚱한 답변을 생성한 것을 볼 수 있습니다. ReAct는 주어진 문제를 해결하기 위해 필요한 작업이 무엇인지 생각1에서 액션 플랜을 작성하고, 행동을 한 후에 관찰하여 다음 행동으로 무엇이 필요한지 다시 생각하는 반복적인 사이클을 통해 정답을 제대로 추론했습니다.

이처럼 ReAct는 주어진 문제를 해결하기 위해 필요한 도구가 무엇인지 추론하고 이를 실행하여 정답을 추론할 수 있습니다. 그리고 ReAct 프레임워크를 활용하면, 여러 도구를 통합하여 복잡한 작업을 대신 수행하는 AI 에이전트(Agent)를 만들 수 있습니다.

랭체인으로 인터넷 검색 Agent 구축하기

Agent는 복잡한 작업을 해결하기 위해 LLM과 함께 Tool이라는 도구를 활용합니다. Tool은 LLM이 문제 해결을 위해 액션 플랜에 활용하는 외부 도구로, 인터넷 검색이나 외부 DB 검색과 같은 작업을 수행할 수 있는 API를 활용합니다.

가장 간단한 예시로, 인터넷 검색 도구를 결합한 LLM Agent를 구축해보겠습니다. 인터넷 검색 도구로는 Tavily AI를 활용합니다. **Tavily AI**는 다양한 소스로부터 정보를 검색하고, 정확하고 관련성 높은 정보만 전달하여 실시간 인터넷 검색을 에이전트에 쉽게 결합할 수 있도록 설계되었습니다. Tavily AI를 활용하기 위해서는 Tavily AI 홈페이지에 접속하여 [Try it out] 버튼을 누르고 로그인한 후 API Key를 복사해와야 합니다.

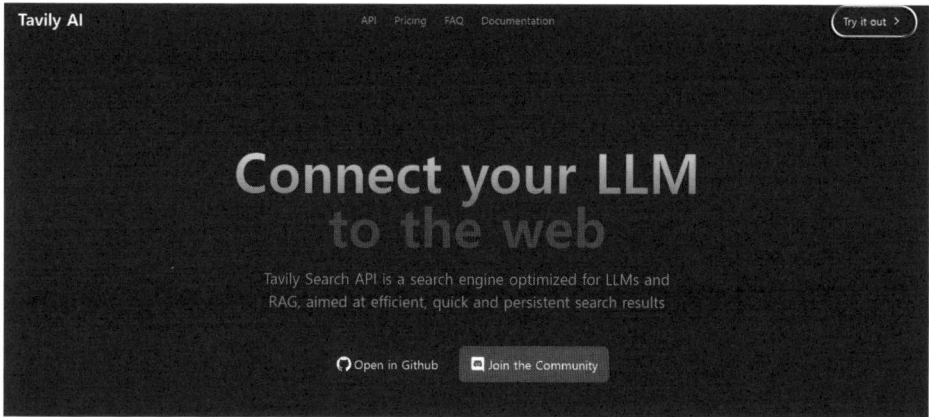

그림 6-28 Tavily AI 홈페이지

Tavily AI 계정 대시보드 화면에 들어가면 바로 API Key를 확인할 수 있습니다. 이를 복사하여 환경변수에 저장하면 Tavily AI를 검색 도구로 Agent에 결합할 수 있습니다.

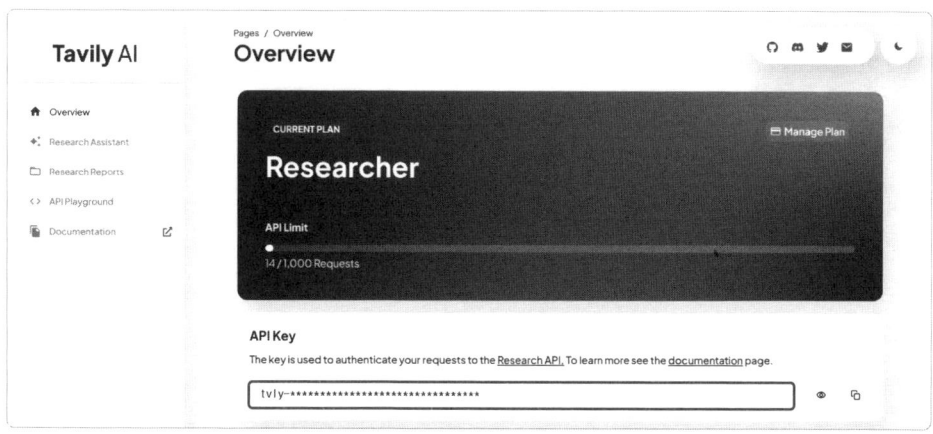

그림 6-29 Tavily AI 대시보드의 API 발급 페이지

01. Tavily AI를 인터넷 검색 Tool로 설정

6장/Tool&Agent.ipynb

```python
from langchain_community.tools.tavily_search import TavilySearchResults

#Tavily AI API Key 환경변수 설정
os.environ['TAVILY_API_KEY']="YOUR_API_KEY"
#Tavily 검색 API를 Tool로 호출
tools = [TavilySearchResults()]
```

랭체인은 기본적으로 Tavily AI를 검색 도구로 통합하고 있습니다. `TavilySearchResults` 라이브러리를 활용하여, API 키만 입력하면 곧바로 Tool로써 활용할 수 있습니다. 이를 가져와 `tools` 리스트에 담아줍니다.

02. Agent 구축

6장/Tool&Agent.ipynb

```python
from langchain import hub
from langchain_openai import ChatOpenAI
from langchain.agents import AgentExecutor, create_openai_tools_agent

#Agent에서 Tool을 활용하기 위한 프롬프트
prompt = hub.pull("hwchase17/openai-tools-agent")
llm = ChatOpenAI(model="gpt-4o-mini", temperature=0)
#LLM, Tool, 프롬프트를 사용하여 에이전트 생성
agent = create_openai_tools_agent(llm, tools, prompt)
```

Agent를 구축하기 위해서는 Tool을 적절히 활용할 수 있도록 보조하는 프롬프트와 LLM을 Tool과 결합해야 합니다. `openai-tools-agent`라는 프롬프트는 OpenAI 모델이 Tool calling(도구 호출)을 잘 할 수 있도록 돕습니다. OpenAI의 LLM은 `gpt-3.5-turbot-1106`부터 Function calling이라 부르는 능력을 학습시켜, API 호출이 필요한 경우 사용자의 요청을 JSON으로 변환하여 활용합니다. 이 과정을 거쳐야 Agent가 필요한 작업을 API 호출로 직접 실행할 수 있게 되는 것입니다. 이를 위한 프롬프트는 랭체인 Hub에서 가져올 수 있습니다.

LLM으로는 `gpt-4o-mini`를 호출하고 프롬프트와 함께 `create_openai_tools_agent()` 함수로 결합하여 Agent를 구축합니다. 이렇게 Agent를 구축하면 다음처럼 인터넷 검색이 필요한 경우 Agent가 이를 실행하여 정답을 내놓는 것을 볼 수 있습니다.

6장/Tool&Agent.ipynb

```
agent_executor = AgentExecutor(agent=agent, tools=tools, verbose=True)
agent_executor.invoke({"input": "GPT-4o가 뭐야?"})
```

실행 결과

```
> Entering new AgentExecutor chain...

Invoking: `tavily_search_results_json` with `{'query': 'GPT-4o'}`


[{'url': 'https://platform.openai.com/docs/models/gpt-4o', 'content': 'GPT-4o
("o" for "omni") is our most advanced model. It is multimodal (accepting text or
image inputs and outputting text), and it has the same high intelligence as GPT-
4 Turbo but is much more efficient—it generates text 2x faster and is 50% cheaper.
Additionally, GPT-4o has the best vision and performance across non-English
languages ...'}, {'url': 'https://en.wikipedia.org/wiki/GPT-4o', 'content': "GPT-
4o (GPT-4 Omni) is a multilingual, multimodal generative pre-trained transformer
designed by OpenAI. It was announced by OpenAI's CTO Mira Murati during a live-
streamed demo on 13 May 2024 and released the same day. GPT-4o is free, but with
a usage limit that is 5 times higher for ChatGPT Plus subscribers."}, {'url':
'https://techcrunch.com/2024/05/13/openais-newest-model-is-gpt-4o/', 'content':
'OpenAI announced a new flagship generative AI model on Monday that they call GPT-
4o — the "o" stands for "omni," referring to the model\'s ability to handle text,
speech, and video.'}, {'url': 'https://openai.com/index/hello-gpt-4o/', 'content':
'GPT-4o ("o" for "omni") is a step towards much more natural human-computer
interaction—it accepts as input any combination of text, audio, image, and video
and generates any combination of text, audio, and image outputs. It can respond to
audio inputs in as little as 232 milliseconds, with an average of 320 milliseconds,
which is ...'}, {'url': 'https://www.cnn.com/2024/05/13/tech/openai-altman-new-ai-
model-gpt-4o/index.html', 'content': "The new model, called GPT-4o, is an update
from the company's previous GPT-4 model, which launched just over a year ago. The
model will be available to unpaid customers, meaning anyone will have ..."}]GPT-
```

```
4o (\"o\" for \"omni\") is OpenAI's most advanced model. It is multimodal, meaning
it can accept text or image inputs and output text. It is highly intelligent,
generating text 2x faster and is 50% cheaper than GPT-4 Turbo. Additionally, GPT-
4o has the best vision and performance across non-English languages. It is a
multilingual, multimodal generative pre-trained transformer designed by OpenAI
and was announced in 2024. GPT-4o is free, but with a usage limit that is 5 times
higher for ChatGPT Plus subscribers. For more information, you can visit the
following link: [GPT-4o - OpenAI](https://platform.openai.com/docs/models/gpt-4o)

> Finished chain.
{'input': 'GPT-4o가 뭐야?',
 'output': 'GPT-4o (\\"o\\" for \\"omni\\") is OpenAI\'s most advanced model. It
is multimodal, meaning it can accept text or image inputs and output text. It
is highly intelligent, generating text 2x faster and is 50% cheaper than GPT-4
Turbo. Additionally, GPT-4o has the best vision and performance across non-English
languages. It is a multilingual, multimodal generative pre-trained transformer
designed by OpenAI and was announced in 2024. GPT-4o is free, but with a usage
limit that is 5 times higher for ChatGPT Plus subscribers. For more information,
you can visit the following link: [GPT-4o - OpenAI](https://platform.openai.com/
docs/models/gpt-4o)'}
```

랭체인으로 벡터 DB 및 인터넷 검색 Agent 완성하기

사실 인터넷 검색 Agent는 ChatGPT나 Gemini 챗봇을 통해 쉽게 경험할 수 있는 기능입니다. 이러한 챗봇들의 정확한 원리는 알 수 없지만, LLM이 자체적으로 해결할 수 없는 작업이나 질문은 웹 검색을 실행하여 해결하고자 노력하기 때문입니다.

그런데 만약 사용자만 또는 사용자가 속한 기업만 보유한 문서를 벡터 DB로 저장하고, 해당 정보를 검색할 때는 벡터 DB를, 실시간 정보를 검색할 때는 인터넷을 검색하는 Agent가 필요할 것입니다.

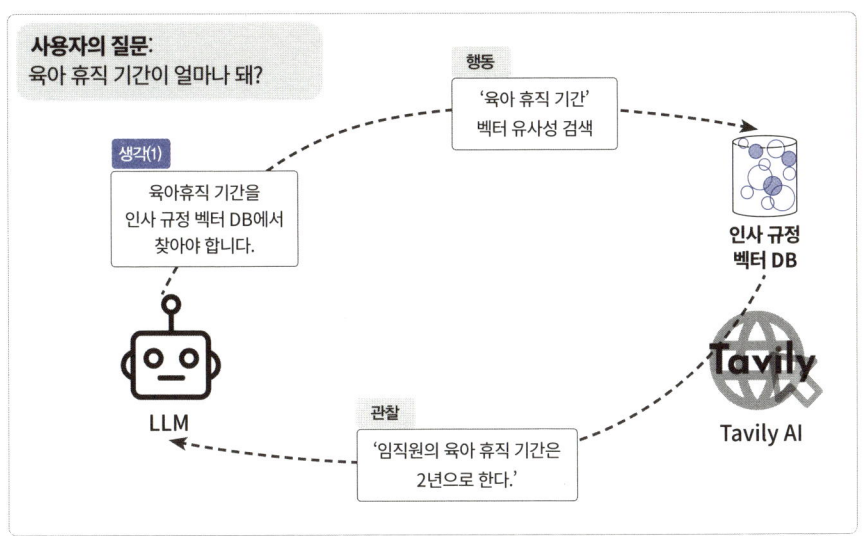

그림 6-30 벡터 DB와 인터넷 검색 도구를 활용한 Agent 구조도

이러한 Agent를 구축하기 위해서는 여러 개의 Tool을 하나의 Agent로 묶어, 사용자의 질문 특성에 따라 적절한 도구를 활용하도록 해야 합니다. 이번에는 이러한 작업을 수행할 수 있는 벡터 DB와 인터넷 검색 Agent를 구축해보겠습니다. 예시 문서로는 고용노동부에서 배포한 '육아휴직제도 사용안내서_배포.pdf' 파일을 활용합니다.

💡 이번 실습에서 활용하는 PDF 파일은 저자의 깃허브(github.com/Kane0002/Langchain-RAG)에서 예제 소스와 함께 제공합니다.

01. Tavily AI를 인터넷 검색 Tool로 설정

6장/Tool&Agent.ipynb

```
from langchain_community.tools.tavily_search import TavilySearchResults

os.environ['TAVILY_API_KEY'] = 'YOUR_API_KEY'
search = TavilySearchResults()
```

이전 예시와 마찬가지로 Tavily AI를 활용하여 인터넷 검색 Tool을 설정합니다.

02. 벡터 DB 구축

6장/Tool&Agent.ipynb

```python
from langchain.document_loaders import PyPDFLoader
from langchain_chroma import FAISS
from langchain_openai import OpenAIEmbeddings
from langchain_text_splitters import RecursiveCharacterTextSplitter

loader = PyPDFLoader(r"../data/*육아휴직제도 사용안내서_배포.pdf")
docs = loader.load()
documents = RecursiveCharacterTextSplitter(
    chunk_size=1000, chunk_overlap=200).split_documents(docs)
vector = FAISS.from_documents(documents, OpenAIEmbeddings())
retriever = vector.as_retriever()
```

RAG 체인을 구축하는 것과 동일하게 'Document Loader로 문서 로드 → Text Splitter로 문서 분할 → Vectorstore로 벡터 DB 저장 → Retriever 설정'을 통해 문서를 벡터 DB에 저장하여 검색이 가능하도록 만듭니다.

03. create_retriever_tool로 벡터 DB 검색 툴 설정

6장/Tool&Agent.ipynb

```python
from langchain.tools.retriever import create_retriever_tool
#벡터 DB 검색을 위한 검색 도구 설정
retriever_tool = create_retriever_tool(
    retriever,
    "parental_leave",
    "육아 휴직과 관련한 정보를 검색합니다. 육아 휴직 관련 질문이 입력되면 이 도구를 사용합니다.",
)
```

구축해둔 벡터 DB 기반 Retriever를 Agent에 결합하기 위해 Tool로 만드는 과정을 거쳐야 합니다. 이를 위해 `create_retriever_tool` 모듈을 활용합니다. 해당 모듈에는 검색할 대상인 Retriever, 검색 Tool의 이름, Tool에 대한 설명을 차례로 입력합니다. AI Agent는 이 Tool의 설명글을 기반으로 도구 활용 여부를 결정하므로, 적절한 설명을 입력합니다.

04. Agent 구축

6장/Tool&Agent.ipynb

```
from langchain_openai import ChatOpenAI
from langchain import hub
from langchain.agents import create_openai_tools_agent
from langchain.agents import AgentExecutor

tools = [search, retriever_tool]
llm = ChatOpenAI(model="gpt-4o", temperature=0)
prompt = hub.pull("hwchase17/openai-functions-agent")
agent = create_openai_tools_agent(llm, tools, prompt)
agent_executor = AgentExecutor(agent=agent, tools=tools, verbose=True)
```

이제 모든 Tool이 준비됐으니, Agent를 구축합니다. 벡터 DB 기반의 Retriever Tool과 Tavily AI의 인터넷 검색 Tool을 하나의 리스트로 담아 **tools**로 저장합니다. 이어서 LLM과 프롬프트를 호출하여 create_openai_tools_agent() 함수로 결합합니다. 마지막으로 Agent를 실행하기 위한 객체로 AgentExecutor를 설정하면 이를 바로 활용할 수 있습니다.

```
agent_executor.invoke({"input": "육아휴직은 어떻게 사용할 수 있어?"})
```

실행 결과

```
> Entering new AgentExecutor chain...

Invoking: `parental_leave` with `{'query': '육아휴직 사용 방법'}`


육아휴직중일하는 엄마, 아빠를 위한
육아휴직제도
사용안내서
육아휴직은 임신 중인 여성 근로자나,
8세 또는 초등학교 2학년 이하 자녀를 가진 근로자 라면
누구나 사용할 수 있는 당연한 권리입니다.

일하는 엄마, 아빠를 위한
육아휴직제도
```

사용안내서
육아휴직 등으로 불리한 처우 를 받았다면
전국 지방고용노동관서 에서 운영 중인
'모성보호 신고센터' 에 신고해주세요!

(... 중략 ...)

> Finished chain.
[623]:
{'input': '육아휴직은 어떻게 사용할 수 있어?',
 'output': "육아휴직은 임신 중인 여성 근로자나 8세 또는 초등학교 2학년 이하 자녀를 가진 근로자가 자녀 양육을 위해 최대 1년간 사용할 수 있는 제도입니다. 육아휴직을 사용한 근로자에게는 1년간 통상임금의 80%가 지원되며, 월 상한액은 150만 원, 하한액은 70만 원입니다.\n\n### 육아휴직 신청 방법\n1. **요건 확인**: 임신 중이거나 8세 또는 초등학교 2학년 이하 자녀를 둔 근로자.\n2. **회사에 신청**: 육아휴직 신청서를 작성하여 회사에 제출.\n3. **승인 여부 확인**: 회사는 근로자의 육아휴직 신청을 반드시 허용해야 하며, 허용하지 않을 경우 법률에 따라 벌금이 부과될 수 있습니다.\n\n### 추가 정보\n- **3+3 부모육아휴직제**: 생후 12개월 이내 자녀 돌봄을 위해 부모 모두 육아휴직을 사용하는 경우, 첫 3개월은 부모 각각에게 통상임금의 100%가 지원됩니다. (1개월 상한액 200만 원, 2개월 상한액 250만 원, 3개월 상한액 300만 원)\n- **통상임금**: 근로자에게 정기적이고 일률적으로 지급되는 금액을 의미합니다.\n\n### 자주 묻는 질문\n1. **사업주가 육아휴직을 허용하지 않는 경우**: 육아휴직은 근로자의 권리이므로 요건을 갖춰 신청하면 사업주는 반드시 허용해야 합니다. 허용하지 않을 경우 법률에 따라 벌금이 부과됩니다.\n2. **회사가 답변을 주지 않는 경우**: 적법하게 신청했는데 회사가 답변을 주지 않으면, 육아휴직을 묵시적으로 승인한 것으로 간주합니다.\n\n육아휴직과 관련하여 불리한 처우를 받았다면, 전국 지방고용노동관서에서 운영 중인 '모성보호 신고센터'에 신고할 수 있습니다."}

육아휴직과 관련한 질문을 했더니 육아휴직 PDF 문서 벡터 DB 기반으로 잘 답변한 것을 확인할 수 있습니다. LLM이 스스로 육아휴직 PDF 검색 Tool을 활용해야 한다고 판단하고 검색하여 답변 생성까지 마친 것입니다.

그렇다면 대한민국의 인구와 관련한 질문을 한다면 어떤 답변을 할까요?

6장/Tool&Agent.ipynb

```
agent_executor.invoke({"input": "현재 대한민국의 인구는 몇명이야?"})
```

실행 결과

```
> Entering new AgentExecutor chain...

Invoking: `tavily_search_results_json` with `{'query': 'current population of South Korea 2023'}`


[{'url': 'https://www.populationpyramid.net/republic-of-korea/2023/', 'content': 'Smoking prevalence, males (% of adults) Suicide mortality rate (per 100,000 population) Tuberculosis death rate (per 100,000 people) Unemployment, total (% of total labor force) Urban population growth (annual %) Population Pyramids: Republic of Korea - 2023.'}, {'url': 'https://www.worldometers.info/world-population/south-korea-population/', 'content':
(… 중략 …)
}]2023년 기준으로 대한민국의 인구는 약 52,246,747명으로 추정됩니다. 이 수치는 최신 유엔 데이터에 기반한 추정치입니다.

> Finished chain.
[627]:
{'input': '현재 대한민국의 인구는 몇명이야?',
 'output': '2023년 기준으로 대한민국의 인구는 약 52,246,747명으로 추정됩니다. 이 수치는 최신 유엔 데이터에 기반한 추정치입니다.'}
```

이번에는 벡터 DB 검색 Tool이 아닌 Tavily 인터넷 검색 Tool을 활용했는데, LLM이 사용자의 질문을 검색 Tool로 분류하여 인터넷 검색 결과 기반으로 답변을 생성합니다. 이처럼 Agent는 사용자 질문의 의도에 따라 서로 다른 도구를 활용하여 기존 LLM보다 더 강력한 성능을 가집니다.

부록

실습 준비 - API 키 발급받는 방법

실습을 위해 모델 활용에 필수적인 API Key를 발급받아야 합니다. 이 책에서는 OpenAI와 Anthropic의 모델을 활용하기 때문에 두 모델 개발사의 API Key 발급 방법을 알아봅니다. 기본적으로 두 홈페이지에 가입을 진행한 후, 실습 단계를 시작하세요.

OpenAI API Key 발급받기

01. https://platform.openai.com/playground에 접속 후 Dashboard 탭에 진입합니다.

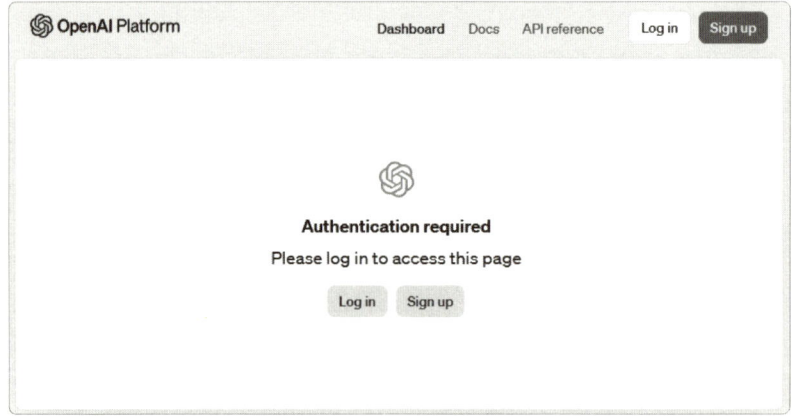

02. 가입한 계정으로 로그인을 진행하면 다음과 같은 계정 대시보드 화면에 진입합니다.

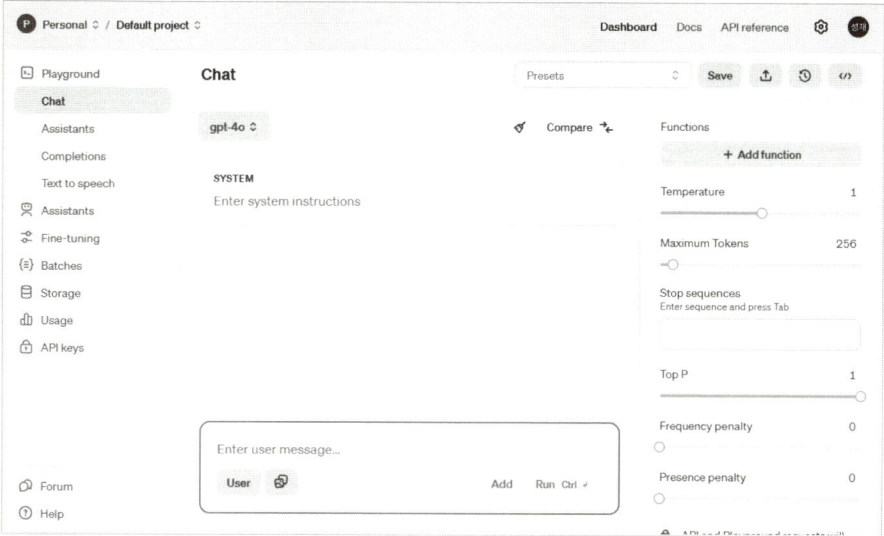

03. 좌측 탭에서 API keys를 선택한 다음, Create new secret key를 클릭합니다.

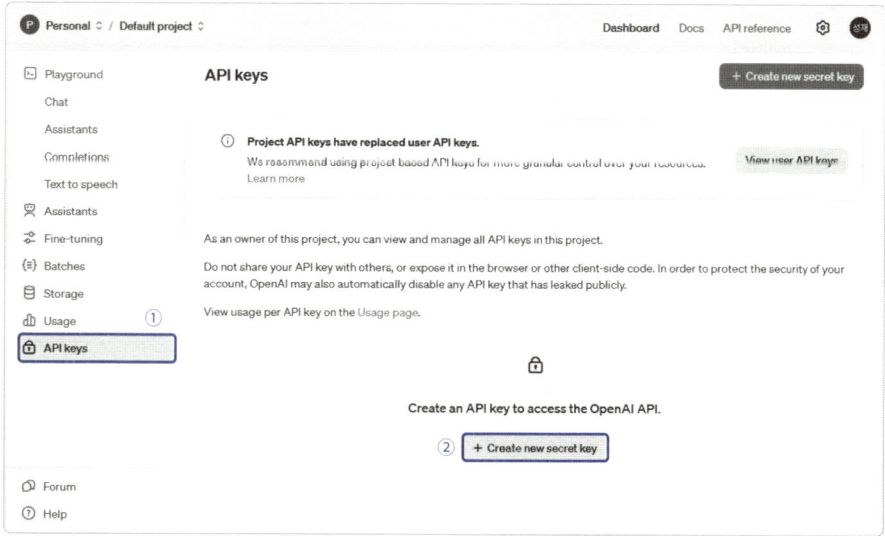

04. 다음 화면과 같이 이름을 입력한 후 Create secret key를 클릭합니다.

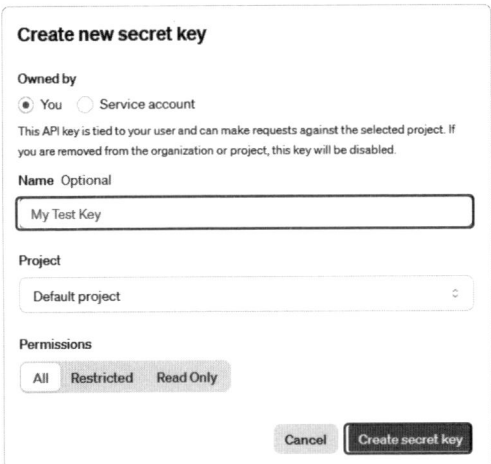

05. 팝업 창을 통해 발급된 API 키를 확인할 수 있습니다. 'sk-'로 시작하는 문자열을 복사하여 실습에 활용합니다.

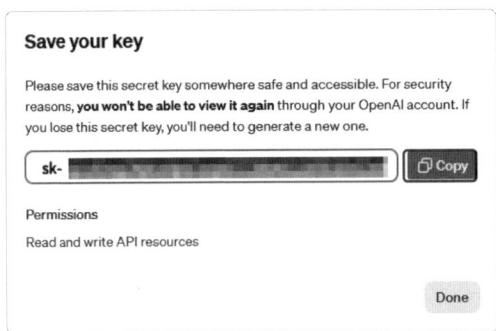

Anthropic API Key 발급받기

Anthropic은 가입 시에 Organization name을 입력해야 합니다. 개인용 계정의 경우 아무 문자열이나 입력해도 무관합니다.

01. https://console.anthropic.com/login에 접속합니다.

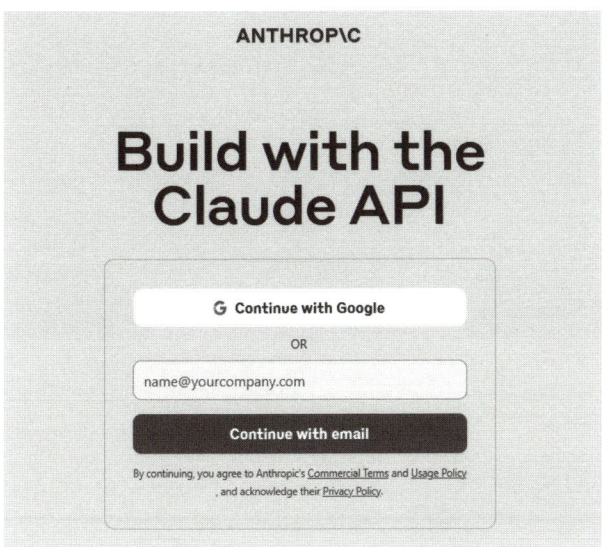

02. 로그인 후 아래 화면에서 Get API keys를 클릭합니다.

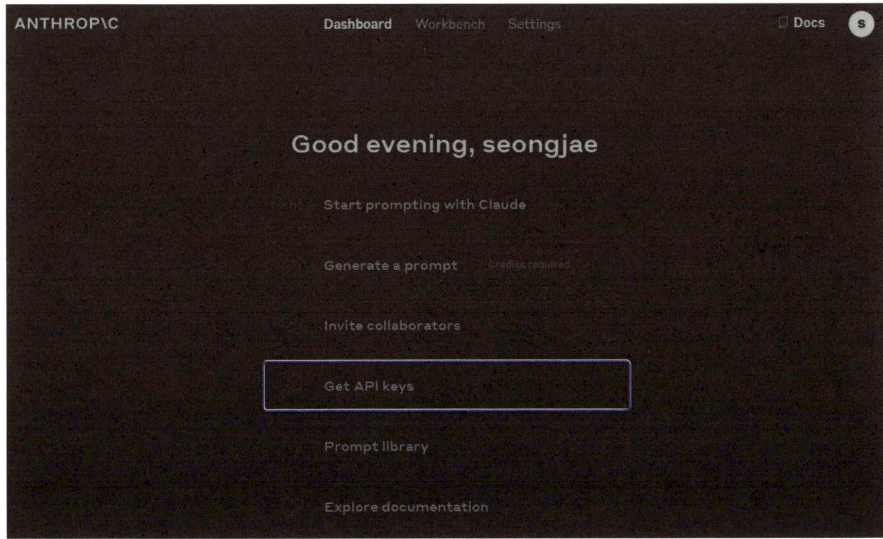

03. 아래 화면에서 Create Key를 클릭합니다.

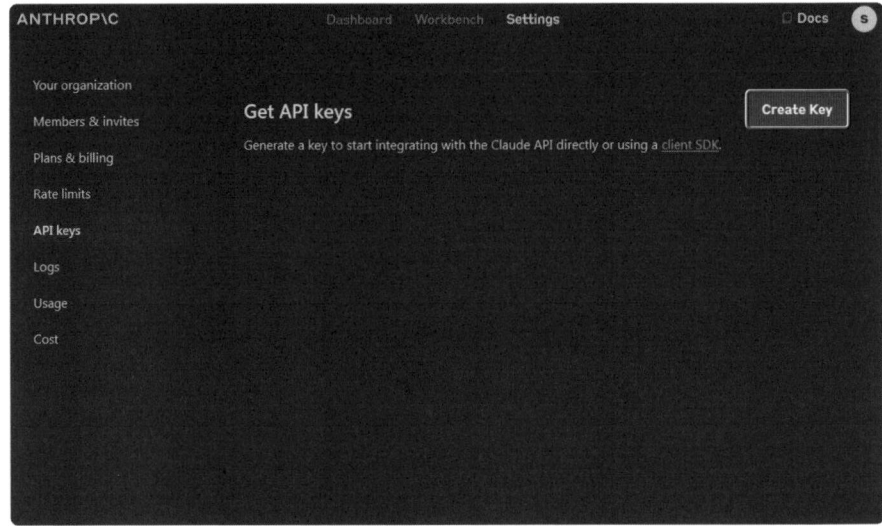

04. 팝업 창의 입력창에 API Key의 이름을 입력하고 Create Key를 클릭합니다.

05. 'sk-'로 시작하는 Anthropic API Key를 복사하여 실습에 활용합니다.

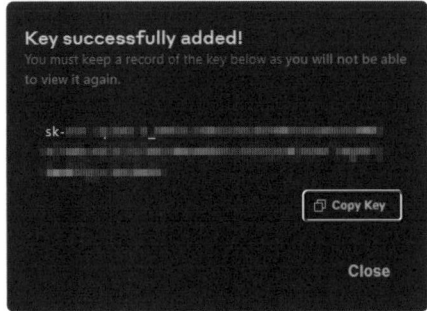

이 책을 마무리하며

대규모 언어 모델(LLM)과 RAG 시스템은 인공지능 기술의 최전선에서 혁신을 이끌고 있습니다. LLM은 자연어 처리와 생성에서 뛰어난 성능을 보이지만, 최신 정보 제공과 신뢰성 있는 데이터 처리에는 한계가 있습니다. 이러한 한계를 보완하기 위해 RAG 시스템은 실시간 데이터 검색과 문서 검색을 통해 LLM의 능력을 확장시키는 중입니다. 특히 RAG 시스템이 점차 가능성을 확인하는 PoC를 넘어 실무 환경과 소프트웨어 사업에 실제로 사용될 수 있도록 발전하고 있다는 점에서 매우 중요한 변화라고 할 수 있습니다.

이 책을 인내심 있게 끝까지 읽은 독자라면, 좋은 RAG 시스템을 만들기 위해 얼마나 많은 노력이 필요한지 깨달았을 것입니다. 문서에서 텍스트 추출과 임베딩을 하고, 이를 AI가 잘 활용할 수 있도록 프롬프트를 세밀하게 조정하며, 여러 도구를 활용해 사용자의 기상천외한 질문에도 대비해야 합니다. 기술적인 문제를 해결하더라도 어쩌면 ChatGPT로 인해 높아진 사람들의 기대치가 RAG 시스템 도입에 가장 큰 장애물이 될지도 모릅니다.

하지만 다행인 점은 RAG가 여전히 중요한 기술 트렌드이며 수많은 개발자들이 꾸준히 발전시켜가고 있다는 점입니다. 지금 이 순간에도 RAG의 한계를 극복하고자 많은 방법론들이 등장하고 있습니다. 따라서 다른 IT 영역처럼 RAG 시스템에 대한 꾸준한 공부가 필요합니다. AI 모델의 발전 양상을 꾸준히 모니터링하고 새로운 기법을 적극적으로 시도하여 맞닥뜨린 문제를 해결해가야 합니다.

이 책은 랭체인을 활용해 RAG 시스템을 구축하고자 하는 입문자를 위해 기술했습니다. RAG라는 프레임워크는 언뜻 보기에는 간단하지만 지식 관리 시스템을 설계하는 것만큼이나 고려해야 할 것이 많습니다. 이를 구성하는 요소 하나하나가 매우 중요하고, 어떻게 조정할지에 따라 결과의 품질이 크게 달라집니다. 그래서 책에 미처 담지 못한 방법론이나 모듈도 많습니다. 다소 아쉬운 대목이지만 독자들이 기본적인 LLM과 RAG 시스템, 그리고 최신 AI 기술의 동향을 이해하고, 실무에 적용할 수 있는 구체적인 방법을 익히는 데 작은 도움이 되기를 바랍니다. 앞으로 AI 기술의 발전을 지속적으로 주시하며, 새로운 도전과 기회를 탐색하는 데 이 책이 하나의 길잡이가 되기를 희망합니다.

찾아보기

한글

검색	55
기울기 소실	21
깃허브	252
깃허브 코파일럿	45
디코더	23
딥러닝	20
랭체인	64
랭체인 Hub	195
망각 게이트	22
메타데이터	98
벡터 DB	124, 150
벡터 저장소	150
생성	58
생성 AI	12
세일즈포스	43
스트리밍	76
스트림릿	222
시퀀스 투 시퀀스	23
아인슈타인	43
앤트로픽	68
어도비 파이어플라이	48
어텐션 메커니즘	24
에이전트	266
오픈 소스 LLM	31
오픈AI	68
윈도우	137
인코더	23
임베딩 모델	141
입력 게이트	22
자연어 처리	14
증강	57
청크	57
체인	84, 207
초거대 언어 모델	13
출력 게이트	22
컨텍스트 윈도우	53
태블로 AI	46
텍스트 임베딩	140
토큰	53
통계 기반 자연어 처리	16
트랜스포머	14
파인튜닝	58
평가 지표	36
퓨샷	85
프롬프트 엔지니어링	64
프롬프트 템플릿	88
합성곱 신경망	19
환각 현상	52
희소성 문제	17

찾아보기

영문

Adobe Firefly	48	JSON 파서	95
AI 에이전트	260	JsonOutputParser	95
AIMessage	71	Langchain	64
API Key	69, 272	LCEL	187
Augment	57	LLM	13
BERT	141	Long-Context Reorder	182
Chain	67	LSTM	22
CharacterTextSplitter	128	MMR	172
ChatGPT	13	Models 모듈	68
ChatPromptTemplate	72	MultiQueryRetriever	176
Chroma DB	155	MultiVectorRetriever	178
Claude-3	68	N-gram	18
Closed LLM	31	NLP	15
CNN	19	OCR	103
Collection	159	Ollama	212
CoT	260	Open LLM 리더보드	35
CRF	16	Output Parser	90
CSV 파서	92	PDF Loader	112
csv_loader	115	Perplexity	39
Datetime 파서	93	PromptTemplate	82
DirectoryLoader	123	PyPDFium2	108
Document Loader	67	PyPDFLoader	101
Document 객체	98	RAG	54
Docx2txtLoader	113	ReAct	261
EEVE	213	RecursiveCharacterTextSplitter	132
ELIZA	14	Retrieval	55
Embedding	67	Retriever	166
Few-shot	85	RNN	21
GPT-4o-mini	68	SemanticChunker	134
HMM	16	Streamlit	222
HumanMessage	71	SystemMessage	71
Jasper	41	Tavily AI	263

찾아보기

Temperature	74
Text Splitters	67, 127
UnstructuredPowerPointLoader	116
Vector Stores	150
Vectorstore Retriever	67
WebBaseLoader	119
Window	137
Zapier	42